新世纪高职高专实用规划教材 经管系列

公共关系理论与实务
(第 2 版)

王秀方 主 编

清华大学出版社
北 京

内 容 简 介

本书在研究公共关系基本知识的基础上，强调对专业技能的培养，对第 1 版教材进行了大胆的改革和创新，设计了公共关系工作准备知识、公共关系人员素质能力培养和组织机构设置、公共关系调查、公共关系策划、公共关系传播与沟通、专题活动、公共关系危机管理、公关礼仪八个教学项目，每个教学项目均设置了学习目标、教学任务、拓展阅读、效果评价等，形成了完整的教学体系。

本书可以作为公共关系课程独立使用的教材，也可以作为公共关系实训使用的教材，还适用于高职院校文科类专业选用。

本书封面贴有清华大学出版社防伪标签，无标签者不得销售。
版权所有，侵权必究。举报：010-62782989，beiqinquan@tup.tsinghua.edu.cn。

图书在版编目(CIP)数据

公共关系理论与实务/王秀方主编．—2 版．—北京：清华大学出版社，2018（2021.12重印）
(新世纪高职高专实用规划教材　经管系列)
ISBN 978-7-302-49981-7

Ⅰ. ①公… Ⅱ. ①王… Ⅲ. ①公共关系学—高等职业教育—教材 Ⅳ. ①C912.3

中国版本图书馆 CIP 数据核字(2018)第 067435 号

责任编辑：梁媛媛
装帧设计：刘孝琼
责任校对：吴春华
责任印制：沈　露

出版发行：清华大学出版社
　　　网　　址：http://www.tup.com.cn, http://www.wqbook.com
　　　地　　址：北京清华大学学研大厦 A 座　　邮　　编：100084
　　　社 总 机：010-62770175　　邮　　购：010-62786544
　　　投稿与读者服务：010-62776969, c-service@tup.tsinghua.edu.cn
　　　质量反馈：010-62772015, zhiliang@tup.tsinghua.edu.cn
　　　课件下载：http://www.tup.com.cn, 010-62791865

印 装 者：北京嘉实印刷有限公司
经　　销：全国新华书店
开　　本：185mm×260mm　　印　张：13.75　　字　数：331 千字
版　　次：2014 年 5 月第 1 版　2018 年 5 月第 2 版　印　次：2021 年 12 月第 4 次印刷
定　　价：38.00 元

产品编号：078708-01

编写人员

主　编　王秀方

副主编　宋春岩

参　编　康　凯　张　雯　吴晨欣　杨淑芝

　　　　云　洁　刘　红　岳乌云高娃

　　　　于　波　赵　燕

第 2 版前言

公共关系学诞生于 20 世纪初，是一门现代管理科学与艺术，旨在研究社会组织与目标公众之间传播与沟通的行为实践，旨在塑造社会组织形象。公共关系作为一种管理职能和营销策略已广泛应用于各类组织的经营、管理活动之中，正发挥着越来越重要的作用。本书遵循高等职业教育技能型、应用型人才培养的目标，以能力培养与训练为主体，从而使公关教育跟上时代的步伐。

为了贯彻教育部《关于全面提高高等职业教育教学质量的若干意见》的文件精神，积极探索"工学结合、校企合作、注重实践、强化训练"的高职教育模式，我们编写了这本面向高职高专学生使用的、突出以能力培养与训练为主体的公共关系实用教材。

本书自 2014 年 5 月出版以来，受到了广大学生和教师的好评。对于本书的再版，我们仍保持定位不变：以高等职业教育培养目标为依据，注意教材的职业性、实践性、创新性。

所谓职业性，是从过去的按照学科系统性建立课程结构和教学内容体系，转到按照公共关系工作岗位、职业特点设计教学内容上来，达到学以致用的目标。

所谓实践性，是通过案例分析或实际任务模拟，再现企业公共关系工作的实际情景，使学生在学习时有身临其境的感觉，为学生走向社会奠定良好的基础。

所谓创新性，是围绕学生职业能力的形成，对原有教材进行大胆的突破，设计一个个独立的项目，每个项目下又设计若干个子任务，力争使理论与实践相结合，在强调知识的"必需与够用"的同时，注意学生实际工作能力的培养。

在吸收了近年来公共关系领域出现的一些新情况的基础上，我们对本书进行了再版，增加了部分项目的内容，对一些案例进行了更新，调整了本书的内容结构，使之层次分明、条理清楚，便于更好地进行教与学。

本书由王秀方担任主编，并负责全书的整体结构设计、总纂及定稿工作。

本书在此次修订中，得到有关部门的大力支持与帮助，并参阅了近年来国内外公共关系界同仁的研究成果及公开发表的有关资料，在此一并表示感谢！

尽管我们尽了很大的努力，但由于水平所限，书中难免有不妥或疏漏之处，恳请广大读者和专家给予批评指正。

编 者

第1版前言

本书是遵循高等职业教育技能型、应用型人才培养目标，以能力培养与训练为主体的新型公共关系训练教材。本书紧紧围绕学生的职业能力与可持续发展能力的形成这一主线，创新性地将公关能力细分为专业能力、分析能力、语言表达能力、创造策划能力等几个方面，使能力培养更为具体、全面、科学、有效，突出体现学生能力的培养与训练。

本书在重点研究公共关系基本理论知识的基础上，强调对职业技能的掌握，对原有教材进行大胆的突破，设计了八个教学项目，每个教学项目下又设计了若干个任务，力争使理论与实践相结合，在强调知识"必需与够用"的同时，注意学生各种实际能力的培养。其特色体现在以下五个方面。

第一，明确定位。以高等职业教育培养目标为依据，注意教材的职业性、实践性、适用性。

第二，注重创新。妥善处理公共关系传统内容与现实内容的关系，新观念、新思想、新知识、新案例适时地反映到教材中，体现高等职业教育紧密联系生产、建设、服务和管理的要求，让学生接受并享受教学改革的最新理论和成果。

第三，强调实践。公共关系是一门实践性、应用性很强的学科。本书在编写中注意将基本理论、案例分析或实际任务、实践训练等环节有机统一，再现了现实企业的公共关系工作的实际情景，使学生在学习时有身临其境的感觉，促使学生从掌握理论知识向提高动手能力转变，为学生走向社会打下良好的基础。

第四，内容丰富。本书各实训任务都安排有任务目的及要求、任务描述、知识链接、任务剖析、模拟训练、效果评价等内容，真正实现了"教、学、做"一体化，激发学生动脑和动手的兴趣，旨在强化、巩固理论知识的学习与实践能力的提高，具有较强的可操作性。

第五，重视素质。公共关系既是一门专业基础课，又是一门素质教育课。本书在内容安排上，注意把专业学习与素质训练融为一体，使学生通过这门课程的实践训练，培养自己的合作意识和团队精神。

本书是编者在当前我国职业教育改革的大背景下，就如何突出职业教育特色，加强学生能力培养与训练等方面作出的尝试，既可以作为实训教材独立使用，也可以和公共关系理论教材配套使用，还适用于高等职业院校文科类专业选用。

本书在编写中，得到有关部门的大力支持与帮助，并参阅了大量近年来国内外公关界同仁的研究成果及公开发表的有关资料，在此一并表示感谢！

由于编者水平所限，加之时间仓促，书中难免有不妥和疏漏之处，恳请广大读者批评指正。

编　者

目 录

项目一 公共关系工作准备知识 1

任务一 公共关系的内涵及要素 1
一、对公共关系的界定 2
二、公共关系的基本特征 4
三、公共关系的辨析 5
四、公共关系的三要素 9

任务二 公共关系的基本功能及组织形象的塑造 13
一、公共关系的基本功能 14
二、公共关系的工作程序 14
三、组织形象的塑造 15

任务三 公共关系的产生与发展 18
一、公共关系的史前概况 19
二、近代公共关系的萌芽 19
三、现代公共关系的发展 20
四、我国公共关系的发展 22

项目二 公共关系人员素质能力培养和组织机构设置 30

任务一 公共关系人员的心理素质 30
一、公共关系人员心理素质的含义 31
二、公共关系人员必备的心理素质 31

任务二 公共关系人员的知识素质和能力素质 36
一、公共关系人员的知识素质 37
二、公共关系人员的能力素质 38
三、公共关系人员的职业道德 40

任务三 公共关系组织机构的设置 45
一、公共关系部 46
二、公共关系公司 50

项目三 公共关系调查 56

任务一 公共关系调查法——观察调查方案的设计 56
一、公共关系调查的含义及实施的意义 56
二、公共关系调查方法——观察调查法 57
三、观察调查方案的设计 60

任务二 公共关系调查法——访谈调查方案的设计 64
一、访谈调查法的特点 64
二、访谈调查法的类型 65
三、访谈的方法和技巧 66
四、访谈的步骤 67

任务三 公共关系调查法——调查问卷的设计 69
一、调查问卷的功能 70
二、调查问卷设计的原则 70
三、调查问卷提问的方式 71
四、调查问卷的设计 71
五、设计调查问卷的基本要求 72

任务四 调查报告的撰写 74
一、一份优秀的调查报告应具备的条件 75
二、调查报告的内容 75
三、撰写调查报告的注意事项 77

项目四 公共关系策划 80

任务一 撰写公共关系策划方案 80
一、公共关系策划的含义 80
二、公共关系策划的特征 82
三、公共关系策划的原则 83
四、公共关系策划的一般程序 85

任务二 CIS 策划 90
一、CIS 的定义 91
二、CIS 识别要素 91
三、CIS 导入程序 93

任务三 创造性思维训练 97

一、创造性思维的含义 98
　　二、创造性思维的特征 98
　　三、影响创造性思维的因素 98
　　四、创造性思维的方法 99
　任务四　公共关系实施与评估 101
　　一、公共关系实施 101
　　二、公共关系评估 104

项目五　公共关系传播与沟通 112

　任务一　公共关系传播基本知识 112
　　一、公共关系传播的含义 112
　　二、公共关系传播的要素 113
　　三、公共关系传播的基本模式 114
　　四、公共关系传播的类型 115
　　五、公共关系传播的原则 119
　任务二　新闻稿的写作 123
　　一、新闻稿的特性 123
　　二、新闻稿的写作 124
　　三、新闻稿写作的注意事项 126
　　四、新闻发布稿的写作范例 127
　任务三　编制内部宣传资料和
　　　　　对外宣传册 129
　　一、编制内部板报和宣传栏 130
　　二、内部刊物 131
　　三、对外宣传册 132
　任务四　与公众关系的沟通 134
　　一、与内部公众关系的沟通 134
　　二、与外部公众关系的沟通 135

项目六　专题活动 142

　任务一　新闻发布会 142
　　一、新闻发布会的含义及功能 142
　　二、新闻发布会的程序及特点 143
　　三、新闻发布会的组织 144
　　四、新闻发布会的礼仪 148
　任务二　其他公共关系专题活动 151
　　一、展览会 151
　　二、庆典活动 154
　　三、赞助活动 156

项目七　公共关系危机管理 161

　任务一　公共关系危机管理计划的制订 ...161
　　一、危机及公共关系危机 162
　　二、危机管理计划的类型 164
　　三、危机管理计划的主要内容 164
　任务二　危机处理的对策与技巧 169
　　一、危机管理过程的沟通和协调 169
　　二、危机对策与基本技巧 171
　　三、公共关系危机处理程序 175

项目八　公共关系礼仪 181

　任务一　形象礼仪 181
　　一、仪容礼仪 181
　　二、仪表礼仪 183
　　三、仪态礼仪 185
　任务二　日常礼节礼貌 190
　　一、称呼 190
　　二、介绍 192
　　三、握手 193
　　四、交谈 195
　　五、名片 197
　　六、电话 198
　任务三　公关接待礼仪 201
　　一、接待筹划 201
　　二、往来接待礼仪 203

参考文献 210

项目一　公共关系工作准备知识

【能力目标】能够判断何为公共关系；能够分辨不同类型的公众；能够运用现代公共关系观念，解决公共关系问题。

【知识目标】了解公共关系的产生与发展、公共关系误区；理解并掌握公共关系的基本内涵、特征、组织形象、构成要素。

【素质目标】树立现代公共关系思想和具备公共关系观念。

任务一　公共关系的内涵及要素

◉ 任务目的及要求

掌握公共关系的基本内涵、基本特征；树立现代公共关系思想；培养学生具备现代公共关系理念及解决公共关系问题的能力。

◉ 任务描述

广州白云山制药总厂原是广州市农场局下属的知青药厂，也是中国大陆第一个设立公关部的企业，今天已成为全国著名的大药厂，作为公共关系的典型，其成功经验值得借鉴。

首先，在内求团结方面，白云山药厂有几种成功的经验是全国闻名的。一是"星期三沙龙"，即每周三晚上厂领导与职工一起共进晚餐，一起讨论大家关心的问题。"假如我是厂长"的讨论就是他们率先发起的。通过双向沟通，使厂长了解了职工的疾苦，解决了许多职工需要解决的问题，增强了企业的凝聚力。二是重视人才使用，企业科技能力起点低，他们就大量吸收人才。最初的成功就是敢于启用"文革"时被打成"反革命"的技术人员戴承珏，他试制成功的"感冒清"针剂，1年创收1000万元。厂里还对生病的科技人才给予优厚的待遇，一度曾被传为佳话。三是注重人才的培养，鼓励学习进取。对大学毕业的员工给予一定的补助，这项智力投资的政策深得人心，使企业科研力量有所增强。

其次，在外求发展方面，白云山药厂率先出资1万元赞助民乐团，又出资1万元支持广州足球队。"广州白云山足球队"将白云山的知名度"踢"到了全国，而"白云杯"国际足球邀请赛则把白云山的大名传向了世界。

白云山药厂组建了中国大陆企业的第一个公共关系部，每年用总销售额的1%作信誉投资，这1%为企业带来了巨大的效益。例如，华东地区某药厂研制了一种科技领先的新型药品却滞销，而转让给白云山药厂后，仅半年就创收100万元，1991年白云山制药厂总厂被评为全国最佳公关企业。白云山的职工都以当"白云山人"而感到自豪。

思考：你是怎样理解公共关系的？

(资料来源：李兴国. 公共关系实践教程[M]. 北京：高等教育出版社，2000.)

公共关系这一概念，从不同的角度去理解可以得出不同的表现形式。从静态的角度来看，公共关系表现为一种状态。公共关系是一种客观存在的状态，时刻影响着社会组织的生存与发展。从动态的角度来看，公共关系又表现为一种活动，由日常公共关系活动和专门性的公共关系活动构成，形成组织与各类公众的感情联系，产生互动。从理论的角度来看，公共关系是一门学科。公共关系的基本原则、模式、方法、公关方案设计程序等在不断完善，更加科学，形成体系。从实践的角度来看，公共关系是一种职业，自1903年艾维•李(Ivy Lee)成立宣传事务所，以收费的形式为企业进行公关策划，公关职业便由此正式诞生了。

一、对公共关系的界定

(一)公共关系的含义

我们现在提到的公共关系一词，是由英文public relations翻译过来的。英语常将public relations简称为PR，汉语常将公共关系简称公关。

在英文中，public有两种词性。作为形容词，public的含义就是"公共的"，即"属于社会的""公有公用的"。当许多个体可同时趋近或使用某一对象事物时，我们常把这个对象事物看作是公共的，如公共食堂、公共厕所、公共浴室、公共汽车等。作为名词，public的含义则主要是"公众""大众"。当某一个体必须与许多对象、许多事物发生关系时，我们常说，这些对象事物就是这个个体面对的公众或大众。

从现代公共关系学实际研究的对象和内容来看，public relations中的public所使用的是它的名词性。这就是说，public relations更准确的译法应当是公众关系。而我们今天仍然使用"公共关系"这一概念，是因为它自中国港澳地区翻译传入中国大陆后，已经成了理论界和实践界约定俗成的叫法。还有一点，relations是复数，应当理解为作为公共关系的关系不是单一的，而是众多的、复合的、复杂的。

(二)国内外专家学者对公共关系的界定

1. 国外专家

美国的爱德华•伯内斯(Edward Bernays)认为：公共关系是一种处理一个团体与公众或者是决定该团体活力的公众之间的关系的职业；公共关系就是投其所好。

美国的坎菲尔德(Canfield)认为：公共关系学是一种管理哲学，这种管理哲学在所有决策行动上都是以公众利益为本的，以期获得公众的谅解和信任。

英国的杰弗金斯(Jefkims)认为：公共关系就是社会组织通过精心准备、按照计划并持续不断地努力建立和保持与它所面对的公众之间的一种相互理解。

国际公共关系协会曾将公共关系定义如下：公共关系是一种管理功能。它具有连续性和计划性。通过公共关系，公立和私立的组织、机构试图赢得同他们有关的人们的理解、同情和支持——借助对舆论的估价，以尽可能地协调他们自己的政策和做法，依靠有计划的、广泛的信息传播，赢得更有效的合作，更好地实现他们的共同利益。

英国的公共关系协会认为：公共关系是一种积极的、有计划的、持久的努力，以建立和维护一个机构与其公众之间的相互了解。

虽然各种说法所站的角度不同，但总体来说，它们在公共关系的主体、客体、目的、性质等方面，已经具有较为统一的共识。

2. 国内专家

居延安认为：公共关系是一个社会组织用传播的手段使自己与公众相互了解和相互适应的一种活动或职能。他认为公共关系是通过主体行为，争取组织最有利的发展环境，与客体取得较为和谐的动态平衡。

王乐夫认为：公共关系是一种内求团结、外求发展的经营管理艺术。

赵建华认为：公共关系是一个社会组织在运行中为使自己与公众互相了解、相互合作而进行的传播活动和采取的行为规范。

范铨远认为：公共关系是一个社会组织为了促进与其相关的公众对它的理解、合作和支持而采取的一系列有计划的努力和活动。

中国社会科学院认为：公共关系就是一个企业或组织为了推进内外社会公众的信任与支持，为自身事业发展创造最佳的社会关系环境，在分析和处理自身面临的各种内部和外部关系时，采取的一系列科学的政策与行动。

总体来说，我国学者普遍认为公共关系是通过主体行为，争取组织最有利的发展环境，与客体取得较为和谐的动态平衡。

(三)公共关系的定义

纵观国内外对"公共关系"的界定，本教材在充分吸收国内外多种定义合理成分的基础上，对"公共关系"进行如下定义。

公共关系就是社会组织为了塑造组织形象，通过传播沟通、协调关系、公关策划等一系列活动，影响公众的科学与艺术。

本定义揭示的公共关系内在的逻辑关系如下。
(1) 公共关系的主体是社会组织,不是个人或其他自然人。
(2) 公共关系的客体是目标公众,不是大范围的人民大众。
(3) 公共关系的中介是传播沟通,这是公共关系的重要手段。
(4) 公共关系的核心工作是塑造组织形象,这是公共关系活动的内在动力。

二、公共关系的基本特征

(一)公共关系活动的目的是塑造组织的良好形象

公共关系活动的目的是在公众中建立和维持良好的信誉,塑造组织的美好形象,从而为组织的生存与发展创造和谐的内外环境。良好的组织形象既是公共关系的核心问题,也是公共关系的根本目的。因此,任何一个社会组织都要通过自身的公共关系活动,在扩大组织知名度的同时,不断提升组织的美誉度。

(二)公共关系活动的原则是与公众的互惠互利

公共关系不是以血缘、地缘为基础,而是以一定的利益关系为基础的关系。社会组织要生存发展必须得到公众的支持,因此社会组织必须做到互惠互利,在追求自身利益的同时,也尊重公众的自身利益追求。使公众受益,才能赢得公众的长久信任、合作与支持,最终实现社会组织自身的目标。

(三)公共关系活动的方针是连续持久

社会组织通过公共关系活动在公众心目中塑造好的形象,绝非一日之功,要注重长远利益,以连续不断的、持久的公共关系活动建立社会组织良好的形象。因此,公共关系的持久性是与组织生存的长远性相依相存的。

(四)公共关系活动的手段是传播沟通

现代公共关系主张社会组织以沟通为手段。通过与公众的双向沟通,使社会组织的形象在沟通中塑造,美誉在沟通中提高,合作在沟通中促成,目标在沟通中实现,无形资产在沟通中建立与积累。沟通与传播是公共关系的重要特征,也是重要手段。

(五)公共关系活动的态度是坦诚真挚

在市场经济条件下追求利益是企业发展的出发点和归结点,但企业要想赢得美誉度,获得长久的发展,就必须做到坦诚真挚,保护和维护公众的利益。唯有真诚才能赢得公众的合作与社会的赞誉。

拓展案例

> 日本东京一家贸易公司有一位秘书小姐专门负责为客商购买火车票。客商中一位德国大公司的商务经理经常请她购买来往于东京与大阪的火车票。不久，这位经理发现：每次去大阪时，座位总在右窗边，返回东京时又总坐在左窗边。于是问秘书小姐其中有什么缘故，秘书小姐笑着回答道："车去大阪时，富士山在您右边；返回东京时，富士山又到了您的左边。我想，外国人应该都喜欢日本富士山的壮丽景色，所以我替您买了不同位置的车票。"就是这桩不起眼的细心事，使这位德国经理大为感动。他想："在这样一些微不足道的小事上，这家公司的职员都能想得这么周到，跟他们做生意还有什么不放心的呢！"于是他决定把同这家日本公司的贸易额由400万德国马克提高到1200万德国马克。

(资料来源：周安华，苗晋华. 公共关系理论、实务与技巧[M]. 3版. 北京：中国人民大学出版社，2010.)

三、公共关系的辨析

(一)公共关系与人际关系

在公共关系理论与实践中一直存在着人际关系与公共关系混淆的困扰。我们认为公共关系与人际关系既有联系又有区别。

1. 公共关系与人际关系之间的联系

公共关系与人际关系之间的联系表现在以下三个方面。

(1) 两者都属于社会关系范畴。公共关系与人际关系都是社会关系的一个分支，彼此交叉包容，相互渗透，相互依存，是你中有我、我中有你的关系。但交叉包容关系并不是等同关系，就产生的基础而言，人际关系的范畴远远大于公共关系的范畴。

(2) 两者在许多基本原则上是相通的。作为人类社会关系的产物，无论是公共关系还是人际关系，在实践中都以互利互惠为最基本的准则，因为满足各自的精神与物质需要是各种社会交往背后的普遍动机。

(3) 两者是相辅相成的。一方面，公共关系的工作中包含了人际关系；另一方面，从工作方法上来看，公共关系工作需要运用人际沟通手段。良好的人际关系是构建良好的公共关系的基础，人际交往是开展公共关系活动的一种手段。在实践中，公共关系作为"内求团结，外求发展"的管理艺术，也要经常借助于人际关系中的某些手段，通过个体交往以构建健康有序、平等和谐的人际关系，来达到"内求团结，外求发展"及塑造良好组织形象的目的。

2. 公共关系与人际关系之间的区别

公共关系与人际关系之间存在许多不同。公共关系是指公开的、组织与公众之间的信息传播与沟通的活动。人际关系是指个人在社会实践中形成的各种社会关系，即个人在社会交往实践中形成的人与人之间的相互作用和相互影响的关系。具体区别有以下四点。

(1) 两者的主客体有所不同。人际关系的主体是个体的人，客体也是个体的人。公共关系的主体则是特定的社会组织，客体是与社会组织相关的公众。

(2) 两者的目的、手段有所不同。公共关系的目的是以塑造良好的组织形象为目标，服务于组织利益，主要运用大众传播媒介(如报纸、电视、杂志、广播等)，在社会组织及其公众之间进行大范围的、公开的、双向的信息传播。人际关系的目的主要是为个体服务，服从、服务于个体利益，其主要手段是通过个体与个体之间直接的、小范围的、非公开性的信息传播。换言之，公共关系的信息传播带有鲜明的开放性、社会性、间接性和复杂性，而人际关系的信息传播则带有明显的封闭性、个体性、直接性和单一性。

(3) 两者的功能不同。公共关系的功能是组织的形象管理职能，人际关系的功能表现在个人的交际技巧。

(4) 两者产生的基础不同。人际关系是以血缘、地缘、业缘为纽带所形成的人与人之间的相互作用、相互影响、相互联系，是一种"个体型"的社会关系。公共关系则是以业缘关系(即社会组织的经营行为所引发的)为纽带所形成的特定的社会组织与其相关公众之间的利益互动关系，是一种"群体型"的社会关系。

(二)公共关系与广告

广告即广而告之，是指向广大公众传递信息的手段和行为。社会组织开展公共关系活动无疑需要运用广告这种重要的传播形式，使之产生较大知名度和美誉度。但广告不等于公共关系，它们之间既有联系又有区别。公共关系与广告是两门交叉学科。在实践中几乎所有大规模的公关公司都兼做广告业务，因为现代社会进入了整合传播的时代，公关也好，广告也好，都是借助各种媒介，以传播为主要工作手段进行的与外界的协调和沟通。例如，公共关系工作能对广告起指导作用，可以确定广告的宣传主题、宣传对象、传播对象、传播方式和传播周期。公共关系常常借助广告形式传播信息，通过产品或形象广告达到树立组织形象的目的。但公共关系不是广告，公共关系与广告的区别主要有以下三点。

1. 目标不同

公共关系是有针对性地传播组织的战略、未来目标、政策计划，具备战略的高度，以赢得公众的依赖、好感、合作与支持，目的是让公众"爱我"；广告是通过传播手段，对企业产品加以宣传，激发人们的购买欲望，达到销售的目的，即目的是让公众"买我"。

2. 手段不同

广告可以通过四大媒介及网络，进行产品宣传，也可以采用夸张的手法，激起人们的兴趣，激发人们的购买欲望和行为，扩大产品的知名度，促进产品销售；公共关系传播手段更丰富，除四大媒介、网络外，还可通过内部宣传资料、专题活动等与公众进行沟通，最重要的是靠事实说话，选择适当的时机，采用适当的形式，把组织的信息及时、准确地传递给目标公众，这是广告所不具备的。

3. 评价不同

一般来说，广告的效果是直接的、可测的，广告注重具体效果，只影响到某个产品或某项服务的销路，追求经济利益；公共关系注重整体效果，追求社会效益，一个社会组织一旦确立了正确的公共关系思想，并开展了公共关系工作，不仅能使社会组织对外界建立良好的信誉和形象，而且对社会甚至政治、经济等各方面也会产生重要的影响，而这样的整体效益是难以用利润来衡量的。

(三)公共关系与市场营销

市场营销是以满足顾客需要为中心来组织企业经营活动，获取经济利益的。公共关系与市场营销的关系是紧密的，但它们之间的区别也是明显的。公共关系工作在企业中几乎与市场营销融合在一起。换言之，企业的公共关系工作几乎完全为市场营销服务。

1. 公共关系与市场营销的联系

公共关系与市场营销的联系主要体现在以下三个方面。

(1) 商品生产的高度发展是公共关系和市场营销产生的共同条件。由于资本主义高度发展，使企业外部环境发生了很大的变化。一方面，买方市场形成，消费者对产品的需求变化越来越大，条件也越来越苛刻；另一方面，同行竞争日益剧烈，因此企业不得不重视"市场"、重视"营销"，重视企业外部公众——顾客和消费者等。同样，公共关系也是在商品经济高度发展的情况下产生的。企业为争取消费者，不仅要在产品质量、品种技术、价格等方面竞争，更要在企业整体形象、品牌形象方面参与竞争，为企业赢得良好的社会舆论，通过开展公共关系活动与企业内部、外部公众建立良好关系。

(2) 大众传播媒介是公共关系和市场营销共同运用的传播手段。无论是公共关系活动还是市场营销工作的开展，都要与目标公众进行交流、沟通，争取目标公众的支持与合作，因此必须借助大众传播媒介。运用大众传播媒介的优势，消除公共关系主体与客体之间的陌生感，拉近彼此之间的距离，也使市场摆脱国家、地区的限制，获得更大的销售空间。因此，社会组织无论是扩大知名度，还是提高美誉度；无论是提高组织形象，还是扩大产品销路，都离不开大众传播媒介。

(3) 顾客第一、社会效益第一是公共关系和市场营销共同的指导思想。面对市场竞争，企业不仅要把顾客的利益放在第一位，而且要承担社会责任，把社会利益也放在第一位。在这种思想的影响下，企业才能长久地发展下去，而这种思想也正是公共关系的指导思想。公共关系工作的核心就是塑造组织形象，以美誉为目标，以真诚为信条，旨在赢得公众的长久信任与支持，以及良好的社会环境的支持。

2. 市场营销与公共关系的区别

市场营销与公共关系有着不同的职能，存在着很大的区别，主要表现在以下三个方面。

(1) 目的不同。公共关系活动的目的是塑造组织形象，提高美誉度，提升亲和力，是一种间接的促销；而市场营销活动的目的是提高销售额，提高市场占有率，产生企业效益。

(2) 重心不同。公共关系活动的重心是面对目标公众，争取目标公众的支持；市场营销活动的重心是面对消费者，提高经济效益。一个是社会行为，另一个是经济行为，市场营销与公共关系不能混为一谈。

(3) 手段不同。公共关系所采用的手段是举办各种专题活动，包括新闻发布会、社会赞助等，以塑造组织形象；市场营销所采用的手段是推销、广告、包装、分销等，以促进产品销售。

(四)公共关系的误区

1. 美女公关

在不少人眼里，公共关系离不开美女，他们认为：公关=漂亮小姐+高级场所+时髦应酬。因此，一些社会组织的管理者喜欢把身材相貌较好，善于交际应酬的年轻女性安排在公关部门，使公关美女化，但这是不对的。事实上，公共关系属于智力型产业，与性别无关。从称呼上来看，国外称公关人员为"公关官员""公关先生"，使其更具有职业性。而美女公关容易造成误导，使公共关系改变性质，阻碍了公共关系理论与实践的发展和实际应用。

2. 庸俗公关

持这种观点的人认为，公共关系就是吃喝、拉关系、走后门，在公共关系进行时，要么与交往对象称兄道弟；要么奉承献媚，相互吹捧；要么小恩小惠，私利引诱；等等。这类庸俗化的公关，必然会给正当的公关蒙上阴影，失去公共关系真正的意义。而真正的公共关系恰恰是最讲光明正大与透明度的，主要靠出奇的策划与大众传播来塑造形象，赢得支持。

四、公共关系的三要素

公共关系的三要素包括主体要素、客体要素和中介要素。

(一)公共关系的主体要素——社会组织

在现代社会中,存在着各种组织,如学校、医院、工商企业、军队、政府机构等。各种各样的组织是社会存在的基础,而公共关系的主体就是社会组织。

社会组织简称组织,是指执行一定的社会职能,完成特定的社会目标,构成一个独立单位的社会群体。组织是公共关系的第一构成要素,是公共关系的主导,它决定了公共关系的状态、活动和发展方向。

组织的基本特征有以下四个。

(1) 组织具有一定数量的、较为固定的成员。

(2) 组织具有特定的目标。一个组织的目标必须是具体的、明确的,并为全体成员所接受,这是组织存在的依据。组织内部各个部门和全体成员的一切工作都必须围绕这个目标展开。

(3) 组织具有实现目标的结构和手段。组织结构是指明确规定的活动组合模式,这种模式确定了成员分工和权力分配。实现组织目标的手段是指管理、控制、协调的方法。

(4) 组织具有特定的功能。组织的功能依靠组织内部协调运转,围绕组织的目标而实现。

(二)公共关系的客体要素——目标公众

目标公众特指那些在公共关系活动中与社会组织存在某种利益关系的个体、群体或组织。公众对社会组织有着重要的影响,因而也是社会组织传播交流信息对象的总称。

公共关系中的公众不同于政治学或社会学中所讲的公众,与日常生活中所讲的"人民""群众"不一样。公共关系的公众特指公共关系的工作对象,即那些与公共关系主体有直接或潜在关系,相互影响、有互动关系的个人或群体。公众是公共关系中最重要和使用频率最高的概念之一。只有了解了公众,才能搞好公共关系。

公众分类是公共关系实务工作的必要前提。由于社会是个复杂的系统,影响组织生存的因素很多,在制定具体的公关目标、策略、方法时,必须对公众的构成进行分析,区分为一些具体可操作的传播沟通对象。科学的公共关系工作应建立在科学的公众分析的基础上。一般情况下,与组织形成较为重要的公众群体包括政府公众、内部公众、消费者公众、社区公众、媒介公众、同业公众、社会名流公众等。

(1) 根据组织行为给公众带来的结果,或按照公众与组织发生关系的过程,可以将公众分为非公众、潜在公众、知晓公众、行为公众四种类型。

① 非公众。这是公共关系特有的专业术语，是指在一定的时空条件下与组织不发生相互影响和作用的社会群体。划分出非公众可以使公关实务减少不必要的浪费。

② 潜在公众。这是指由于潜在的公共关系问题而形成的潜在公众。由于组织的行为使一部分公众面临着某一共同问题，而该问题尚未充分显露，所以公众尚未意识到问题本身，因而他们与组织的公共关系处于潜伏状态。

③ 知晓公众。这是潜在公众逻辑发展的结果，即已知晓自己的地位，知道组织行为或政策对自己造成影响的公众。

④ 行为公众。这是知晓公众发展的结果。这时公众不仅意识到组织对自身的影响和作用，而且采取了行动，形成了对组织的影响和作用。他们迫使组织必须采取相应的对策，是组织公关实务必须重视的工作对象。

(2) 根据公众对组织的态度，可以将公众分为顺意公众、逆意公众和边缘公众。

① 顺意公众。这是指对组织的政策、行为和产品持赞成意向和支持态度的公众。

② 逆意公众。这是指对组织的政策、行为和产品持否定态度的公众。

③ 边缘公众。这是指对组织持中间态度、观点或意向不明确的公众。

(3) 根据公众构成的稳定程度，可以将公众分为稳定性公众、周期性公众，临时性公众。

① 稳定性公众。这是指具有稳定结构和稳定关系的公众。他们是组织的基本公众，如老主顾、社区人士等。

② 周期性公众。这是指按一定规律和周期出现的公众。如果社会组织的公关实务搞得好，周期性公众可以变成稳定性公众。

③ 临时性公众。这是指因某一临时因素、偶发事件或专题活动而形成的公众，如展销会上的顾客、突发事件中受到影响的公众群体等。

(三)公共关系的中介要素——传播

人是社会性的，需要交流，在交流过程中也就完成了信息的传播。传播是指信息、思想或观念的交流过程，是人与人之间、人与社会之间通过语言或非语言文字而进行的思想、感情和信息传递与分享的一种行为，也是主体与客体间的一种联系。公共关系工作从本质上来说就是一种信息传播活动。在公共关系中，传播是社会组织利用各种媒介，把自己的信息或观点有计划地与公众进行沟通，争取理解与信任的活动。

当组织明确了公共关系的目标，确定了目标公众，并有了公共关系活动的设想之后，便要考虑如何运用媒介把目标和设想变成行动。媒介即传播，是连接社会组织与公众的桥梁，是完成沟通的重要环节，也是实现公共关系目标的唯一手段。

传播是一个完整的行动过程，同时也是一种信息的分享过程。公共关系要达到自己的目标，必须借助各种传播手段，包括信息技术、传播媒介等方法来实现。公共关系的传播是一种有着独特规范的信息传播活动，不仅包括信息传递、接受、交流分享等一系列过程，还包括信息的收集与处理，并且综合运用各种传播方式和传播手段，这是组织传播媒介向公众进行信息或观点的传递，目的是通过双向的交流和沟通，促进公共关系的主体和客体之间的了解、共识、好感和合作，其手段主要有人际传播、大众传播等形式。

把公共关系作为一个整体、一个系统来考察，就会发现传播与公众和组织一样，都只是公共关系这个大系统的一个要素，传播只是使组织和公众之间建立关系的一种手段，传播媒介则是实现这种手段的工具。只有这两者有机结合、共同作用，才能产生整体大于部分之和的协同效应，才能使组织的公共关系活动得以顺利开展，使组织得以在公众面前建立和维持良好的公共关系形象。其中，三者的关系如图1-1所示。

图1-1　组织、传播与公众的关系示意

如图1-1所示，公共关系传播的主体是组织，组织通过传播渠道，借助传播媒介，将公共关系信息传播给公众，公众在接受了组织传来的信息后，对组织所做的反馈便是公共关系传播所取得的结果，这就是信息的循环传播过程。当组织首先将信息传播给公众时，组织是信源，公众是接受者；当公众将接受信息后的结果反馈给组织时，公众就成了信源，组织就成了接受者。整个公共关系的传播过程，也是一个双方不断适应、彼此影响、相互了解与理解的过程。

任务剖析

白云山制药厂的成功经验告诉我们，公共关系是"内求团结、外求发展"的管理科学。对公共关系内涵的理解可概括为以下四点。

(1) 公共关系是一种观念。这种观念在于尊重公众，尤其是内部公众，以公众利益为前提，通过沟通达成共识和对人才的重视与有效合理的使用，创造组织内部和谐的氛围。

(2) 公共关系的核心是塑造组织形象，表现在行动上就是通过构思精巧、与众不同的公关活动达到"内求团结，外求发展"的效果。

(3) 公共关系工作要落到实处。主要体现在白云山制药厂的一系列对内、对外的公共关系活动中，这是沟通信息、广结良缘、树立自身良好形象的过程。

(4) 信誉、形象是无形资产，是企业未来发展的坚实基础，它可以弥补传统方法的不足，促进有形资产的增值。

模拟训练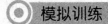

情境设定一

某百货商厦是一家享有盛誉的大型商业组织。然而，在20世纪90年代，随着该城市商业的发展，该百货商厦遇到了强有力的挑战。面对如林强手，百货商厦意识到"酒好也怕巷子深""守株待兔不可取"，并于1993年3月推出"93夏季商品购物潮"，公关部门策划了一系列组织自我形象的展示活动。商厦广场上空飞艇悬空、巨标高挂，一台台时装表演则巧妙地进行了角色互换，变成了消费者的表演，百货商厦请消费者上台表演，并通过他们的参与实现公众与组织互动、交流的目的，这在该城市引起了轰动；加上咨询导购小姐走上街头宣传、顾客评议、擂台大赛等活动，多方出击，传播媒介一起鼓劲，请专家座谈等历时一个月的购物潮期间，总销售额达1.67亿元，比上年同期增长66%，还创造了日销售额470万元的纪录。从中可以看出，公关意识催发了公关策划，公关策划创造了佳绩。百货商厦通过公关活动为自己争得了信誉和荣誉。

（资料来源：李兴国. 公共关系实用教程[M]. 北京：高等教育出版社，2000.）

问题分析：
(1) 你是怎样理解公共关系的？
(2) 百货商厦的公共关系活动给我们的启示是什么？

训练要求：
(1) 将全体同学分成几个小组，以小组的形式进行讨论，并形成讨论文案。
(2) 每个小组选派代表阐述讨论的内容。
(3) 小组之间相互评分，并对优胜的小组进行奖励。

情境设定二

某市一工业学校6名女生到重庆市沙坪坝区某工业设备有限公司实习，却被该公司老总要求陪客户喝酒跳舞。其中4名女生"不听话"，于11月25日被扣发工资。遂后4名女生提出终止实习却被拒绝，并被扣留学生证。

关于此事，该公司负责人声称，安排实习生陪酒伴舞是公关需要，4名女生借故离去，令客户不满意，不愿跟公司签约，是不遵守劳动纪律的表现，应该受到处罚。

为女生联系实习公司的该工业学校的何老师认为，实习单位要求女生陪酒跳舞，只要不是"很过分"的要求，学生也应该配合，因为学生参加工作后肯定会有应酬活动，这也是社会实践的一部分。

也有人提出质疑：公关是一项复杂、系统的工程，是要依靠扎扎实实的工作和自身长期的良好形象塑造的。

那么上述事件是公关吗？

(资料来源：重庆商报，2009.11.29，作者整理而成)

问题分析：

(1) 正确认识公关的含义。

(2) 我们应该有什么样的公关意识？

训练要求：

(1) 将全体同学分成几个小组，以小组的形式进行讨论，并形成讨论文案。

(2) 每个小组选派代表阐述讨论的内容。

(3) 小组之间相互评分，并对优胜的小组进行奖励。

任务二　公共关系的基本功能及组织形象的塑造

◉ 任务目的及要求

培养公共关系意识，树立现代公共关系思想。通过掌握公共关系的基本原理，使学生学会解决社会组织塑造形象的问题，具备公共关系处理能力。

◉ 任务描述

1997年11月8日凌晨，世界杯亚洲区预选赛十强赛卡塔尔、伊朗之战终场哨响，预示着中国足球队新一轮冲击世界杯再次失利。以后的比赛，对中国队来说，仅仅具有形式上的意义。民众的疑惑、失望、愤恨、痛苦溢于言表，激烈的言辞与行动不断出现在各种媒体上。中国足球队的能力受到极大的怀疑，形象遇到前所未有的危机。"给民众一个说法"已是大势所趋。

1997年11月13日，中国足球队在大连东方大厦举行记者招待会。足球常务副主席王俊生为主要发言人，国家体委宣传司司长何慧娴为主持人，教练组成员戚务生、金志扬、迟尚斌、陈熙荣，运动员代表范志毅、徐弘、区楚良等出席会议。何女士首先表达了中国足球队非常希望与新闻媒体见面，共同为中国足球"会诊"的真诚愿望。王俊生接着作了长篇发言，分析此次失利的主要原因：判断出偏差，发挥欠稳定，战术组合需要尽快提高，关键时刻在关键位置上出现了技术失误，这些失误遂导致失分。其他发言人也回答了记者提出的问题。

会上发布了中国足球队致全国球迷的一封公开信"擦干眼泪，奋起直追"。来自全国各地的新闻单位的百余名记者参加了两个小时的记者招待会。

思考：从中总结公关的基本功能是什么？

(资料来源：周安华. 公共关系理论、实务与技巧[M]. 北京：中国人民大学出版社，2010.)

一、公共关系的基本功能

公共关系的基本功能是公共关系产生和存在的基础，是其价值所在。认清公共关系的基本功能对于正确评价公共关系的价值、提高公关实务的自觉性有着重要意义。公共关系的基本功能是指公共关系活动在组织生存、发展过程中的独特作用与影响。

(一)信息传播功能

通过一些传播媒介，使外界能真正认识企业或组织，这是公共关系传播与其他传播在目的与技巧方面不同的特有职能。一是组织运用传播功能同公众进行双向交流，与公众交心，赢得公众的信任和支持；二是顺时造势，实现舆论导向，通过策划新闻、公关广告、专题活动等手段，制造声势，提高组织的知晓度与美誉度，为组织创造良好的舆论环境。

(二)协调沟通功能

公共关系是组织与社会环境之间的一种协调沟通机制，即运用各种协调、沟通的手段，为组织疏通渠道、发展关系、广交朋友、减少摩擦、化敌为友，成为组织运转的润滑剂、缓冲器，成为组织与各类公众交往的桥梁，为组织的生存、发展创造"人和"的环境。协调沟通功能主要表现在协调内部关系，增强组织凝聚力，与目标公众进行沟通，建立和谐的社会环境。

(三)形象管理功能

公共关系的主要任务是为组织塑造形象，为此，社会组织通过公共关系调查、策划和实施，积极引导社会舆论，让自己所服务的组织的内外公众接受、认同这一组织的各种感性行为，从而在公众面前提高组织的知名度和美誉度，树立社会组织良好的形象，为组织创造巨大的无形资产。这是一个系统的管理过程。

二、公共关系的工作程序

公共关系的工作程序是由美国的公关专家伯内斯(Edward Bernays)在总结前人实践经验的基础上提出来的，也称"四步工作法"。其内容包括调查研究、公关策划、传播实施、反馈评估。这一工作程序与许多工作程序是相似的。

三、组织形象的塑造

(一)组织形象的定义

组织形象是指公众对社会组织的总体评价,是社会组织的表现与特征在公众心目中的反映。塑造良好的组织形象是组织至关重要的任务,也是公关工作的主要目标。在现代社会中,一个社会组织的形象如何,直接关系到该组织能否存在与发展。

(二)组织形象的构成要素

1. 组织的总体特征和风格

组织的总体特征与风格是指组织最为显著的、能够代表整体情况的特点,是公众对组织及其行为的概括性认识。

组织的总体特征与风格可以分为两类:一类是内在总体特征与风格;另一类是外在总体特征与风格。

组织的内在总体特征与风格是构成组织形象的"软件",包括组织,价值理念,组织成员的精神面貌,企业的管理水平,组织所具备的信誉、服务态度和质量等。

组织的外在总体特征与风格是构成组织形象的"硬件",包括组织建筑的布局、机器设备的状况、产品质量、技术创新、卫生及环境保护、美化的状况、企业或产品的标志,以及工厂的厂旗、厂歌、厂徽及员工的仪表服饰等。

2. 知名度与美誉度

评价一个组织形象的好坏有两个基本指标,即知名度与美誉度。

(1) 知名度与美誉度的定义。

知名度是一个组织被公众知晓、了解的程度。这是评价组织"名气"大小的客观尺度。

美誉度是一个组织获得公众接受、赞许的程度。这是评价组织社会影响好坏程度的指标。

(2) 知名度和美誉度的评价方法。

$$知名度=知晓人数÷调查人数×100\%$$

$$美誉度=赞誉人数÷知晓人数×100\%$$

为了清楚地反映社会组织在公众心目中的位置,往往以知名度为横坐标、美誉度为纵坐标建立一个直角坐标系,用以反映一个社会组织的知名度和美誉度的实际位置,如图1-2所示。

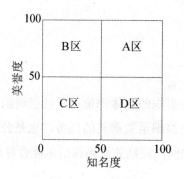

图 1-2 组织形象地位

具体的运用方法如下。

① 确定知名度。如果某个组织调查了 1000 名公众，其中 300 人知道该组织，则知名度为：300÷1000×100%=30%。

② 确定美誉度。如果 300 人中有 120 人对该组织表示好感和赞赏，则美誉度为：120÷300×100%=40%。

③ 标记形象定位点。在坐标图上找到一个点，使其横坐标为 30，纵坐标为 40，即为组织的形象定位点。

根据知名度与美誉度数值大小的不同组合，可以将组织形象定位图划分成四个区域，这四个区域分别表示四种不同的公共关系状态。

A 区表示高知名度，高美誉度。处于这种形象地位，为最佳形象区，是公共关系努力的方向。

B 区表示高美誉度，低知名度。处于这种形象地位，说明组织具有良好的发展基础，重点应该是在维持美誉度的基础上提高知名度。

C 区表示低知名度，低美誉度。处于这种形象地位，表明组织形象状况不佳，其公共关系工作需要从零开始。首先应该完善自身，争取较高的美誉度，而在传播方面暂时保持低姿态，待享有较好的美誉度以后，再大力做提高知名度的工作。

D 区表示低美誉度，高知名度。处于这种形象地位，表明组织处于臭名远扬的恶劣境况。其公共关系工作应该是先扭转已经形成的坏名声，然后默默地努力改善自身，设法逐步挽回信誉。

3. 组织形象定位

组织形象定位是组织在公众心目中确定自身形象、特定位置的工作与评价尺度。组织形象定位是公共关系实务、公共关系策划的重要内容之一，建设型公共关系、CIS 设计、企业文化建设都要围绕它而展开，它也是组织无形资产的重要组成部分。可以说，大到组织的整体目标规划、整体建设，小到一枚徽章与一张名片的设计、一句礼貌用语的规范化，都有策划与定位的问题。没有明确的、统一的形象定位，在公众心目中就无法树立明确而统一的组织形象，就无法开发公共关系的形象资源，而找准形象定位，就为成功奠定了坚实的基础。

总之，公共关系的目标就是树立组织的良好形象，这对组织的生存与发展具有重大的影响。

任务剖析

(1) 充分利用记者招待会的优势，在适当的时机和地点，经过精心策划和周密准备，通过规范、稳妥、高超的运作，把信息传递给广大球迷，也化解了民众的疑惑、失望、愤恨、痛苦，达到了信息传播预期的效果。

(2) 通过记者招待会答疑解惑、总结经验教训，达到了指明未来发展方向，恢复球队形象，化解形象危机，缓和公众情绪，换取公众的理解、帮助与支持等的目标，在广大社会公众的心目中留下了相当深刻的印象，有效地发挥了公共关系协调沟通的功能。

模拟训练

情境设定一

对组织而言，如果其知名度超过美誉度，就应引起警觉，以防美誉度跟不上而造成的知名度方面的负面压力。

问题分析：

(1) 这种说法对吗？为什么？
(2) 知名度和美誉度之间存在怎样的联系？

训练要求：

(1) 将全体同学分成几个小组，以小组的形式进行讨论，并形成讨论文案。
(2) 每个小组选派代表阐述讨论的内容。
(3) 小组之间相互评分，并对优胜的小组进行奖励。

情境设定二

某宾馆设计了一间专门用于开生日晚会的特殊客房，经常根据住客登记的身份证查找住客的生日，给住客开生日晚会，送上生日蛋糕，此举动受到住客的一致好评。

问题分析：

(1) 分析宾馆的这项活动体现了什么样的公共关系思想？
(2) 你是怎样理解公共关系的？

训练要求：
(1) 将全体同学分成几个小组，以小组形式进行讨论形成模拟方案。
(2) 以小组为单位模拟该宾馆为客人举办的生日晚会现场。
(3) 小组之间相互评分，并对模拟效果较好的小组进行表扬。

任务三 公共关系的产生与发展

● 任务目的及要求

通过学习与实践，让学生学会从历史的角度辩证地看待公共关系发展历史，理解公共关系发展的趋势及历史名人的公共关系表现，掌握公关专家的基本观点，提升公关事务的处理能力。

● 任务描述

公共关系起源于美国的独立战争，美国的一些公共关系学者认为当时的塞缪尔·亚当斯、本杰明·富兰克林、亚历山大·汉密尔顿等人是公共关系的创始人。持这种观点的人的依据是塞缪尔·亚当斯为了攻击英国，塑造美国的形象，于1750年至1783年间出版了1500多种小册子广为散发，利用这些"现代传播手段"反对英国的殖民统治，为美国革命制造舆论。本杰明·富兰克林是"自我宣传的伟大信奉者"。在他任美国第一任驻法大使期间，发挥自己的个人特性，用炫耀、夸张、摆阔等手段在法国人面前显示了美国的神圣与强大，使法国人很快改变了对美国人的看法，不仅认为富兰克林本人是一个富有教养的外交官，而且认为美国也是一个相当富有的国家。亚历山大·汉密尔顿作为美国历史上的第一位政治专栏专家，创编了《联邦制者论文集》和《1787—1788年的美国北部联邦同盟文件》，有效地引导了当时的公共舆论，为美国实现联邦制铺平了道路。美国历史学家阿伦·内文斯认为，汉密尔顿利用舆论争取美国1789年宪法获得批准这一事件，是迄今为止美国公共关系领域所取得的最大成果。

思考： 以上谈到的三位人物所做出的言与行，在哪些方面与现代公共关系是相通的？

(资料来源：周安华.公共关系理论、实务与技巧[M].北京：中国人民大学出版社，2010.)

公共关系是一门既古老又年轻的学科，自人类社会产生以来，公共关系活动和思想就一直存在，但是那时它完全是自发的和盲目的。当时人们并没有意识到它就是公共关系，是后人用现代公共关系的眼光去审视历史而得到的结论。现代意义上的公共关系及其理论直到20世纪初才开始在美国出现，随后逐渐发展成一门新兴的社会科学。

一、公共关系的史前概况

现代公共关系作为一种明确的观念和一门学科产生于 20 世纪初。但作为一种社会关系，它的孕育时间却相当漫长。

公共关系的最早起源应追溯到古希腊、古罗马时代。当时古希腊的王公贵族利用顺口溜、诗歌等形式来形成社会舆论，树立统治者的声誉，也传播生产知识。他们已具备了强烈的"公关意识"。

古罗马的恺撒创办发行了世界上最早的日报——《每日记闻》，让人到罗马广场当众诵读美化自己的文章，他还专门写了一本记载其功绩的纪实性著作——《高卢战记》，这本书曾被西方一些著名的公共关系专家称为"第一流的公共关系著作"。

古希腊著名学者亚里士多德在他的《修辞学》一书中，要求人们使用语言要动感情，要有可信性，强调了语言对听众的影响。该书被称为最早探讨"公共关系理论"的专著。

中国是有着五千年悠久历史的文明古国，"公共关系"思想和活动可追溯到有文字记载的远古时代。

《尚书·甘誓》记载了约在公元前 2100 年，夏启在甘与扈氏决战之际，向将士们作了 78 个字的战前动员。由于这个演讲富有鼓动性，激励了将士同仇敌忾之心，因而取得了战争的胜利。在盘庚迁都的故事中，盘庚在第三次演说词中，提出"朕及笃敬，恭承民命"，说明他已经懂得顺民意、得民心，办事要向民众说明原因，才能实现自己的愿望，体现了最早的公共关系沟通行为。

春秋战国时期，中国的思想与言论是较为自由活跃的，那时出现了百家争鸣、百花齐放的文化盛世。儒家学说创始人孔子比较系统地提出了"仁爱"的观念，强调人际交往中应讲求信义。战国时期孟尝君有个门客叫冯媛，在为孟尝君收租子时将债券付之一炬，正是这个举动，使孟尝君政治失意逃亡后得以在该地休养生息，东山再起，冯媛为孟尝君开展了"公关投资"。

明末李自成的农民起义之初能取得胜利，与起义军注意用"舆论"引导"公众"是分不开的。起义军每到一地，都要张贴"开大门，迎闯王，闯王来了不纳粮"一类的标语、口号，以争取群众的支持和拥护。

这样的例子还有很多。研究这些例子所反映的思想观念，对于我们今天构建现代有中国特色的公共关系学说无疑具有十分重要的现实意义。

二、近代公共关系的萌芽

近代公共关系萌芽于当时政治、经济、文化事业比较发达的美国。美国的一些公共关系专家认为，公共关系起源于北美殖民地人民反对君主专制、争取独立的斗争。当时的领袖们都是很好的公共宣传家，他们利用小册子、传单、制造事件等宣传独立的主张。其中的代表人物是塞缪尔·亚当斯(Samuel Adams)。为了反抗英国的殖民统治，自1750年到1783年的时间里，亚当斯与其助手印刷了大量揭露英国殖民统治的小册子，激发起人民的革命热情。亚当斯还导演了若干重大事件，其中最著名的是策动"波士顿倾茶事件"，在组织北美13个州抗英斗争中发挥了巨大的作用。1787年10月至1788年4月，在美国面临如何立国的关键时刻，亚历山大·汉密尔顿(Alexander Hamilton)连续发表了一系列效果显著、影响深远的文章，巧妙地引导了当时的舆论，争取宪法得以批准，促成美国联邦制的实现。历史学家认为这次活动是"历史上最出色的公共关系工作"。

在这一时期还有几件与公共关系密切相关的事情发生。1842年哈里斯·伯格(Harris Berg)组织的《宾夕法尼亚人报》和罗里《明星报》印制了一些民意选票寄给读者，以预测总统竞选的结果，这是最早的公共关系调查。1860年出现了新闻代理人，这是新闻与实业相结合的时期。1882年，美国的伊顿在耶鲁法学院发表"公共关系与法律的责任"的演讲，被认为是有关公共关系的最早的演讲，首次使用了"公共关系"这一概念。1897年，美国铁路协会编的《铁路文献年鉴》也正式使用了"公共关系"这一名词。

三、现代公共关系的发展

1. 愚弄公众的巴纳姆时期

19世纪中叶，在美国风行一时的代理报刊宣传活动是公关史上最早的有组织的活动。当时的美国由于政治民主化的推进，一些公司或企业为了自己的利益雇用专人在报刊上进行宣传活动，顺应这一活动，美国《纽约时报》率先发起了"便士报运动"，即以一个便士就可以买到一份报纸。由于报纸便宜，内容丰富，发行量大，使一些公司或企业雇用专门宣传人员来编造关于自身与组织的新闻，甚至制造"神话"来吸引读者的注意力，达到宣传本组织形象的目的，于是便兴起一场声势浩大的"报刊宣传活动"。当时最有名的代表人物是报刊宣传员费尼斯·泰勒·巴纳姆(P. T. Barnum)。

巴纳姆最典型的宣传是制造了这样一个"神话"：马戏团有一名叫海斯的黑人女奴，在100年前曾经抚养过美国第一任总统乔治·华盛顿。这一消息发表后引起了轰动，巴纳姆乘机以各种笔名向报社寄去表明不同看法的"读者来信"，引起了一场争论。于是很多人抱着好奇心纷纷到马戏团看个究竟，使马戏团票房收入猛增。海斯死后，尸体解剖表明，她才活了80多岁，根本不像巴纳姆宣传的那样活了160多岁，也根本不可能抚养过总统华盛顿。可巴纳姆宣称，他本人也是受骗者。实际上巴纳姆早已从这场他策划的争论中得到了好处。

巴纳姆恪守的信条是"公众要被愚弄""凡是宣传皆是好事"。他这种不择手段地为自己或自己代表的组织进行吹嘘、欺骗、制造"神话"，全然不顾公众利益、不顾职业道德的行为，是完全违背现代公共关系宗旨的，是公共关系史上不光彩的一页，这一时期被称为"公众被愚弄的时期"和"公共关系的黑暗时期"。

2. 告知真相的艾维·李时期

19世纪末20世纪初，公共关系走向成熟时期，也是公共关系职业化开始的时期。

19世纪末，美国进入垄断资本主义时代，少数企业寡头几乎掌握着全美大半的经济命脉，他们不择手段地榨取剩余价值，使得人们对他们的行为十分反感，并称之为"强盗大王"。他们的残酷压榨引起工人强烈的不满，劳资关系日趋紧张，阶级矛盾日益激化，终于爆发了以揭露工商企业丑闻为主题新闻的"揭丑运动"，又称"扒粪运动"。"揭丑运动"的冲击，使那些利用舆论工具起家的声名显赫的大财团受到了公众的普遍怀疑与抵制。这时许多组织开始聘请专业人员来改变与新闻媒体的关系，于是一种代表组织利益，改善组织与公众关系的新职业应运而生，这个职业的开创者就是后来被称为"现代公共关系之父"的艾维·李(Ivy Lee)。

1903年，美国人艾维·李在美国开办了世界上第一家宣传咨询事务所，成为第一个为客户提供现代公共关系咨询并收取费用的职业公共关系人员。他的公关实践活动以及他在1906年发表的《原则宣言》被看作是现代公共关系的历史开端。《原则宣言》的核心内容就是向公众讲真话。艾维·李认为：企业唯有将其真实情况告诉公众，才能赢得好声誉。正是这种向公众讲真话，公众第一、从长远出发，用真相赢得好声誉的思想，为现代公共关系学说打下了良好的观念基础。

艾维·李不仅有自己独特的公关观念和理论观点，而且身体力行，用自己的实践向世人证明现代公关观念的合理性、正确性，使公共关系在社会上引起了强烈反响。他先后为被"扒粪运动"揭丑而陷入窘境的洛克菲勒财团，为企图塑造自身形象的美国电话电报公司、铁路公司等充当过公关顾问或公关代理人。正是因为艾维·李在理论和实践方面的卓越建树，才使公关界的多数人把他看成是现代公共关系的鼻祖。

3. 投公众所好的爱德华·伯内斯时期

艾维·李作为公共关系的创始人，虽然提出了一系列独创的思想观点或观念，但是，由于当时历史条件的限制和个人精力的局限，还没有形成比较系统严密的公共关系理论。完成公共关系理论体系奠基任务的是美国著名的公共关系顾问爱德华·伯内斯(Edward Bernays)。

爱德华·伯内斯是美籍奥地利人，著名心理学家弗洛伊德的外甥，曾于1913年就任美国福特汽车公司的公关部经理，为塑造福特公司在公众心目中的形象，促进福特公司迅速发展立下了汗马功劳。第一次世界大战爆发后，伯内斯在威尔逊总统成立的官方公关机构"克里尔委员会"担任委员，负责向国外新闻机构提供美国参战的有关情况。"一战"以后，他和夫人在纽约开办了一家公关公司，并开始致力于公共关系的理论研究。1923 年，伯内斯出版了他的第一本公共关系学专著《舆论明鉴》，书中不仅明确提出了"公共关系咨询"这一概念，而且还解释了它的作用。就在这一年，他第一次在纽约大学开始讲授公共关系学课程。1925 年，伯内斯总结了自己的实践经验和教学成果，写成了《公共关系学》教材。

爱德华·伯内斯对现代公共关系的重要贡献主要表现在：①使公共关系活动职业化；②使公共关系摆脱了对新闻界的从属性；③使公共关系的技巧、方法现代化；④初步建立了现代公共关系的理论体系；⑤强调了舆论以及通过投其所好的方法和通过宣传引导公众舆论的重要性；⑥强调"投公众所好"是公共关系的立足点；⑦使公共关系观念有了科学的含义；⑧主张获得公众的理解与合作应当成为企业公共关系的基本信条。因此，他被誉为公共关系的先驱。

4. 双向对称的卡特李普时期

第二次世界大战结束以后，国际经济、技术和劳务合作日趋频繁和紧密。但是，由于不同民族和国家之间在交往过程中存在着语言文字、思想文化、社会制度和风俗习惯等方面的障碍，客观上要求必须有一批公共关系人员从中斡旋，进行有效的沟通和协调。一个组织要想在世界范围内有所发展，必须要和发生利益关系的一方相互信任、相互支持，最后谋求共同发展。在这样的社会背景下，公共关系实践和理论发展都进入了一个全新的阶段。这一时期的代表人物是斯科特·卡特李普(Scott Carterlipu)。

1952 年，美国著名学者斯科特·卡特李普和阿伦·森特(Alan Center)合作出版了一本公共关系的权威著作——《有效的公共关系》。在书中，他们提出了"双向对称"的公关模式，即主张组织与公众的利益平衡和并重，为了组织和公众的共同利益，一方面把组织的信息向公众传播和解释，另一方面把公众的信息和想法向组织进行传播和解释，目的是使组织与公众形成一种双向沟通和对称的和谐关系。至此，现代公共关系学的理论框架基本建立，并进入了成熟阶段。

1955 年，国际公共关系协会(IPRA)在英国伦敦成立。

四、我国公共关系的发展

(一)公共关系在我国兴起的客观必然性

改革开放的时代潮流，市场经济发展的大趋势，为公共关系在我国的发展提供了必要的条件。

1. 改革开放是我国引进公共关系的根本原因

改革开放成为公共关系进入我国的动力。中国共产党第十一届三中全会后，改革开放成了这一历史时期的基调和主流，以企业为主体的许多社会组织被推入市场。这些社会组织必须遵循市场经济的自愿交换、自愿合作、自由选择和分散化决策等基本法则。企业面对市场经济条件下客观而无情的竞争，不得不认真对待内外公众，认真利用传播媒介收集公众信息、环境信息、市场信息，同时向公众传播组织自身的各种信息，并在双向传播、双向沟通中实现对称平衡，以改善组织内部的经营管理，提高组织的决策能力，塑造自身的良好形象。在这样的历史背景下，公共关系随着国外的先进技术、管理经验等一起于20世纪80年代初进入我国大陆，并由南向北、自东向西，迅速在我国普及和推广开来。

2. 社会主义市场经济促使公共关系得以广泛发展

公共关系只有在商品社会、市场经济条件下，才有生长发育的土壤。随着我国市场经济体制的孕育和发展，企业和其他社会组织开始以独立的法人资格走向市场，它们更加注意协调组织与内部职工、股东的关系；组织与其他相关公众，如原材料供应者、产品消费者、政府、新闻传媒的关系，以便在激烈的市场竞争中立于不败之地。

社会主义市场经济不是传统的指令性计划经济，其运行规则和方法同资本主义市场经济具有一定的共性和相似性。这种共性或相似性主要表现在：第一，承认个人和企业等市场主体的独立性；第二，具有竞争性的市场体系；第三，具有有效的宏观经济调控机制，对市场起导向和监控作用；第四，具有与一定时期经济状况相一致的较完备的经济法规，确保经济运行的法制化；第五，遵循国际经济交往中通行的规则和惯例。

(二)公共关系引进时期

1980年，随着我国改革开放的深入发展，深圳、珠海、汕头等经济特区相继成立，也吸引了一批中外合资的酒店、宾馆来到沿海和内地的一些城市，这些企业采用国际规范的管理模式，导入公共关系管理职能，设置相应的机构，并开展公共关系活动，向国人展示了公关的魅力，也带动了国内公关领域的繁荣。1984年11月，广州白云山制药厂率先在国营企业中成立了公共关系部，并每年拨出其产值1%的资金作为"信誉投资"，开了我国大陆企业公关之先河。

许多跨国企业开始进入我国大陆市场，一方面为我国大陆引入了专业公关的全新概念和操作方式，另一方面也催发了我国公关专业公司的出现。1985年，美国最早的国际性公关公司——伟达公关公司在北京设立办事处。不久，历史悠久并素有世界最大公关机构之称的美国博雅公关公司与我国新华通讯社合作，我国第一家专业公共关系公司——中国环球公共关系公司由此诞生。随之，营利性的公关职业机构和职业人员纷纷涌现，为我国塑造了一大批名牌企业，公共关系也创造了一系列的奇迹，积累了一批有中国特色的经典案例。

随着改革开放的深入，我国形成了一支自己的公关专家与学者队伍，更培养了数万人的专职与兼职的公关教学人员。1985年深圳大学传播系创办了我国大陆第一个公共关系专业。1985年，在广东和北京也举办了各种公关培训班，一批大专院校相继开设公共关系专业与公共关系课程。

1986年11月，我国第一个公共关系协会——上海公共关系协会成立。1987年5月，全国性的公关团体——中国公共关系协会在北京成立。此后，全国各省、市、自治区陆续成立了公共关系协会。到目前为止，全国绝大部分省市都成立了公共关系协会。

(三)公共关系发展时期

经过近30年的发展，我国的公共关系进入了一个稳定发展的阶段，主要表现在公关学术活动正常、有序地开展，公关专业教育逐渐走向成熟，公关实践活动取得了明显的成效等方面。

1990年7月，中国公共关系协会学术委员会在河北新城县召开了第一届全国公共关系理论研讨会，会议以"公共关系与社会发展"为主题，之后在上海、福州、杭州、石家庄、大连等地相继召开第二届至第六届全国公共关系理论研讨会，分别以"公共关系与改革开放""公共关系与名牌战略"等为主题进行讨论。

1993年6月，首届"中国最佳公共关系案例大赛"正式启动，这是公共关系业界最具权威的赛事，以后每两年举办一次。这一将理论与实践紧密结合，兼有社会性和学术性的活动，对于推进我国公共关系的理论研究和实践运作，促进我国公关事业向更高层次发展起到了重要的作用。

1996年4月，首届"中国国际公共关系大会"在北京召开，该会议成为我国公关业最高层次的学术和业务交流活动，每两年举办一次。

1997年7月，中国公关网正式开通，标志着协会向信息化建设迈出了可喜的一步。这也在一定程度上促进了我国公共关系理论研究与社会实践的国际化，推动了公共关系的进一步发展。

1999年5月，我国劳动和社会保障部正式出版发行了《国家职业分类大典》，公共关系正式列入《职业大典》之中，这标志着我国已正式承认公共关系这一行业。

1999年1月，劳动和社会保障部正式批准成立了国家职业资格工作委员会——公关专业委员会，并由公关专业委员会编制教材，在2000年开始开展公关员的培训和考核工作。

2000年12月，举办了首届全国公关员职业资格统一考试，公关员由此成为正式职业。

2002年，我国申奥成功、入世成功，使该年度成为世人瞩目的"中国公关年"，使我国政府和我国企业更加注重公关工作的开展。

总之，30多年来，我国的公关职业化、专业化水平在不断提高，在学习、借鉴国外先进公关理论、公关技巧的基础上，以"洋为中用""推陈出新"为指导，理论界、实践界对逐步形成中国特色的公共关系理论达成了基本共识。

任务剖析

塞缪尔·亚当斯、本杰明·富兰克林、亚历山大·汉密尔顿等人通过各自不同的活动与方式有效地引导了当时的公共舆论，改变了公众的看法，塑造了美国的形象。他们为现代公共关系起源所作的铺垫、所留下的启示、所作出的贡献是毋庸置疑的，他们所从事的工作被称为是公共关系活动的内容。

模拟训练

情境设定一

2007年1月20日至3月20日，中国国际公共关系协会(CIPRA)进行了2006年度行业调查活动。

调查活动采用问卷与访谈相结合的调查形式对中国公共关系服务市场进行专项调查。本次调查对象仅限于中国大陆境内的公共关系公司和公共关系服务，调查内容包括公司基本情况、业务发展和经营管理三个方面。对问卷和访谈所取得的数据进行了科学统计，并依据行业经验进行核实和分析，最后形成本次调查报告。本报告认为，2005年公关服务市场继续保持良好的增长势头，整个行业年营业额估计超过60亿元人民币，比上年度增长33.33%，2006年将继续保持30%以上的速度增长。耐用消费品、IT、快速消费品、通信、医疗保健等专业服务将继续占据主要份额。

我国经济体制改革和政治体制改革需要公共关系，公共关系推动了我国改革的发展，推动了我国的物质文明和精神文明建设。在短短的30多年中，我国已出现了两次"公关潮"。有中国特色的现代公共关系正在逐渐走向成熟。

(资料来源：搜狐财经网.中国公共关系业2006年度调查报告.作者有所修改)

问题分析：

中国两次"公关潮"出现的条件是什么？

训练要求：

(1) 将全体同学分成几个小组，以小组的形式进行讨论，并形成讨论文案。

(2) 每个小组选派代表阐述讨论的内容。

(3) 小组之间相互评分,并对优胜的小组进行奖励。

情境设定二

19 世纪末,伴随着"揭丑运动",许多企业开始修建开放透明的"玻璃屋",增强企业的透明度,加强与新闻界和社会公众的联系。杜邦化学工业公司是其中的佼佼者。

杜邦公司是一家从事炸药生产事务的化学公司。那时化学工业刚起步不久,工艺技术尚不先进,公司里难免发生一些爆炸事故。起初,公司当局采取保密政策,一律不准记者采访。结果大道不传小道传,社会公众对此猜测纷纷,久而久之,杜邦公司在社会公众心目中留下一个"杜邦—流血—杀人"的可怕形象,对杜邦公司的市场扩展与企业发展造成了极其不利的影响,杜邦公司为之深感苦恼。后来,杜邦公司负责人的一位报界挚友建议他实行"门户开放"政策,杜邦公司采纳了他的建议,并聘请这位朋友出任公司的新闻局局长。此后,公司在宣传方面改弦更张,坚持向公众公开公司事故真相与公司内幕,同时精心设计出一个口号并予以广泛宣传:"化学工业能使你生活得更美好!"且重金聘请专家学者在公众场所演讲。此外,还积极赞助社会公益事业,组织员工在街头义务服务。一举改变了"杜邦—流血—杀人"的可怕形象。

问题分析:

(1) 结合案例,分析现代公共关系对组织的广泛影响。

(2) 结合案例,谈一谈如何运用公共关系树立企业形象。

训练要求:

(1) 将全体同学分成几个小组,以小组的形式进行讨论,并形成讨论文案。

(2) 每个小组选派代表阐述讨论的内容。

(3) 小组之间相互评分,最终核定成绩。

拓展阅读

麦当劳的经营宗旨和行为规范

麦当劳是全球最大的快餐集团公司,它之所以取得如此巨大的成功和业绩,主要取决于其明确而强有力的企业理念、经营宗旨和经营方针,以及严格而强有力的推行。

麦当劳将自己的企业理念和经营方针浓缩为 Q、S、C、V,即麦当劳为世人提供品质上乘、服务周到、环境清洁、物有所值的产品和服务。

Q,即 Quality,质量。麦当劳制定了一整套严格的质量标准和管理制度,以保证在任何情况下都向顾客提供品质一流的食品。例如，严格要求牛肉原料必须挑选精瘦肉，脂肪含量不得超过19%，绞碎后，一律按规定做成直径98.5毫米、厚5.65毫米、重47.32克的肉饼。麦当劳的食品要求标准化，做到无论国内国外，所有分店的食品质量和配料相同，并制定了各种操作规程和细节，如"煎汉堡包时必须翻动，切勿抛转"等。同时，公司还竭尽全力提高服务效率，缩短服务时间，要在50秒钟内制出一份牛肉饼、一份炸薯条及一杯饮料，烧好的牛肉饼出炉后10分钟、法式炸薯条炸好后7分钟内若卖不出去就必须扔掉。麦当劳的经营方针是坚持不卖味道差的食品，为了信守承诺，时限一过就马上舍弃不卖。

S，即Service，服务。提供周到、细致的服务，是麦当劳成功的法宝之一。为了给日益增多的外出驱车的顾客提供休息和进餐的场所，公司在美国四通八达的高速公路两旁和郊区开设了许多分店，并在距店铺不远的地方装上许多通话器，上面标有醒目的食品名称和价格，使乘客经过时，只需打开车门，向通话器报上所需的食品，当车开到店侧小窗口时，就能一手交钱，一手取货，并马上驱车上路。在美国，只要麦当劳连锁店和住宅区邻接，他们就会设置小型游乐园，让孩子能和家人在此休息，感受麦当劳的关怀。如此周到的服务，自然使麦当劳生意兴隆。

C，即Clean，清洁。提供幽雅清洁的环境，是麦当劳人追求的目标。麦当劳对员工的行为规范中明文规定：男士必须每天刮胡须，修指甲，随时保持口腔清洁，经常洗澡，不留长发，女士要带发网；餐馆内不许出售香烟和报纸，器具全部都是不锈钢的。所有员工必须遵守这样一条规定："与其背墙休息，不如起身打扫"，使店内始终保持窗明、地洁、桌面净。顾客一进入这样的就餐环境，也都习惯于自觉清除垃圾，同服务人员一起保持一个幽雅清洁的环境。

V，即Value，价值。麦当劳强调"提供更有价值的物质商品给顾客"。现代消费者的需求不仅趋向高品质化和高品位化，而且也趋于多样化。如果企业只提供单一模式的商品，消费者很快就会失去新鲜感。麦当劳不沉醉于已有的成功，而是努力适应社会环境和公众需求的变化，重视商品新价值的开发，即不断给商品附加新价值。不仅如此，为了忠实地推行麦当劳的这一经营理念和方针，公司从芝加哥总部派出"巡回地区督察团"，每月不定期到各地经销店巡视多次，对全世界上万家连锁店一视同仁。

为了保证麦当劳的经营观念Q、S、C、V（即"品质、服务、清洁和价值"）得到忠实地贯彻，麦当劳制定了自己的企业行为规范——Q&T manual、SOC、Pocket Guide、MOP，从而把每项工作都标准化，即"小到洗手有程序，大到管理有手册"。

Q&T manual，是麦当劳营运手册。随着麦当劳连锁店的发展，麦当劳人深信：快餐店只有标准统一，而且持之以恒地坚持标准才能保证成功。自第一家麦当劳快餐店开业，麦当劳就编写出第一部营运训练手册，并在以后的经营中不断完善，使其成为规范麦当劳有效运转的"法典"。

SOC，是麦当劳岗位工作检查表。麦当劳将餐厅服务组的工作分解为20多个工作站，如煎肉、烘包、调理、品管、大堂等，每个工作站都有一套 SOC(Station Observation Checklist)，详细说明在工作站时应事先准备和检查的项目、操作步骤、岗位第二职责及岗位注意事项等。员工进入麦当劳后，将逐步学习各个工作站的工作内容，通过各个工作站的考核后，表现突出的员工将会晋升为训练员，由训练员负责训练新员工，训练员中表现优秀的会晋升到管理组。

Pocket Guide，是麦当劳袖珍品质参考手册。麦当劳管理人员人手一册。该手册详细说明各种半成品的接货温度、贮存温度、保鲜期、成品制作温度、制作时间、原料配比、保存期等与产品品质相关的各种数据。

MOP，是麦当劳专门为餐厅经理设计的一套管理发展手册，共分四册。手册采用单元式结构，循序渐进。其中，既介绍了麦当劳的各种管理方法，也布置了大量作业，让学员阅读营运训练手册并实践。与管理发展手册相配合的还有一套经理训练课程，如基本营运课程、基本管理课程、中级营运课程、高级营运课程等。当餐厅第一副经理完成管理发展手册第二册以后，就有机会被送到美国麦当劳总部的汉堡包大学学习高级营运课程。高一级的经理将对下一级的经理和员工实行"一对一"的训练。经过如此系统的训练，麦当劳的经营理念、行为规范深深地渗透到每位员工的言行之中。

同时，麦当劳还特别强调在员工中建立起大家庭式的工作环境和氛围。例如，公司内部上至总经理，下至普通员工都直呼其名；全体员工注重沟通与团体合作，餐厅每月召开几场员工座谈会，充分听取员工意见；餐厅每月评选最佳员工，并邀请最佳员工家属来餐厅参观和就餐；每年举行岗位明星大赛，选拔出各个岗位的明星，并组织他们到其他城市的麦当劳去支援和比赛；餐厅每月公布过生日的员工名单，并以独特的方式祝贺其生日；等等。

思考：
(1) 麦当劳赢得公众、占领市场的秘诀是什么？
(2) 如何理解经营理念在塑造企业形象中的核心地位？

效果评价

从公关岗位出发，设计了相关的实训任务，故需要对具体实训工作任务完成的过程和结果进行检验和考核。特设计模拟训练评价表，如表1-1所示。

表 1-1 模拟训练评价表

姓名		学号							
班级		专业							
评价项目	自我评价				小组评价				
	优	良	中	及格	优	良	中	及格	
1. 案例分析中小组成员准备工作充分、有序 2. 实训态度端正 3. 分析案例时，观点新颖、清晰、层次分明 4. 在模拟实训中认真负责，积极配合 5. 实训过程中协调沟通能力强									
综合评价									
教师评价									

项目二　公共关系人员素质能力培养和组织机构设置

【能力目标】 培养公共关系人员具备良好的应变能力、人际交往能力、协调沟通能力，运用公共关系基本知识解决实际问题的能力，保持社交场合良好的举止与风度。

【知识目标】 了解公共关系组织机构，理解并掌握公共关系人员的知识结构和能力结构。

【素质目标】 培养公共关系人员的职业道德和敬业、乐观的品质。

任务一　公共关系人员的心理素质

任务目的及要求

理解心理素质的含义，掌握公共关系人员应具备的心理素质。

全面认识公共关系人员的职业要求，培养公共关系人员良好的心理技能及在社交场合保持良好的举止和风度的技巧。

任务描述

> 雨后，一只蜘蛛艰难地向墙上已经支离破碎的网爬去，由于墙壁太湿，它爬到一定高度就会掉下来，它一次次地爬，一次次地掉下来。
>
> 第一人看到，叹气，说："我这一生不正如这只蜘蛛吗？忙碌而无所得，于是……"
>
> 第二人看到，嘲笑，说："这只蜘蛛真蠢，为什么不从旁边干燥的地方绕一下爬过去呢？我以后可不能像它那样蠢，于是……"
>
> 第三人看到，感动，他被蜘蛛屡败屡战的精神感动，于是……
>
> 思考：这三个人的人生会有怎样不同的结果？
>
> (资料来源：由作者根据小故事改编而成)

公共关系人员有广义和狭义之分。狭义的公共关系人员是指在公共关系部或公共关系公司从业的公共关系专业人员；广义的公共关系人员是指社会组织中一切事实上承担着"内求团结"和"外求发展"的任务、其思想和行动对组织形象有重要影响的工作人员，如组织的领导者、管理者，各种办公室的工作人员、商务工作人员等。

在我国，公共关系人员主要是指狭义的。劳动与社会保障部为公共关系人员下的定义

项目二 公共关系人员素质能力培养和组织机构设置

是：专门从事组织机构公众信息传播、关系协调与形象管理事务的调查、咨询、策划和实施的人员。任何一次严谨的调查、巧妙的公关策划、有力的传播、圆满的操作、科学的评估都要由训练有素的公共关系人员来完成。有人说公共关系的竞争就是公共关系人才的竞争，此话不无道理。因为在企业的公共关系活动中，公共关系人员承担着组织形象塑造、组织形象传播、组织无形资产积累的重任。因此，公共关系人员的素质、能力、水平直接影响社会组织的未来发展。

一、公共关系人员心理素质的含义

公共关系人员的心理素质是指个人在某一时期与某一场合表现出来的稳定的、一贯的心理特征。它是多种心理素质的高度凝结，包括记忆力、思维能力、意志力、自信心，以及个人的品格、气质、情感、知识等。

公共关系人员的心理素质是组织公共关系人员基本素质的基础。公共关系人员每天要面对各种各样的公众，处理各种各样复杂的公关事务，要想胜任工作，就必须具备良好的心理素质。

二、公共关系人员必备的心理素质

根据公共关系工作的实际需要，公共关系人员必须具备以下心理素质。

1. 乐观的心态

在工作中要时刻保持乐观的心态，这是决定公共关系人员工作成败的关键。公共关系是一种具有开拓性、挑战性的工作，挫折与失败随时都有可能发生，只有具备乐观的心态，才能用积极的态度去面对工作中的困难，不被困难所吓倒，坚信困难会被克服。在与各类公众打交道时能够坦然面对，乐观积极，并且能够用自己乐观的态度去感染公众，甚至去改变公众的态度，达成自己的公共关系目标。

2. 自信的心理

古人云：自知者明，自信者强。自信是成功的先导，自信心是一个人对自我价值的表达，是一个人对自身力量的认识和充分估计，坚信自己能够完成任务并达到目标，也是一个人对自身特点的肯定。一个人只有具备了自信心，才能正视自己，充分发挥自己的才能。俗语说：人不自信，他人何以信之。因此，公共关系人员要承受压力，要面对挫折，就必须具备足够的自信心，这是公共关系人员职业心理最基本的要求。有了自信心才能获得公众的信任，处理好各种日常的，特别是各种突发的意外事件；才能激发极大的勇气和毅力，最终创造出奇迹。尤其在意外事件发生时，具有自信的公共关系人员能够做到临危不惧，沉着冷静地采取正确的方法化解危机，使组织转危为安。正如法国哲学家卢梭所说：自信心对于事业简直是奇迹，有了它，你的才智可以取之不尽，用之不竭。一个没有自信心的人，无论他有多大才能，也不会有成功的机会。

● 拓展案例

> 1949年，一位24岁的年轻人充满自信地走进了美国通用汽车公司，应聘会计工作。这位年轻人来通用汽车公司应聘只是因为父亲告诉他，通用汽车公司是一家经营良好的公司，而父亲建议他可以去看看。于是，这位年轻人就来了。
>
> 在面试时，这位年轻人的自信给面试官留下了深刻的印象。当时，通用汽车公司只有一个会计的名额，面试官告诉这个年轻人，竞争这个职位的人非常多，而且，对于一个新手来说，可能很难立即胜任这个职位的工作。但是，这个年轻人根本没有认为这是一个困难，相反，他认为自己完全可以胜任这个职位，更更要的是，他认为自己是一个善于自我激励、自我规划的人。
>
> 正是由于年轻人具有自我激励和自我规划的能力以及他的自信乐观，他被录用了！录用这位年轻人的面试官这样对秘书说："我刚刚雇用了一个想成为通用汽车公司董事长的人！"这位年轻人就是罗杰·史密斯。
>
> 从1981年以来，他一直担任美国通用汽车公司的董事长。
>
> （资料来源：王秀方. 实用公共关系教程[M]. 武汉：武汉大学出版社，2011.）

3. 对工作充满热情

比尔·盖茨曾说过这样的话：我每天早晨醒来，一想到所从事的工作和所开发的技术将会给人类生活带来的巨大影响和变化，我就会无比兴奋和激动。他认为，一个成就事业的人，最重要的素质是对工作充满热情。热情是一个人对事物的积极态度和心理倾向，表现为对他人、对工作充满兴趣，怀有善意，愿意与他人建立、保持、发展良好的人际关系。公共关系是一种社会关系，常常通过人际关系表现出来，只有积极主动、热情开朗地与他人交往，才能创造出一个友好、热烈的社交场合。公共关系往往要求公关人员对自己的工作、对自己服务的组织、对自己面对的公众充满热情，以自己的热情去感染人、打动人，调动公众的情绪，形成良好的公共关系。公共关系活动是否能够成功的一个重要原因在于公共关系人员是否具有热情工作的心理素质。

4. 开放的心理状态

在现代社会，信息交流和人际互动日益加强，公共关系作为一种开放性的职业，要求公共关系人员必须具有开放的心理，才能得心应手地开展工作。开放的心理表现为：善于接受新生事物，学习新知识，学习他人的长处；能够不断地解放思想，更新观念，在工作中不因循守旧，勇于进取，不断地开拓创新，与时俱进；具有较强的包容性的心理状态，心胸坦荡，能够接受各种各样与自己性格、志趣不同的人，并做到"异中求同"，从而能和谐地处理各种人际关系，推动组织公共关系的发展。

5. 追求卓越、渴望成功的心理

"心有多大，舞台就有多大"。成功首先需要的是成功的心态、成功的欲望、成功的动力。公共关系是一项创新型的工作，它的价值在于不断运用全新的方法策划出与众不同的活动方案，走前人没走过的路，这就需要公共关系人员发挥自己的聪明才智，要敢想，敢于创造出惊世之作，策划出引起轰动的公共关系活动。

不怕做不到，就怕想不到。如果连渴望成功的愿望都不具备，想都不敢想，就不可能成为一个合格的公共关系人员。

任务剖析

第一个人：叹气、颓废、悲观，对待事物的态度不积极乐观，终将一事无成。

第二个人：嘲笑蜘蛛，自命不凡，往往不能脚踏实地地做事，而要走捷径，却往往半途而废，不能取得最后的成功。

第三个人：被蜘蛛屡败屡战的精神感动，学会了坚强，能够面对挫折勇敢担当，朝着目标不断前行，最终会取得成功。

模拟训练

情境设定一

曾有一位省级工商银行行长，为人相当傲慢，一向以脾气暴烈易怒而出名，对上下级都是如此。他很有工作能力，决定对办公大楼安装一套价值近百万元的监视系统。于是，许多监视系统安装单位纷纷前去洽谈，但均没成功。前去洽谈的人都说这位行长太难接近，太不近人情。

此时传来消息，说行长的意向已基本定为一家"后来者"。大家对此格外惊讶，这家单位的推销人员是怎么做的呢？

这位"后来者"先作了一番调查后，便勇敢地敲响了行长的门。进门之后，对行长的冷漠态度视而不见。在作了极简短的自我介绍后，便向行长递上安装证书及此项工程详细的造价表。造价表分成两套，一套是只能白天使用的，一套是昼夜都能使用的。行长看过之后，他又拿出安装人员的技术简历表。这种一不递烟，二不寒暄的作风，很符合工作务实的行长的口味，很快冰层被打破了，推销工作顺利进行。

(资料来源：沈瑞山. 实用公共关系[M]. 大连：大连理工大学出版社，2005.)

问题分析：

这位推销人员的成功之处在哪里？

训练要求：

(1) 将全体同学分成几个小组，以小组的形式进行讨论，并形成讨论文案。

(2) 每个小组选派代表阐述讨论的内容。

(3) 小组之间相互评分，并对优胜的小组进行奖励。

情境设定二

一家电子防盗设备生产企业的推销员在坐飞机到某城市送货时不幸遇到了劫机。度过了惊心动魄的几个小时之后，在各界的积极努力下，飞机终于安全着陆。在乘客们急着要走出机舱时，只有这个推销员不慌不忙地找出一张大白纸，在上面浓墨重彩地写了一行大字："我是××公司的推销员，我和公司的××牌电子防盗设备安全脱险！非常感谢各界营救我们的人们！"他举着这样的大白纸最后一个跨出机舱，等在机场的各家媒体都把注意力集中到了这位与众不同的幸运者身上，他瞬时成了这次劫机事件的明星，很多家新闻媒体都对他进行了采访报道，他和他的公司及公司的产品也声名远播。一桩众人眼中倒霉至极的事件，就这样被这位推销员先生变成了"天赐良机"。

(资料来源：王银平. 现代公共关系[M]. 北京：高等教育出版社，2007.)

问题分析：

(1) 这位推销员是怎样面对这次劫机事件的？

(2) 这位推销员具备什么样的公共关系素质？

(3) 你从这个推销员身上学到了什么？

训练要求：

(1) 将全体同学分成几个小组，以小组的形式进行讨论，并形成讨论文案。

(2) 每个小组选派代表阐述讨论的内容。

(3) 小组之间相互评分，并对优胜的小组进行奖励。

情境设定三

以下八道心理素质测试题，每题只能有一个选择，然后根据括号内的分数累加起来，看看总分是多少，就能大致了解你的心理素质和应付能力。

1. 你骑车闯红灯,被警察叫住。后者知道你急着要赶路,却故意拖延时间,这时你(　　)。
   A. 急得满头大汗,不知怎么办才好
   B. 十分友好、平静地向警察道歉
   C. 听之任之,不作任何解释

2. 在朋友的婚礼上,你未料到会被邀请发言,在毫无准备的情况下,你(　　)。
   A. 双手发抖,结结巴巴说不出话来
   B. 感到很荣幸,简短地讲几句
   C. 很平淡地谢绝了

3. 你在餐馆刚用过餐,服务员来结账,你忽然发现身上带的钱不够。此刻,你会(　　)。
   A. 感到很窘迫,脸发红
   B. 自嘲一下,马上对服务员实话实说
   C. 在身上东摸西摸,拖延时间

4. 假如你乘坐公共汽车时忘了买票,被人查到,你的反应是(　　)。
   A. 尴尬,出冷汗
   B. 冷静,不慌不忙,接受处理
   C. 强作微笑

5. 你独自一人被关在电梯内出不来,你会(　　)。
   A. 脸色发白,恐慌不安
   B. 想方设法自己出去
   C. 耐心地等待救援

6. 有人像老朋友似的向你打招呼,但你一点也记不起他(她)是谁。此时,你(　　)。
   A. 装作没听见似的不搭理
   B. 直率地承认自己记不起来了
   C. 朝他(她)瞪瞪眼,一言不发

7. 你从超市里走出来,忽然意识到你拿着忘记付款的商品,此时一个很像保安人员的人朝你走过来,你会(　　)。
   A. 心怦怦跳,惊慌失措
   B. 诚实、友好地主动向他解释
   C. 迅速回转身去补付款

8. 假设你从国外回来,行李中携带了超过规定的烟酒数量,海关官员要求你打开提箱检查,这时你会(　　)。
   A. 感到害怕,两手发抖
   B. 泰然自若,听凭检查
   C. 与海关官员争辩,拒绝检查

心理素质测试题答案：选 A 得 0 分，选 B 得 5 分，选 C 得 2 分。

(1) 0～25 分：你承受压力的心理素质比较差，很容易失去心理平衡，变得窘促不安，甚至惊慌失措。

(3) 25～32 分：你的心理素质比较强，性情还算比较稳定，遇事一般不会十分惊慌，但有时往往采取消极应付的态度。

(3) 32～40 分：你的心理素质很好，几乎没有令你感到尴尬的事，尽管偶尔会失去控制，但总的来说，你的应变能力很强，是一个能经常保持镇静、从容不迫的人。

任务二　公共关系人员的知识素质和能力素质

◉ 任务目的及要求

理解并掌握公共关系人员应具备的知识素质和能力素质。

培养公共关系人员的应变能力、协调能力等，培养公共关系人员的职业素质、运用基本知识解决实际问题的能力等。

◉ 任务描述

李娜在学校读酒店管理学时，所学的理论较多，毕业后，在一家二星级酒店任公共关系人员。某天，她的上司让她一起参与负责两个星期后的酒店周年纪念宴会，因她尚属新手，故只需从旁辅助，依吩咐行事即可。

两个星期后，宴会在酒店最豪华的大厅举行，被邀请的嘉宾除了股东、业务上的客户之外，还有其他酒店的董事和一些高级行政人员，也少不了绅商巨贾。李娜是第一次参与如此隆重的场合，凭她亲切的态度，应该能得到嘉宾们的赞赏，但这时的她并未真正与嘉宾接触，只是给别人留下初步的印象而已。

问题终于来了，一位经常租用酒店客房的客户走近李娜的身边，欲与她交谈。握手、交换名片等礼节难不倒她，可交谈之中，李娜却暗暗叫苦。该客户不知是卖弄学识，还是想尽量找话题与之攀谈，总之谈话内容从政治谈到社会，由哲学谈到人生观，根本跟酒店业务和经营拉不上关系，李娜不知如何是好。交谈一段时间后，最后借故溜开，但她犯了公共关系的大忌。自此之后，她明白公共关系犹如一个万花筒，随时会呈现出不同的图案，只有见多识广才能拓宽与别人交谈的话题，以照顾到不同的客户。

思考：

(1) 如果你是李娜，在遇到这样的问题时，应怎样处理才比较妥当？

(2) 根据上述案例，你觉得公共关系人员应该掌握哪些知识和技能？

(3) 你认为自己具备了哪些素质，缺少哪些知识和能力，该怎样提高自己？

一、公共关系人员的知识素质

公共关系人员的知识素质是指其知识结构与水平。知识结构与水平在很大程度上决定了一个人的业务能力和思维能力。

公共关系人员的知识结构是公共关系知识体系在公共关系人员头脑中的固化，这个知识体系包括职业公共关系人员从事公共关系工作所必需的专业知识和相关知识。一般来说，成功的公共关系人员应该是一专多能的"杂家"。我们通常要求公共关系人员所具备的知识结构包括以下三个方面。

(一)公共关系的基础理论知识

公共关系理论是人们对于公共关系社会实践活动的科学总结和理论概括。公共关系的基础理论知识包括公共关系的基本概念；公共关系的由来和基本原则；公共关系三大要素，即社会组织、公众和传播的概念与类型；不同类型的公共关系机构的构建原则和工作内容；公共关系工作的基本程序等。

公共关系的理论体系与知识结构是一个开放的系统，要不断地发展、充实，逐渐吸收各国的特色并深入到行业之中，开拓新的领域。

(二)公共关系的基本实务知识

公共关系是一门哲理性、实务性都很强的学科，公共关系人员除了需要通晓公共关系的基本理论知识以外，还必须具备公共关系的基本实务知识。公共关系的基本实务知识包括：公共关系调研的知识，公共关系活动策划的知识，公共关系活动实施与评估的知识，处理各种危机的知识，公众对象分析的知识，与各类公众打交道的知识，社会基础文明和社交礼仪礼节的知识等。

(三)与公共关系密切相关的学科知识

1989年，全国高级公共关系教学研讨会上，来自全国的100多位学者认真讨论了一个合格的公共关系专业大学生应具备哪些知识、学习什么课程等问题，最后形成了一个可以达成共识的教学计划，其中所设课程如下。

(1) 专业骨干课程：公共关系学、公关人员素质、专业公关、公关策划。

(2) 传播学及相关门类课程：传播学原理、媒介理论与实务、演讲与口才、人体语言、公关应用写作、计算机应用、谈判理论与技巧。

(3) 管理学及相关课程：管理学原理、组织文化、市场营销、广告概论、会计学原理、法律门类课程。

(4) 基础课程：社会学、心理学、文化学、逻辑学、实用美学。

二、公共关系人员的能力素质

能力通常是指完成一定活动的本领，包括顺利完成各种活动所必需的个性心理特征。如果没有能力，再好的品德和知识也难以发挥作用，因此公共关系人员不仅要有良好的知识结构，还应具备必要的能力素质。

(一)较强的文字和口头表达能力

公共关系人员的文字和口头表达能力是其从事公共关系职业的基本功。公共关系人员担负着对内对外宣传、塑造组织形象的任务，要编写组织宣传材料，撰写新闻稿件，编写组织刊物，为发言人和领导撰写演讲稿、起草活动计划方案、各种报告和总结。这些工作要求公共关系人员的文笔既要有闪光的灵感，又要有丰富的情感。由此需要公共关系人员有较强的文字表达能力。

口头表达是最常用、最简洁的传播手段，也是人类沟通思想的重要手段。因此，要求公共关系人员必须具备一定的口头表达能力，能清晰明了地发布信息、表达思想，而且要幽默机智、谈吐风雅、引人入胜、令人信服，保持高雅的气质和风度，这样才能收到良好的公共关系效果。

(二)健全的思维能力

具备健全的思维能力，能发挥自己的创造力，策划活动时才会有创新意识。

健全的思维能力要求一个人心智成熟，有一定的系统运筹能力；健全的思维能力使人在思考问题时，思路清楚，安排得当，抓住关键，提纲挈领；能够让人站在公共关系的角度去考虑问题，明确自己的位置，尊重客户，在客户面前甘当配角，使公共关系策划能反映社会组织和公众的利益，达到双赢的效果；健全的思维能力要求有一定的思维深度，善于全面思考，分析问题能由浅入深、由表及里、去粗取精、去伪存真，善于抓住事物的本质，找出矛盾的症结所在。

(三)良好的组织谋划能力

组织谋划能力是指在公共关系活动中统一指挥、调度实施、平衡协调的能力。任何一个公共关系活动从计划到实施，工作具体又繁杂，大都要由集体来完成，这就要求公共关系人员能与组织内外的各种人协同合作，不仅要善于周密地设计和筹划公共关系活动的目标和计划，为实现目标和计划制定相应的具体方法和步骤，而且要善于从事实际组织工作。例如，召开新闻发布会，公共关系人员要拟定出席发布会的记者名单，并发出邀请、准备资料、布置会场等,还要充分调动各部门的积极性,并使他们的聪明才智充分地发挥出来,形成智力群体优势,才能使整个部门的每个人各司其职,通力合作,使整个活动有条不紊地进行。

(四)较强的信息处理能力

公共关系与信息科学有着不解之缘,它本身就属于信息产业,其资源与财富就是信息,其基本工作程序也是采集、策划、处理、加工和传播信息。因此,公共关系工作需要公共关系人员具备信息意识,运用现代化信息技术,包括计算机、多媒体、互联网络、E-mail、电子商务等,掌握信息调研方法和信息加工管理方法,并学会发布信息,运用信息知识提高创造力。

(五)善于与他人交往的能力

公共关系人员与他人交往的能力是指其进行人际交往、广泛联络公众的能力。这是衡量公共关系人员是否胜任公共关系工作的一个基本且重要的标准。一个缺乏社交能力的公共关系人员是很难被他人理解并赢得他人的信任和支持的。公共关系人员应努力成为社会活动家,善于同各种各样的人打交道。

公共关系人员要提高与他人交往的能力,首先,要增强其自信心;其次,要善于倾听,善解人意。这实质上是人们对待世界的一种健康心态,是处理人际关系的一种积极态度。

公共关系人员的社交能力还应表现在通晓各种社交场合的礼仪规范。例如,日常生活礼仪、对外交往礼仪、各种宴会礼仪及公共场合礼仪等。公关人员必须知晓、懂得、遵守一定的社交礼仪,这是对自己和他人的尊重,也是自身知识和教养的体现。

(六)处理危机事件的应变能力

在公共关系中,有时会遇到各种危机事件,需要公共关系人员紧急应变处理,这对公共关系人员应对危机事件的能力将是一种严峻的考验。若处理不当,不仅有损公共关系单位和个人声誉,更会给事件涉及的组织造成重大影响和损失。因此,公共关系人员在工作中遇到各种各样的难题和危机时都需要头脑灵活、冷静思考,沉着、机智、遇变不惊、有条不紊地化险为夷。

◎ 拓展案例

某餐馆以代办喜庆筵席而享有盛名。一天晚上,正值餐厅内宾客十分高兴之时,不料突然停电,餐厅内顿时一片漆黑,宾客顿觉惊愕和扫兴。此时,只听餐馆经理高声道:"各位来宾,下一个节目请新郎与新娘为大家点燃蜡烛。让我们鼓掌感谢新郎、新娘,感谢他俩亲手为大家献上一片光明！"话毕，服务员呈上烛台十余盏。全场欢声如雷，胜过当初。自此之后，这家餐馆的喜庆筵席上，便真的有了点蜡烛的这一项目。

(七) 良好的创新能力

创新是一个社会组织发展的原动力。创新能力是指一个人创立新的思想、新的事物和新的环境等，以满足自我或适应自我变化的能力。任何一个社会组织都面临着生存和发展的挑战，要想发展就要创新。从本质上讲，每一次成功的公共关系活动都是一次创造性的劳动。企业形象策划、企业识别系统的创意、企业文化的传播都需要公共关系人员具备创新思想和创新能力。

由于创造活动的最大特点是"出奇""创新""突破"，因此就要求公共关系人员在平时的思维活动中有敢于打破常规、不拘一格地探寻问题答案的习惯，即培养创造性思维的习惯，培养超越常规的思考动机；要敢于想别人所没想过的，做别人所没做过的事，大胆设想，不断创新。

(八) 掌握政策、理论的能力

公共关系人员必须在国家政策和理论的指导下从事业务活动，要把对国家政策和理论动态的研究纳入公共关系的日常工作之中。只有这样，才能不断提高自身的政策水平和理论水平，提高工作的质量和效果。

三、公共关系人员的职业道德

公共关系人员的职业道德是指公共关系人员在公共关系活动中所必须遵循的行为规范的总和。国际上对于公共关系人员职业道德的规定有《国际公关协会职业行为准则》《美国公共关系协会职业行为准则》等。我国也制定了明确、详细、严格的公共关系人员的职业道德和工作准则。这些准则的主要内容包括以下四点。

(一) 忠于职守

公共关系这个职业要求公共关系人员必须忠诚地为实现组织的目标而工作，严格履行自己的社会责任和道德责任，忠于职守，在工作中时刻考虑组织的形象与利益，不做泄露组织机密的事情，并且对公众讲信誉，不做有损公众利益的事情。在公共关系活动中，坚持信息传播的真实性，保证公共关系活动的有效性和道德性。

◉ 拓展案例

在飞机起飞前，一位乘客要求空姐给他倒一杯水吃药，空姐很有礼貌地说："先生，为了您的安全，等飞机进入平稳飞行后，我会立刻把水给您送过来，请稍等片刻。"可是，空姐因为太忙，忘记了这位乘客的要求。当乘客再次按响服务铃的时候，空姐才猛然想起这事……

"先生，实在对不起，由于我的疏忽，延误了您的吃药时间，我感到非常抱歉。"虽然空姐及时道歉，但乘客还是生气地说："怎么回事？有你这样服务的吗？你看看，都过去多久了？"空姐心里很委屈，但无论她怎么解释，这位挑剔的乘客都不肯原谅她。

接下来的飞行中，为了弥补自己的过失，空姐每次去客舱为乘客服务时，都会特意走到这位乘客面前，面带微笑地询问他有什么需求或需要什么帮助，然而这位乘客每次都不领情。

目的地快到了，那位乘客要求空姐把留言本给他送过去，很显然，他要投诉这位空姐了。空姐心里很委屈，但仍不失职业道德，面带微笑，非常礼貌地把留言本送过去了。

飞机降落后，空姐打开留言本，看到的不是投诉而是一封表扬信："在整个过程中，你表现出的诚意和歉意，特别是你12次的微笑深深地打动了我，使我最终决定将投诉信改为表扬信！你的服务质量很高，下次如果有机会，我还将乘坐你们的航班。"

(资料来源：国英. 公共关系与现代礼仪案例[M]. 北京：机械工业出版社，2005.)

(二)遵纪守法

公共关系工作，特别是面对外部公众的公共关系工作是一项活跃而富于变化的工作，是一项"可深可浅，做则有，不做则无"的工作，很容易养成公共关系人员消极、散漫的工作作风。在这种状况下，公共关系人员只有以高度的主人翁责任感来严格要求自己，严格按组织的规章制度、组织纪律行事，才能把组织的公共关系工作做好。

(三)真实诚信

真实诚信是对公共关系人员最基本的道德要求，也是从事公共关系工作的基本原则。在交流信息时必须真实准确，实事求是，不欺瞒公众，不糊弄公众，有诺必兑，真诚守信。在为组织收集信息时，要提供真实准确的信息，不弄虚作假、欺上瞒下、投机取巧。

(四)正直公道

正直是指公共关系人员为人处世要作风正派、品德高尚、光明磊落。公道是指公共关系人员在具体的工作中，要把组织和公众的利益放在首位，要站在公正的立场上不偏不倚，取信于公众。公共关系人员应当懂得自己是所在组织的化身，需要与众多的服务对象打交道，需要与其他人、其他组织合作互助，只有为人正直、处世公道，有坦荡的胸襟、良好的行为，不诋毁他人，不谋取私利，才能够处好这些关系。

阅读资料

《国际公共关系道德准则》

(1) 为建设应有的道德、文化条件，保证人类可以享受《联合国人权宣言》所规定的诸种不可剥夺的权利做贡献。

(2) 建立各种传播网络与渠道，以促进基本信息的自由流通，使社会的每一位成员都有被告知感，从而产生归属感、责任感与社会合一感。

(3) 牢记由于职业与公众的密切关系，个人的行为——即使是私人方面的也会对事业的声誉产生影响。

(4) 在自己的职业活动中，尊重《联合国人权宣言》的道德原则与规定。

(5) 尊重并维护人类的尊严，确认个人均有自己作判断的权利。

(6) 促使为真正进行思想交流所必需的道德、心理、智能条件的形成，确认参与的各方都有申诉情况与表达意见的权利。

应该保证做到以下三点。

(1) 在任何时候、任何场合，自己的行为都应赢得有关方面的信赖。

(2) 在任何场合，自己均应在行动中表现出对他所服务的机构和公众双方的正当权益的尊重。

(3) 忠于职守，避免使用含糊、可能引起误解的语言，对目前及以往的客户或雇主都始终忠诚如一。

应该避免以下四点。

(1) 因某种需要而违背真理。

(2) 传播没有确切依据的信息。

(3) 参与任何一种冒险行动或承揽不道德、不忠实、有损于人类尊严与诚实的业务。

(4) 使用任何一种操纵性方法与技术来引发对方无法以其意志控制，也无法对之负责的潜意识动机。

《中国公共关系职业道德准则(草案)》

总则

中国的公共关系是在改革开放的形势下出现的新生事物，它的诞生和发展对贯彻执行党的一个中心两个基本点的基本路线、对我国有计划商品经济的发展和社会主义精神文明建设起着一定的推动作用。

中国公共关系从业人员在从事公共关系活动中，以塑造不同的个人、团体和社会组织的形象以及他们之间的沟通、理解、和谐、拓展、合作，推进社会主义的公共关系事业为最高境界。由于公共关系从业人员能够借助现代化的大众传播媒介直接或间接地与成千上万个人进行接触，并深刻地影响到公众的思想和生活，因而公共关系从业人员的这种能力必须受到严格的职业道德准则的制约。有鉴于此，凡认同并在下述职业道德准则上签字的所有公共关系组织都应该以本准则所规定的各项原则自律。如果发现某个公共关系组织或个人在履行职责过程中违反了本准则，则将被认为犯有渎职行为而受到相应的处罚。

条款

(1) 每个公共关系从业人员必须使自己的公共关系实践和理论符合我国的宪法、法律和社会公认的道德规范，必须铭记其自身的一举一动都将影响社会公众对这种职业的总体评价。

(2) 在任何情况下，公共关系从业人员必须做到全心全意为我国的社会主义事业服务，都应该考虑有关各方的利益，首先应该考虑社会公众的利益，同时也应该考虑自己所在组织的利益。

(3) 公共关系从业人员在进行公共关系活动时，力求真实、准确、公正和对公众负责。

(4) 从事各种专业公共关系的专职人员应该在借鉴、钻研和实践的基础上努力提高各自的公共关系业务水平。

(5) 公共关系教育工作者应该以一种严肃、认真、诚实的态度对待公共关系高等教育和普及教育。

(6) 公共关系从业人员不得参与不道德、不诚实或有损于本职业尊严的行为。

(7) 公共关系从业人员不得为了个体利益故意传播虚假的或使人误解的信息。

(8) 每个公共关系从业人员都不应该有意损害其他公共关系从业人员的信誉和公共关系实务。但是，如果有证据证明其他公共关系从业人员有不道德、不守法或不公正行为，包括违反准则的行为，应该向自己所属的公共关系组织如实反映。

(9) 公共关系从业人员不得借用公共关系名义从事任何有损公共关系信誉的活动。

(10) 公共关系从业人员不得利用贿赂和其他不正当手段来影响传播媒介人员真实、客观的报道。

(11) 公共关系从业人员在国内外公共关系实务中应该严守国家和各自组织的有关机密。

任务剖析

(1) 李娜犯了公共关系的大忌。因为真正的公共关系人员不应该拒绝知识和任何一次获得知识的机会。这是一种主动进取、不断提高自己的过程。

李娜作为新一代公共关系人员，在遇到这样的问题时，要以谦虚的姿态、学习的姿态认真地与客户交谈，来丰富自己的知识，有时做一名合格的听众，学会倾听也是一种交际，绝不要借故开溜。

(2) 公共关系人员应该掌握的知识和技能主要包括专业知识、基础知识、口语表达能力、人际交往能力、应变能力等。

模拟训练

情境设定一

一双景泰蓝食筷

在某市的一家大酒店里，一位外宾吃完最后一道菜点，顺手把精美的景泰蓝食筷悄悄地插入自己的西装内衣口袋里。

服务员发现了这个情况，立刻到服务台拿来一个用绸面装饰的精美小匣。在外宾尚未起身离座之时，面带微笑地迈步向前，双手擎着小匣对外宾说："我发现先生在用餐时，对我国的景泰蓝爱不释手，非常感谢您对这种精美工艺品的赏识。为了表达我们的感激之情，经餐厅主管批准，我代表酒店将这双图案精美并经消毒处理的景泰蓝食筷送给您，并按照酒店的优惠价格记在您的账上，您看好吗？"那位外宾当然明白这些话的弦外之音，在表示了谢意之后，谎称自己喝多了，糊里糊涂地将食筷插入了内衣口袋，并且聪明地借此下台阶说："既然这种食筷没消毒就不便使用，我就'以旧换新'吧！哈哈。"说着取出内衣口袋里的食筷恭恭敬敬地放回餐桌上，接过服务员递给他的小匣，不失风度地向收银台走去。

(资料来源：蔺洪杰. 公共关系原理与实务[M]. 北京：中国人民大学出版社，2009.)

问题分析：

(1) 请评价案例中服务员的做法。从这位服务员的身上体现了哪些公共关系素质？

(2) 如果你是这家酒店的顾客，面对服务员的做法，你的感受是什么？

训练要求：

(1) 将全体同学分成几个小组，以小组的形式进行讨论，并形成讨论文案。

(2) 每个小组选派代表阐述讨论的内容。

(3) 小组之间相互评分，并对表现优秀的小组进行表扬。

情境设定二

一天，布莱恩去拜访一位客户，但是很可惜，他们没有达成协议。布莱恩很苦恼，回来后把事情的经过告诉了经理。经理耐心地听完布莱恩的讲述，沉默了一会儿说："你不妨再去一次，但要调整好自己的心态，要时刻记住运用微笑，用你的微笑打动对方，这样他就能看出你的诚意。"布莱恩试着去做了,他把自己表现得很快乐、很真诚,微笑一直洋溢在他的脸上,结果,他的拜访成功了。

布莱恩结婚已经18年了,每天早上起来都要去上班。忙碌的工作让他顾不上自己心爱的太太,他也很少对妻子微笑。布莱恩决定试一试,看看微笑会给他们的婚姻带来什么不同。

第二天早上,布莱恩梳头照镜子时,就对着镜子微笑起来,他脸上的愁容一扫而空。当他坐下来开始吃早餐的时候,他微笑着跟太太打招呼。太太惊愕不已,非常兴奋。在这两周的时间里,布莱恩感受到的幸福比过去两年还要多。

现在,布莱恩上班时,就对大楼门口的电梯管理员微笑;他微笑着跟大楼门口的警卫打招呼;站在交易所时,他对工作人员微笑。布莱恩很快就发现别人同时也对他微笑。一段时间之后,他发现微笑带给他更多的收获。

布莱恩现在经常真诚地赞美他人,停止谈论自己的需要和烦恼。他试着从别人的立场看事情。这一切真的改变了他的生活,他收获了更多的快乐和友谊。

问题分析:
布莱恩的成功给了我们什么启示?

训练要求:
(1) 将全体同学分成几个小组,以小组形式进行讨论,并形成讨论文案。
(2) 每个小组选派代表阐述讨论的内容。
(3) 小组之间相互评分,并对优胜小组进行奖励。

任务三　公共关系组织机构的设置

◎ 任务目的及要求

了解公共关系组织机构的基本概念,理解公共关系部的地位、作用和设置的原则,培养运用理论知识解决实际问题的能力。

◎ 任务描述

某家小公司由于意识到公共关系的重要性,觉得有必要进行正规的公共关系工作,所以有人建议设立公司自己的公共关系部;但还有一部分人反对设立公共关系部,建议只雇用公共关系公司即可解决问题。假如你是一名出色的公共关系顾问,请为这家公司提出自己的看法。

公共关系工作是一项长期、复杂、有计划的工作,因此需要有专门机构来从事这项工作,以保证组织的公共关系工作职能化和经常化。公共关系机构是指为实现一定的公共关系目标而设立的专门从事公共关系工作,为社会提供公共关系服务的组织机构的总称。

目前，专门从事公共关系工作的组织机构可以分为两大类：一类是组织内的公共关系部；另一类是独立的公共关系公司。

一、公共关系部

公共关系部是由专职工作人员组成的，贯彻和执行组织公共关系思想，负责实现本组织公共关系目标的专业性机构。随着信息社会的发展与传播技术的进步，公共关系在组织管理中日益成为一种独立的管理职能。

(一)公共关系部在组织中的地位

公共关系部的工作会影响组织的信誉和形象，关系组织上下、内外的信息交流，关系组织的近期利益和长远利益，担负着建立联系、沟通信息、咨询建议、组织策划、协调行动等工作，因此在组织总体中担任着重要的角色。

1. 组织的信息情报部

公共关系部的重要职责之一就是情报的收集和处理。任何关系组织生存和发展的内部、外部情报，以及任何环境因素的发展变化，都是公共关系部情报收集的对象。因此，公共关系部应建立自己的信息网络系统，通过多种形式渠道集中收集、整理和存储与组织密切相关的各种情报。这具体包括：监测社会环境变化；对与组织发展相关的政治、经济、文化等方面的变化趋势加以预测；收集和掌握内外公众对组织的评价、期望及其基本心态等，从而使组织适应多变的环境，在与环境的相互关系中发挥主导作用。

2. 组织的决策参谋部

公共关系部的重要职责还在于把采集的各种情报及时、有效地进行分析整理和归纳论证，并迅速反馈给组织领导层和各个职能部门，同时协助决策者分析和权衡各种方案的利弊得失，预测组织政策和行为将产生的影响与结果，帮助决策层作出更为科学和正确的决策。在现代管理中，过去那种单靠领导者根据个人经验进行管理的方式已经很难适应现在的新情况，这就需要组织的各个管理机构从各个层次、各个角度向决策者提供建议和意见，在这个过程中，公共关系部的工作对组织决策的形成起着不可缺少的作用。

3. 组织的宣传部

公共关系部担负着向公众宣传解释组织的有关政策和行动，传递有关信息的重要职责。任何一个社会组织要获得公众的理解和信任，取得公众的支持和合作，就必须不断地向公众宣传组织的政策，解释组织的行为，增加组织的透明度。其具体工作包括：组织各种专题活动；撰写新闻稿；编辑各种内部刊物和宣传手册。宣传部起到的是组织的"喉舌"作用。

4. 组织的外交部

公共关系部还担负着协调关系和社会交往的职责。随着社会组织与外界联系的不断增多，各种交际和应酬需要人去组织和安排；组织与外部发生摩擦和纠纷，需要人代表组织去交涉和处理；组织要得到社会公众的支持与合作，需要人去寻求协调。公共关系部通过协调关系和社会交往，能使社会组织内部各类成员之间、成员与组织之间增进理解和加强合作；使组织与外界加强联系，减少社会不利因素的产生，广交朋友，建立良好的社会关系网络，赢得社会的理解和支持。

(二)公共关系部设置的原则

1. 精简高效的原则

公共关系部应该是精干的、有活力的、高效率的。因此，设置的规模应与社会组织的规模及其发展相适应，力求机构精简、人员精干、工作效率高，否则，追求规模大、人员多，必然会导致机构臃肿、因人设事、人浮于事、办事拖拉、效率低下、增加费用等情况的发生。一般来说，大型的社会组织可设立人数较多、门类齐全、分工细致的公共关系部，中小型规模的社会组织可设立人数不多、具有综合性的多职能的公共关系办公室。而成立的公共关系部或办公室的人数也不相同，30人以上的公共关系部是大型的，10人以下的公共关系部是小型的，人数介于两者之间的为中型的。

2. 整体协调的原则

首先，在设置公共关系部时，要使其与组织内部的各个部门之间相互协调，并能起到协调各部门之间关系的作用。现代系统论告诉我们，一个系统的功能效应是"整体大于部分之和"。公共关系本身是一个系统的整体，社会组织本身也是一个系统的整体，要想实现社会组织的整体目标，必须完整实现公共关系活动，而公共关系部是其中起着组织、沟通、协调乃至维系这个大系统作用的一个子系统。其次，公共关系部的设置，要对组织内部与外部社会关系的协调起积极作用。对内，要建立一条稳定的信息输出和反馈的通道，协调组织决策层与内部员工之间的关系；对外，则需要建立一条收集和处理信息的渠道，使组织的决策者能够迅速掌握外部环境的变化与发展趋势，从而采取相应的政策与行为，达到组织与外部环境的动态平衡。

3. 能力优势互补的原则

公共关系部的人员搭配要合理，即公共关系部在年龄结构、知识结构、不同性格、一定性别比例等方面要形成具有一定合理性的组合。同时，不同智力优势形成互补，其中有的擅长策划、有的擅长动手操作、有的擅长写作、有的擅长言辞，只有这样才能相互渗透、相互作用、相互配合，然后才能产生积极的整体效应。

(三)公共关系部的组织模式

公共关系部的组织机构没有固定的模式，但有各种各样的组织类型。下面我们以经济组织为例，介绍三种组织模式。

1. 总经理直属型

总经理直属型是指公共关系部直接隶属于企业最高管理层的管辖，由总经理或副总经理担任公共关系部的负责人，如图2-1所示。这种模式充分显示了公共关系部在组织中的重要地位。其优点是各种意见直接反映到企业最高管理层，影响着企业的经营决策权；可以对其他部门的工作给予必要的监督，并负责组织企业内部各部门之间的信息沟通和协调工作；处于组织的中枢地位，便于全面地、有针对性地开展工作。

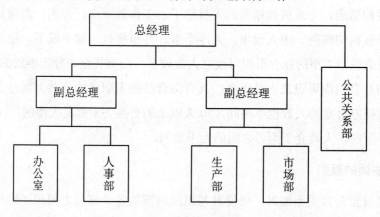

图2-1 总经理直属型

2. 部门并列型

部门并列型是指公共关系部同企业内部其他职能部门处于平等地位，公共关系部的负责人同其他部门的负责人一样作为中级管理层的一分子，直接对组织的最高领导人负责，处于组织管理的第二层次，如图2-2所示。这种模式的优点是：在对内对外的交往中有一定的决策权和指挥权，并能独立地开展各项公关活动；公共关系部与组织决策者有直接联系的权力和机会，对组织决策有直接影响。

3. 部门所属型

部门所属型是指公共关系部隶属于组织的某一部门，受组织的某一部门直接领导，处于组织管理的第三层，如图2-3所示。其优点是：增加了公共关系部与最高管理决策层之间的环节，侧重于公共关系部某一方面职能的发挥。

项目二　公共关系人员素质能力培养和组织机构设置

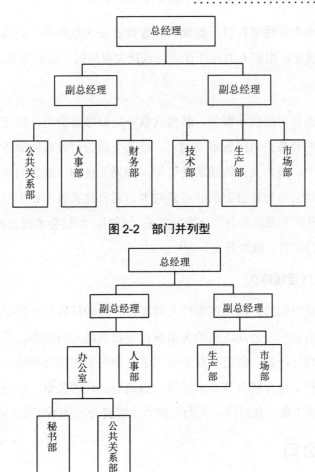

图 2-2　部门并列型

图 2-3　部门所属型

(四)公共关系部的优势

社会组织内部建立公共关系部，其优势有以下四个方面。

1. 熟悉组织内部情况

公共关系部的工作人员都是组织成员，他们对组织内部的历史、现状、面临的问题和前景发展能比较全面地熟悉或掌握，这一点也决定了其处理问题时的优势。由于工作性质的因素，公共关系人员能在组织内拥有良好的人际关系，能及时获取比较可靠的、新的信息，便于更直接地接触各种事件、问题和处理问题。它是组织决策部门与其他部门之间的桥梁与纽带。

2. 服务比较及时周到

由于公共关系部对本组织的情况比较了解，因而能及时为组织的管理层提供业务咨询和建议，尤其是遭遇突发性事件时，如火灾、爆炸、公关危机等，公共关系部能够及时赶赴现场，快速做出决定，组织人力展开行动，包括发布新闻、协调关系、反馈信息等。

3. 节约经费开支

专业性公共关系公司提供了服务，就要收取一定的服务费用，越是重大的公共关系活动，或者需要解决的公共关系问题难度越大，公共关系公司收取的服务费用就越高。而在组织自身发展过程中，公共关系问题随处可见，如果大量的、例行的事务都交给公共关系公司来完成的话，就会增加社会组织的运营成本。而公共关系部由于与所属组织在利益上的一致性，因此在开展各项活动与实施公共关系计划时，不仅会考虑公共关系工作的效果，而且会注意尽量节约经费，减少开支。

4. 公共关系工作连续持久

公共关系工作是组织的一项长期而持久的工作，因为任何社会组织都是在连续不断地运行的。为了使社会组织与公众之间的关系保持平稳与稳定的状态，不断完善社会组织自身在公众心目中的良好形象，创造有利于组织进一步发展的社会环境，组织内部需要通过专门的部门持续而稳定地开展公共关系活动，协调与公众的关系，参与组织的决策，处理危机事件，做好传播工作，在时间、人力、物力上保持公共关系工作的经常化和职能化。

二、公共关系公司

公共关系公司的产生与发展是现代公共关系职业化的具体体现，也是促进现代公共关系事业蓬勃发展的重要组织形式，是智力型产业。

公共关系公司又称公共关系咨询公司或公共关系顾问公司，是由各具专长的公共关系专家组成，运用专门知识、技能和经验，专门从事公共关系方面的有关咨询、策划、执行等方面的服务性机构。

社会组织在开展公共关系活动时，有时会需要专门的公共关系公司的协助。对于小型社会组织来说，聘用公共关系公司可以精简编制、节约开支，同时通过独特的公共关系工作内容提升社会组织的知名度和美誉度。对于大型社会组织来说，专业的公共关系公司具有较丰富的实践经验和较高的专业知识水平，社会联系面广，与新闻媒介有较为密切的联系，能更加有效地利用公共关系公司自身的优势帮助社会组织解决问题，处理事件。

(一)公共关系公司的工作内容

公共关系公司的工作内容，如表2-1所示。

项目二 公共关系人员素质能力培养和组织机构设置

表 2-1 公共关系公司的工作内容

工作项目	具体工作内容
咨询诊断	提供公共关系顾问咨询，包括为客户作企业或产品形象调查；为客户设计形象；为客户决策提供建议
联络沟通	协助客户与有关的公众联络沟通，建立和维持良好的关系，包括政府关系、社区关系、媒体关系、消费者关系等
收集信息	为客户收集、归纳各种信息和情报资料，包括政治、经济、文化、科技、公众态度、评价等
新闻代理	为客户策划新闻传播，包括撰写新闻稿；选择媒体；与新闻媒体沟通；策划实施新闻发布会等
策划活动	为客户策划组织各种专题公共关系活动，如周年庆典、慈善活动、文体活动等
广告代理	为客户设计、制作公共关系广告、企业广告和公益广告；制订广告投资计划、效果检测分析等

(二)公共关系公司的类型

1. 综合性的公共关系公司

综合性的公共关系公司既包括公共关系技术服务项目，又包括公共关系行业服务项目，从而要求其工作人员知识结构全面、合理，既要有行业公共关系专家和专业人才，又要有技术公共关系专家和专业人才。

一般来说，综合性的公共关系公司都是较大的公共关系公司。它们为客户建立与公众之间的交流渠道，收集有关情报为客户作形象调查，制定为客户改善形象的方案，设计广告宣传并组织实施，等等。总之，综合性的公共关系公司以各种专业性工作为客户提供全面服务。

2. 专门化的公共关系公司

专门化的公共关系公司的业务局限在某些行业上。例如，只提供专项咨询服务的公共关系公司，如媒介公司，是专门为客户提供媒介关系咨询服务的公共关系公司；设计宣传资料公司，是为客户提供各种宣传资料服务的公共关系公司。这类公共关系公司在规模上要比综合经营的公司小得多。其优点是专业性更强，节省经营费用，能在某一领域里具有较强的优势。

(三)公共关系公司的优势

与公共关系部相比较，公共关系公司有以下优点。

1. 专业水准比较高

公共关系公司不仅向客户提供服务，还承担培训公共关系人员的任务，因而其工作人员具备较高的专业水平，能够在长期的工作实践中，灵活运用公共关系理论和丰富的实践经验，承担各项公共关系工作。同时，为了形成竞争优势，通常要聘请各种公共关系专家，形成能力互补、智力互补、专业互补的工作团队。因此，公共关系公司以其人力和经验方面的优势，在应付复杂局面和解决难题方面，要比社会组织内部的公共关系部更为理想。

2. 面对问题客观冷静

相比社会组织内部的公共关系部，公共关系公司在处理公共关系问题时，能够不受社会组织内部的人际关系的影响，也不必违心地去迎合该组织的某位领导的意图，因此他们看问题不带主观想象或感情色彩，能以冷静的思维和客观的态度，实事求是地分析问题和解决问题。

3. 获取信息灵通及时

由于公共关系公司在长期的工作中，与各类社会组织、各类公众建立了广泛密切的联系，信息渠道畅通，能较及时迅速地获取与社会组织有关的大量信息，并通过公共关系人员的处理、分析、归纳和总结，以最快的速度，拿出最有价值的信息内容来满足客户的需要。

4. 可信度比较高

由于公共关系公司人员经验丰富，专业技术水平比较高，能提供有价值的建议和方案；也由于一些公共关系专家具有较高的知名度，深受社会组织领导的信赖，威望较高。因此，与公共关系部相比，公共关系公司提出的建议更容易被组织领导所接受，更容易引起重视而为客户所采纳和实行。

◉ 任务剖析

(1) 设置公共关系部是现代社会组织发展的必然趋势。
(2) 设置公共关系部要根据社会组织的规模，遵循设置的原则进行建立。
(3) 公共关系部的建立有不可替代的优势。

◉ 模拟训练

情境设定一

一新任县长上任后，发现设在政府办公室内的公关科整天忙于迎来送往、交际应酬等琐碎之事，于是他决心改变这种状况。在他的提议下，县领导班子讨论决定把公关科独立出来，由主管副县长直接领导，负责县政府的公关管理工作。一段时间后，秘书告诉他，政府里的人说："公关科，公关科，离开吃喝没事做！"县长找来公关科科长，科长说："没办法，人家都认为公关就是如此。"县长困惑了。

问题分析：

(1) 公共关系部组织形式变了，其作用为何依旧？

(2) 如果你是县长，下一步将怎样做？

训练要求：

(1) 将全体同学分成几个小组，以小组形式进行讨论，并形成讨论文案。

(2) 每个小组选派代表阐述讨论的内容。

(3) 小组之间相互评分，最终核定总分。

拓展阅读

　　美国第一商业银行因贷款给破产的跨国公司，遭受了巨大的损失。在泰勒斯维尔，由于当地分行储户十分担心银行可能倒闭，遂纷纷前往挤兑存款。当地分行的门口出现了长龙一般的队伍。为了应急，总行决定将2000万美元的钞票送往泰勒斯维尔。数辆满载美钞的卡车驶往泰勒斯维尔。总行副行长阿厉克斯迅速赶到现场，作了一系列漂亮的公共关系宣传。

　　"女士们、先生们"，他的声音铿锵有力、清晰洪亮，"我知道，你们有人担心我们今晚停止营业。这没有必要。我现在郑重声明，为便于本行及时办理兑款，我们将延长营业时间，直到把你们大家的事办完为止。"人群中传来了表示满意的嗡嗡声和自发的鼓掌声。他的这一公关行为显然赢得了储户的好感。"然而，我想告诉你们的是，在周末你们不可能将大笔钱放在身上或置于家中，那是不安全的。因此，我建议你们将从本行取出的存款存入你们选择的另一家银行。为了帮助大家，我的同僚D.奥塞女士正在打电话与其他银行联系，请他们延长营业时间，以便为大家提供存款服务。"

　　人群中又传来了表示赞许的嗡嗡的声音。人们从心里感谢这位为他人着想的副行长。一会儿，阿厉克斯宣布："我被告知，已有两家银行同意了我们的请求，其他的正在联系。"这时，人群中传来了一个男子的声音："您能推荐一家好的银行吗？"

　　"可以。"阿厉克斯回答说。"我本人的选择将是美国第一商业银行。因为它是我最了解的一家，也是我觉得最有资格的一家。它开办时间长，且享有良好声誉。我只希望大家都有同样的感觉。"他的声音中带有一点激动的感情色彩。

　　阿厉克斯的后面站着一对刚兑完现款的老夫妻。男的接过阿厉克斯的话头说："过去我也这样认为。我妻子和我在第一商业银行的存款时间达30多年。现在觉得贵行有点糟糕，所以把钱取出来了。"

"为什么觉得我行有点糟糕呢？"

"传言很多。无风不起浪，总是事出有因呢。"

"这里向大家说说真相，"阿历克斯说，"因为原先贷款给跨国公司，我行遭受了损失。但本行可以承受得了，也将承受得住。"

老人摇摇头，"如果我还年轻，又在供职，也许我会如你所说的去冒险一次。但在那里面的，"他指着妻子的购物袋，"是我们至死所能剩下的所有的钱。这笔钱不多，甚至还不及我们当年挣钱时一半顶用。"

"通货膨胀打击了像你们一样最辛勤工作的善良的人们，"阿历克斯说，"但不幸的是，你存款的银行也将于事无补。"

"小伙子，那我问你一个问题：你若是我的话，这笔钱是你的，你难道不会和我现在一样这样做吗？"

"会，"他坦率地承认，"我想我会的。"

老人感到惊讶，"不管怎么说，你还算诚实。刚才我听你建议我们去另一家银行去。我表示赞同。我想我该到另一家去。"

"等一下，"阿历克斯说，"您有车吗？"

"没有。我就住在离这不远处，我们步行去。"

"不可以这样带着钱走。这样你可能遭到抢劫。我让一个人开车将你们送到另一家银行去。"阿历克斯说着就招呼罗兰·文莱特过来。"这是我们的安全部长。"他告诉那对老夫妻。

"很高兴亲自开车送你们去。"文莱特说。

"你会那样做吗？正当我们刚刚将钱从贵行取出的时候——正如你所说的于我们有利但又不信任你们的时候？"老人问道。

"这也是我们的服务范畴，"阿历克斯说，"除此之外，你与我们在一起30年了，我们也应该像朋友一样分手才对呀。"

阿历克斯将老人当作老朋友，老人自然高兴了。

老人停下了脚步，"也许我们不必分手了。让我再问你一个问题。你已经把真相告诉我了。可你也应知道我们年纪大了，这些钱对我们意味着什么。我们将钱存在贵行安全吗？绝对安全？"

经过短暂的数秒钟的思考，阿历克斯干脆而又自信地回答："我保证，本行绝对安全！"

"嗨，真见鬼，弗雷达！"老人对妻子说："看来我们是虚惊一场了。我们把这些该死的钱再存回去。"老人重新将钱存入银行后,取款的人群很快散开了。银行仅比平时晚了 10 分钟关门。

由于阿厉克斯妥善机灵地处理了泰勒斯维尔分行发生的事情,其他分行就没有跟风出现挤兑现款的现象。阿厉克斯这次成功的公关宣传,终于挽救了美国第一商业银行。

问题分析:
(1) 如果你是银行的管理者,面对类似事件你应该怎么做?
(2) 谈谈公共关系部在现代组织中存在的必要性。

训练要求:
如果你是银行的管理者,你该如何解决这场挤兑危机?

效果评价

在仿真的社会和职业环境中进行训练,需要对具体工作完成的过程和结果进行检验与考核。特设计模拟训练评价表,如表 2-2 所示。

表 2-2　模拟训练评价表

姓名			学号					
班级			专业					
评价项目	自我评价				小组评价			
	优	良	中	及格	优	良	中	及格
1. 模拟训练中小组成员遵守纪律								
2. 实训态度端正								
3. 模拟训练中礼仪合乎规范								
4. 小组成员在模拟训练中认真负责,积极配合								
5. 实训过程中协调沟通能力强								
综合评价								
教师评价								

项目三　公共关系调查

【能力目标】学会撰写公共关系调查方案，培养学生在公共关系工作中系统观察和系统思维的能力，培养文书写作的能力。

【知识目标】了解公共关系调查的含义和内容，理解并掌握公共关系调查的方法。

【素质目标】培养学生的沟通能力及团队协作精神。

任务一　公共关系调查法——观察调查方案的设计

◉ 任务目的及要求

掌握公共关系调查的基本知识点，培养学生运用公共关系理论的能力。

通过观察调查法方案的设计与实施，掌握公共关系调查的方法和程序，使学生能够锻炼实践操作技能，提升学生的组织能力和动手写作能力。

◉ 任务描述

某商场新进奔腾牌电磁炉，为了解顾客对其产品的看法和对商场的服务态度，作为商场的公共关系人员决定对该产品在市场的销售现状进行调查分析，需要制定一份调查提纲，并根据调查提纲来组织实施调查活动。你能用观察调查法制定一份调查提纲吗？一份完整的调查提纲应该包括哪些内容？

一、公共关系调查的含义及实施的意义

公共关系调查是指公共关系人员运用科学的方法，有计划、有步骤地去考察和研究组织的公共关系状态，收集必要的资料，综合分析相关因素及其相互关系，以达到掌握组织的情况，解决组织面临的公共关系问题的一种实践活动。公共关系调查是公共关系工作程序的第一步。

要想成功地开展公共关系工作和活动，一个重要的前提就是进行公共关系调查。毛主席曾说过：没有调查，就没有发言权。知彼知己，方能百战不殆。公共关系调查可使组织了解其在公众心目中的形象地位，展开公共关系工作的条件，了解竞争对手的情况以及实现目标的可能性，其意义有以下四点。

(一)使组织能够准确地进行形象定位

使组织能够准确地进行形象定位,从而有利于塑造良好的组织形象。

组织形象已经成为社会组织的重要资源因素,可以扩大社会组织的知名度,提高社会组织的信誉度。塑造社会组织的良好社会形象已成为现代组织追求的重要目标,而测定组织形象实际状态的公共关系调查,是形象建设不可或缺的基础工作。公共关系调查进行得越全面、越充分,社会组织形象建设工作就越具有针对性,形象建设工作见成效的可能性就越大。

(二)为组织决策提供科学依据

任何一项重要的工作都离不开调查研究,公共关系工作更是如此,无论是对重大发展战略的科学决策,还是处理日常的公共关系工作,都始终贯穿着细致的公共关系调查研究。只有通过公共关系调查,才能获得大量丰富的、真实准确的信息,才能按照这些信息决定采取什么样的工作方针和决策。

(三)使组织及时把握公众舆论

通过公共关系调查研究,及时掌握公众需求的变化特点,可以有效地、真实地了解公众的基本现状、习惯特征等,以便为组织制订各项行动计划和进行科学决策提供依据,防止公共关系活动的盲目性和决策的任意性。

(四)提高组织公共关系活动的成功率

进行公共关系调查能够及时了解组织在市场竞争中的地位,通过对比调查,还能反映出综合的经营与管理方面的差距,为公共关系活动开展提供前提和依据,并有的放矢地解决社会组织的实际问题,使公共关系活动达到预期的经济效益和社会效益。

二、公共关系调查方法——观察调查法

(一)观察调查法的特点与分类

观察调查法是调查者进入调查现场,用自己的感官及辅助工具,观察和记录被调查对象的表现,从而获得第一手资料的调查方法。与其他调查方法相比较,观察调查法收集到的资料更直接、更真实、更生动具体,所以观察调查法是公共关系调查方法中比较常用的一种方法。

1. 观察调查法的特点

观察调查法的特点有以下两个。

(1) 与人们日常生活中随意的、无计划的观察活动不同,观察调查法是调查者有目的、有计划的一种认识活动。公共关系调查中的观察,是有明确的调查目的和要求的,须制订周密的观察计划,对观察的内容、手段、时间和地点做出具体的规定,并在对调查者严格培训的基础上进行的。

(2) 在观察的过程中,需要利用一定的辅助工具,包括人的感觉器官,即通过眼看、耳听、鼻闻、嘴尝、手摸等感性认识活动直接感知被调查的事物。

2. 观察调查法的分类

按照观察者是否参与被观察者的活动,观察调查法可以分为参与观察和非参与观察两种。

(1) 参与观察是指观察者直接介入被观察的事物,与被观察者发生联系,以内部成员的角色参与他们的活动,在共同活动中观察收集有关资料。例如,作为消费者到商场了解其他消费者对本企业产品、服务的评价。

(2) 非参与观察是指观察者不参与被观察者的活动,而是以局外人的角色对调查对象进行观察,不干预事物的发展过程,只是记录事件发展的自然情况。例如,汽车厂家的公共关系人员在道路上观察记录公众的汽车消费情况。

一般来说,参与观察比较全面、深入,能获得较细致的感性材料,但观察结果易受被观察者的情绪影响,有一定的主观色彩。非参与观察比较客观、公正,但只能看到一些表面的东西,观察难以深入。参与观察一般适用于无法从外部观察的场景;非参与观察一般适用于无法或无须介入被观察者的情况。

(二)观察调查法的内容

1. 组织内部的基本情况调查

公共关系人员首先应对组织内部的情况做到了如指掌,大致涉及以下内容。

(1) 组织的基本条件:组织创建的时间和背景、沿革简历、重大事件、机构设置、在职人数、员工基本结构、固定资产、流动资产、对社会的主要贡献等。

(2) 组织的目标与政策:经营方针、发展目标、政策方针、规章制度等。

(3) 组织的经营内容:主要经营项目、产品种类、产品质量、销售情况、市场占有率、服务范围、生产成本、新产品开发能力等。

(4) 组织的经营效果:经营特色、目标市场、营销措施、财务状况(资产损益、资产负债、日/月营业额)等。

(5) 组织的无形资产：品牌、专利、商标、CIS、企业文化、企业形象等。

2. 组织的公众调查

(1) 公众需求。公共关系调查中的公众调查就是要调查特定消费者的地理分布、民族、性别、年龄、职业、文化程度的构成，消费者的消费倾向、消费心理、购买行为、购买动机等。一般来说，在消费者调查中，应特别关注的是公众的需求。由于经济、社会的发展变化，出现了消费者群体的调整变化和新出现的消费特征，因此就需要了解公众需求结构变化的趋势。

(2) 公众态度。公众态度分为认知和评价两部分。认知包括公众对组织的了解和认识，是公众对组织产生态度的前提；评价是指公众在对组织有所了解的基础上做出的带有主观色彩的判断。对公众态度的调查主要是对公众的态度倾向进行统计、测算，用数据显示公众的整体意见。

(3) 组织形象地位调查。对组织形象调查的目的，首先要通过对组织的自我期望形象的调查，明确组织的公共关系目标；其次，通过对组织的实际社会形象的调查，分析组织公共关系的具体现状；最后，通过比较目标和现状之间的差距，研究修正和确定公共关系工作的方向和重点。

3. 组织外部环境的调查

社会环境的公共关系调查涉及的内容极其广泛，大致说来有以下四个方面。

(1) 国家有关的政策和法律、国家政治经济发展规划。这具体包括：国家的中长期发展战略规划、宏观政策，与社会组织有关的政治、经济、科技、社会文化等发展变化趋势，与社会组织有关的地方政府机构和法律部门颁发的地方性法律、法规和方针政策，以及国家根据发展需要新出台的行业调整计划、新颁布的法律和法规。

(2) 行业发展趋势。对某一组织的发展战略而言，关注本行业发展趋势是至关重要的。关注全球范围内本行业未来发展趋势、科学技术水平、技术特征和标准、新产品的问世等，为自己将要制定的对策提供参考资料和依据。

(3) 同行业情况和竞争对手的情况。通过调查当前本行业呈现的主要竞争态势、竞争对手的优势与劣势、经验与教训，从而找到自己各方面的参照系，掌握企业的发展机会，消除潜在的威胁。

(4) 社会问题调查。面对纷繁复杂的现实社会，社会热点、重大事件等一切都在社会调查的内容之列。例如，社会观念和行为规范的变迁；社会上流行的思潮及这些思潮对公众行为产生的影响；人们的价值观念、行为方式、消费倾向、宗教信仰、文化素质、道德规范、网络经济等社会问题。

三、观察调查方案的设计

观察调查方案的设计包括以下内容。

(一)确定调查目的

调查目的,即调查所要解决的问题。目的不同,则调查的内容也不尽相同。调查目的的设定,一般应根据调查组织者(或委托者)的实际情况和需要,并结合环境的变化进行综合考虑。

在确定调查目的时,应注意以下两点。

(1) 调查目的应集中于调查组织者(或委托者)最需要解决的主要问题上。

(2) 力求避免把调查范围定得过宽,甚至把一些已解决的问题也包括进去,以免造成精力的分散。

(二)确定调查对象

确定调查对象,也就是确定向谁进行调查。调查对象的确定,应根据调查目的来加以考虑,并不是调查对象所涉及的面越宽越好。同时,有些无法进行接触的个人或单位,也不宜随意列入调查对象的范畴之中。

(三)确定调查项目

确定调查项目是调查方案的核心部分。确定调查项目,就是要明确向被调查者了解一些什么问题。例如,在某一产品的市场消费情况调查中,消费者的性别、民族、文化程度、年龄、收入、动机、态度等,就是调查者必须了解的问题。

调查项目的确定,还须注意以下三点。

(1) 调查项目应是调查任务所需,又能取得答案的。

(2) 项目的表达式必须明确,使答案具有确定的表达结果。

(3) 项目之间尽量相互联系、相互对照,有某种内在的逻辑关系。

(四)确定调查的时间和地点

确定调查时间,目的是明确资料所反映的是调查对象哪一时间段的情况,明确调查工作的开始时间和结束时间。

调查地点是指调查者到何处去实施调查。它通常与调查对象相关联,但仍有其特定要求。例如,对某一对象的调查,既可前往其所在单位或部门,也可邀请其在另一地点进行,不同的地点有可能产生不同的调查结果。

(五)确定调查方式和方法

在制定总体调查方案时,应事先对取得调查资料的方式和方法有所确定。收集资料的方式一般有普查、重点调查、典型调查、抽样调查等多种。

具体采用的调查方法是观察法。调查采取的方式和方法不是固定统一的,往往取决于调查对象和调查任务。大中型调查要注意多种方式和方法的综合运用。在对调查方法进行取舍时,要遵循针对性原则、可行性原则、节约性原则和综合性原则。

(六)确定研究分析方法

确定研究分析方法即确定对调查所取得的资料如何进行研究分析,对资料分类编号、分析、整理、汇总等一系列工作的开展进行明确的规定。

(七)确定调查组织计划

调查组织计划是指实施整个调查活动的具体工作计划,主要内容包括调查的组织领导、调查机构的设置、人员的选择和培训、调查的工作步骤及调查的善后事务处理等。

调查方案初步确定后,应对这一方案进行必要的评估,首先是考察方案的可行性,其次是对调查方案进行优劣评价。

(八)确定调查项目的经费预算

一个调查项目所需的经费绝不仅仅涉及方案的设计、报告撰写等环节,还有许多细节需要加以考虑,稍一疏忽,就会超出预算。因此,在编制预算时,要将可能需要的费用尽量全面地考虑进去,并向管理者解释清楚,以免将来出现一些不必要的麻烦而影响调查项目的实际操作。通常,在一个调查项目中,实施阶段所需的费用仅占总预算的40%,而调查前期的费用和准备阶段所需的费用占总预算的20%,后期分析报告阶段所需的费用占总预算的40%。

在进行调查经费预算时,一般需要考虑如下几个方面:①调查方案设计费与策划费用;②调查项目的印刷、装订费用;③调查实施过程的费用(包括调查员劳务费、异地实施差旅费、交通费、餐费以及其他杂费);④调查报告撰写费;⑤资料费、复印费等办公费用。

任务剖析

以下是关于奔腾牌电磁炉销售观察调查法的调查提纲。
(1) 观察调查目的:了解新产品的销售情况。

(2) 观察调查地点：四平市×××电器商场。

(3) 观察调查时间：2017年6月12日至26日。

(4) 观察调查对象：目标消费者。

(5) 观察调查(项目)内容：①购买同类产品的消费者人数；②购买本产品的消费者的年龄、性别；③是否对本产品还有其他建议。

(6) 观察调查的方式和方法；①收集资料的方式为普查；②本次调查方法明确，采用观察调查法。

(7) 观察调查的研究分析方法。

确定研究分析方法即确定对调查所取得的资料将如何进行研究分析，对资料分类编号、分析、整理、汇总等具体工作的开展进行明确的规定。

(8) 观察调查组织。

本次调查，由华生电器市场调研部和产品生产企业的公共关系部共同负责，并具体实施，包括调查人员的组织与培训、调查工作的开展、调查数据的统计、调查报告的撰写等。本产品企业的公共关系部对全过程实施有效监控。

(9) 确定调查项目的经费预算。

本次费用预计为×万元。

模拟训练

情境设定一

有一家宾馆新设了公共关系部，开办伊始，该部就配备了豪华的办公室、能干的公共关系人员、现代化的通信设备……但该部部长发现无事可做。后来，这个部长请来了一位公共关系顾问，向他请教"怎么办"。于是这位顾问一连问了几个问题，对一些极其普通而又极为重要的问题，这位公共关系部部长竟张口结舌，无以对答。于是，那位被请来的公共关系顾问这样说道："先搞清这些问题，然后再开始你们的公共关系工作。"

(资料来源：周安华. 公共关系理论、实务与技巧[M]. 北京：中国人民大学出版社，2010.)

问题分析：

(1) 这位公共关系专家要求公共关系部部长搞清什么问题？

(2) 为什么要"先搞清这些问题"？

训练要求：

(1) 将全体同学分成几个小组，以小组的形式进行讨论，并形成讨论文案。

(2) 每个小组选派代表阐述讨论的内容。

(3) 小组之间相互评分，并对优胜的小组进行奖励。

情境设定二

请阅读下面这份总体调查方案的纲要,并回答问题。

××通信公司市场产品销售调查方案

(一)调查目的

××通信公司正在研制开发一种较为实用的新型手机品种,并拟尽快推向市场,为深入了解消费者的实际消费需求,保证新产品产销对路,同时也为即将面世的新产品进行宣传,特组织本次市场调查。

(二)调查内容

(1) 被调查者的年龄、性别、职业、文化程度、月收入等。

(2) 被调查者近期是否打算购买(更换)手机,其动机和想法如何。

(3) 被调查者最注重手机的哪些功能。

(三)调查时间和地点

时间:2007 年 8 月 10 日至 20 日。

地点:北京、上海、广州三个城市的有关商场。

(四)调查分析方法

按所调查的不同项目,分别统计出调查数据,然后汇总整理,并将有关数据制成图表形式。

(五)调查组织工作

本次调查由移动通信公司公共关系部和市场调研公司共同负责,并由市场调研公司具体实施,包括调查人员的组织与培训、调查工作的开展、调查数据的统计、调查报告的撰写等。移动通信公司公共关系部对全过程实施有效监控。

(六)调查费用结算

人民币 10 万元。

(资料来源:谢红霞. 公关实训[M]. 大连:东北财经大学出版社,2008.)

问题分析:

(1) 这份调查总体方案的基本要素是否完整?还缺少什么?

(2) 试将该方案"调查内容"部分增加至 10 个问题。

训练要求:

(1) 将全体同学分成几个小组,以小组的形式进行分析研究,使之形成完整的调查方案。

(2) 每个小组选派代表阐述方案的内容。

(2) 小组之间相互评分,评选优秀的方案进行表扬。

任务二　公共关系调查法——访谈调查方案的设计

任务目的及要求

通过访谈调查的实训，使学生掌握访谈调查法的特点及类型，掌握访谈调查法的技巧，撰写访谈调查方案并能够灵活运用访谈调查法进行资料的收集工作。

任务描述

某公司由于扩大业务新招聘了一批大学生，希望可以为企业带来效益和活力。但事实是，这批大学生不适应由学生到员工的身份转换，思想波动较大，不安心工作，甚至有的离开了公司。经理责成公共关系部对此事进行调查，对新员工进行意见反馈，需要通过访谈调查法来收集相关资料。请你帮忙设计一份访谈调查的提纲。

(资料来源：郭惠民. 公关员[M]. 上海：复旦大学出版社，1999.)

一、访谈调查法的特点

访谈调查法简称访谈法，是调查者依据调查提纲与调查对象直接交谈，收集语言资料的方法，是一种口头交流式的调查方法。

访谈调查法的主要特点是采用对话、讨论等面对面的交流方式，是双方相互作用、相互影响的过程。在访谈调查过程中，必须注意运用人际交往和谈话技巧有效地控制访谈过程，从而获得有价值的信息资料。

(1) 访谈的作用主要体现在以下三点。

① 了解被访群体的想法和需求，找出组织的病灶所在。

② 在组织与被访群体之间建立信任、友好的关系。

③ 就项目向内部员工宣传，取得支持，并通过他们在组织中的活动和影响，将此作用放大。

(2) 访谈是一项脑力劳动，需要访谈者具备多方面的素质，具体有以下四个方面。

① 广阔的知识面。

② 人际交往敏感力。

③ 表达和沟通能力

④ 分析和思考能力。

二、访谈调查法的类型

(一)个别访谈法

个别访谈法因访谈的内容不同,又可分为标准化访谈和非标准化访谈。

1. 标准化访谈

标准化访谈是指调查者以事先准备好的标准化问卷,按既定的程序,逐项向被调查者进行询问,以获取资料。问卷是标准化访谈的主要工具。

标准化访谈要求选择调查对象的标准、调查的问题、调查问题的提法及编排顺序、访员的提问方式和记录方式必须是统一的,访员必须严格按照问卷上的问题和顺序进行发问,对问题也只能按问卷上的说明加以解释。访问时的外部条件,如访谈时间、地点、环境也要求尽可能一致,从而最大限度地减少外界干扰造成的误差。

2. 非标准化访谈

非标准化访谈是指事先不制定统一的问卷和访问程序,仅按照一个粗线条的访问提纲,由访员和被调查者进行自由交谈,访员就所调查的问题向被调查者进行开放式的提问,答案不限范围,也没有固定的程序,以获取更丰富的信息资料。重点访谈往往是通过这种方法进行的,即围绕某一重点事件进行,把访谈的重点集中在事先确定的内容上,访谈目的明确、重点突出。

(二)集体访谈法

集体访谈法类似于开调查会的形式,由一名或几名访员亲自召集一些人来进行座谈。访员应向人们说明座谈的目的和要求,消除人们的疑虑,并且应保持谦虚、诚恳的态度,运用一些控制会场的技巧,创造出一种自由、活泼、热烈的气氛,使人们能无拘无束地尽情畅谈。

(三)深度访谈法

深度访谈法是一种无结构的、直接的、个人的访谈法。在访谈过程中,由掌握高级访谈技巧的访员对调查对象进行面对面、一对一的深入访谈,用以揭示对某一问题的潜在动机、信念、态度和感情。

在进行深度访谈前,访员应有一个粗略的访谈提纲,但访谈的方向完全由被访者的回答以及访员的追问技术来决定,问题的具体措辞和顺序完全受被访者的反应的影响。为了获取更多有意义、具体的答案并能揭示内在的原因,访员的追问技术十分关键。

深度访谈法主要用于获取对问题的理解和深层了解的探索性研究，其在调查中的应用日趋广泛。

三、访谈的方法和技巧

不管是什么目的和什么形式的访谈，有些基本的访谈方法是我们必须遵循的，这也是职业道德和职业水准的要求。

(1) 先作自我介绍，以明确身份及访谈的目的、要求、承诺等，特别是要声明这次访谈对被访者不会带来任何不利影响，然后轻松地导入话题。

(2) 谈话要遵循共同的标准程序，避免只凭主观印象或访谈者和被访谈者之间毫无目的、漫无边际的交谈。目前出现的问题往往是，访谈时总想跳过制订谈话计划这一步进入具体实施阶段，事先准备不充分，因而不能收到预期的效果。一个不愿思考问题、不善于提出问题的人，在研究工作中是很难成功的。

(3) 访谈前尽可能收集有关被访者的材料，对其经历、个性、地位、职业、专长、兴趣等有所了解；要分析被访者能否提供有价值的材料；要考虑如何取得被访者的信任和合作。另外，在访谈时要掌握好发问的技巧，善于洞察被访者的心理变化，善于随机应变，巧妙使用直接法——开门见山、间接法等。

(4) 避免访谈过程中提诱导性、暗示性、抽象或模糊的问题，而应多提具体、有针对性、意义明确的问题。当你感到尚未充分掌握一个主题的意义时，不要怕提出试探性的补充问题。另外，要注意提跟踪性的问题，这样能使问题更加明确、清晰。例如，"你认为我公司的领导班子是和谐、有能力的领导班子，对吗？"

(5) 访谈者要做好访谈过程中的心理调查。例如，为了给被访者留下良好的印象，要善于沟通，消除误会、隔阂，形成互相信任、融洽的合作关系。访谈者还要注意自己的行为举止，其中关键是要以诚相待、热情、谦虚、有礼貌。例如，提问时，应采取请教的态度，而不是咄咄逼人的态度，挑战性的问题要慎用。永远记住自己扮演的是一个访员的角色，这个角色本身就意味着客观和公正，不要表现出赞成或不赞成，而应表现出好奇和对其状况的关心。有时访谈的失败正是在于沟通不够。

访谈的注意事项如下。

(1) 在访谈中，访谈者要保持中立的态度，不要把自己的意见暗示给被访者，否则会影响资料的真实性。

(2) 要把握访谈的方向和主题焦点，防止谈话偏离主题，影响效率。

(3) 使用的语言要简明扼要。

(4) 根据被访者的特点，灵活掌握提问的方法和口气。

四、访谈的步骤

(一)访谈前的准备

(1) 了解访谈的任务、目的及相关的背景资料。

(2) 在进行访谈前,要设计访谈提纲。访谈提纲一般包括访谈的目的、要求、时间、地点、对象、调查项目、具体访谈问题。其主要内容是:①访谈调查的目的(为什么谈);②访员(谁去谈);③访谈对象(与谁谈);④访谈时间(何时谈);⑤访谈地点(何地谈);⑥访谈种类(怎么谈);⑦访谈记录方式(怎么记);⑧访谈报告方式(怎么写)。

(3) 选择并了解访谈对象。要根据调查的内容选择访谈对象,要有一定的代表性。选择好访问对象后,要在尽可能的情况下了解被访者的基本情况。事先对被访者了解越多,访谈中就越主动。

(4) 确定访谈的时间和地点,并事先通知被访者。访谈时间和地点的选择应以有利于访谈的顺利进行为原则。

(5) 准备必要的记录用具,如笔、稿纸、调查表格、被访者地址、照相机、录音机、介绍信及证件等。

(二)进行访谈

进行访谈是访谈的开端,由自我介绍、表明来意、请求协助等一些内容组成。访谈者在最初见到被访者时,首先要进行自我介绍,且自我介绍时要落落大方、镇定自若,语言要温和、吐字要清楚;然后应说明访谈的目的、意义和内容,请求对方合作。此外,还要向对方解释选择其作为访谈对象的理由,并努力消除对方的疑虑和紧张心理。

在访谈的开端,会出现被访者不合作、拒绝回答问题的情况。对于拒绝回答者,访谈者应尽快缩短与被访者的距离,与其建立相互理解、相互尊重、平等对话的关系,这是得到良好访问效果的重要条件。常用的方法有:①自然接近法,即在某种共同的过程(如工作、劳动、娱乐等)中接近对方,逐步加深相互了解,再说明来意,进行正式访谈;②求同接近法,即寻找与被访者共同的爱好、共同的背景或共同关心的问题,并以此为切入点接近被访者;③友好接近法,即从关怀、帮助被访者的角度入手,联络感情,缩短双方间的距离。

在访谈中要注意对访谈过程的控制和访谈技巧的应用。在访谈开始后,访谈者要通过有效的手段,掌握、引导访谈的过程,以尽可能快的速度达到访谈的目的。常用的控制方法有提问控制和非语言控制等方式。

总之,作为一种谈话艺术,提问没有一成不变的模式,只有在分析上述因素的基础上,根据实际情况选择恰当的提问方式,顺其自然,随机应变,才能收到良好的访谈效果。为此，在提问时应注意：①了解被访者的知识程度；②了解被访者的兴趣和禁忌；③问话应当简短明了；④应尽量使问题具体化，避免抽象化；⑤应始终保持中立态度，尽量避免使用具有感情色彩的词句。

此外，在访谈过程中，还要注意借助非语言信息来达到收集资料的目的。非语言信息可以归纳为以下四个方面。

(1) 被访者的衣着、打扮。一个人的外部形象，往往是其职业、经济状况、教养、兴趣爱好等方面最直接的反映。

(2) 被访者的姿态与动作。通过它们可以捕捉对方的思想和情感。

(3) 被访者的表情。通过观察被访者面部器官和肌肉的变化，可以判断其思维活动。

(4) 被访者的周围环境。被访者生活环境中的各种用具、器物及其陈设，与衣着、打扮一样，同样能反映出其职业、经济状况、教养、兴趣爱好乃至性格特征。

对非语言信息的分析，有助于访谈者对谈话方式做出好的选择，并有效地驾驭谈话过程。

(三) 访谈记录

访谈调查的资料是由访谈者在访谈中记录下来的，因此记录是访谈过程中一个重要的环节。

记录分为当场记录和事后记录两种。

(1) 当场记录是边访谈边记录。为了使访谈记录做得更好，可以采用两人一起访谈的办法，即一人专门访谈，一人专门记录；也可以使用采访机来记录，但必须征得对方的同意。当场记录可以用速记法，概要地记录，访谈结束后再整理；也可以采用重点记录法，仅记录重要观点和主要事实。当场记录的优点是记录较完整、客观；缺点是影响访谈速度，容易削弱访谈人员的注意力和影响被访者的情绪。为了提高记录的可靠性和准确性，在访谈结束前，应将记录的主要内容，特别是容易发生差错的部分，如时间、数据等请被访者再复核、更正或补充一下。

(2) 事后记录，是在访谈之后靠回忆进行记录，它避免了破坏访谈的过程，但这种方法有时会因访谈者的记忆力和偏好而产生误差。

● 任务剖析

以下是关于对公司新职员实行访谈的提纲。

访谈目的：了解员工对组织的了解与评价。

访谈对象：随机挑选几名员工。

访谈时间与地点：××××年××月××日，公司小会议室。

项目三 公共关系调查

以下是访谈内容。

(1) 对公司的了解：你了解公司的部门组成吗？你了解公司的领导班子情况吗？你了解公司的经营业务、主要产品、服务水平、市场占有率、技术改造等问题吗？

(2) 对公司的评价：对人际关系的看法；对管理水平的看法；对员工素质的看法；离开公司的理由；对公司前景的看法。

◎ 模拟训练

情境设定

某服装生产企业为了了解本公司在某商场的销售情况，决定于近期组织一次调查，其中一项内容是对该商场有关人员的访谈。

问题分析：

请你按规定的要素，设计一份常规访谈调查计划纲要。

训练要求：

(1) 将全体同学分成几个小组，以小组的形式，有组织地到某服装生产企业进行实地访谈。

(2) 确定调查对象和场所，设计完整的访谈提纲。

(3) 组织全班同学评选出优秀的方案，并进行表扬。

任务三　公共关系调查法——调查问卷的设计

◎ 任务目的及要求

通过调查问卷的设计，使学生掌握问卷设计的原则和技巧，并能够根据工作单位的实际要求来设计合格的调查问卷，提高学生的实践操作能力。

◎ 任务描述

情人节到了，某高校门前的超市决定了解学生对德芙巧克力的品种、品位、价格等情况的评价与意见。如果你是公共关系人员，请你帮忙设计一份调查问卷。

调查问卷简称问卷，是调查者运用统一设计的问卷，利用书面回答的方式，向被调查者了解情况并收集信息的方法。这种方法是公共关系信息收集中最科学、最准确，也是最难以掌握的方法。它步骤较多，操作复杂，但实际应用价值很大。小型的调查问卷也称为"民意测验"，调查问卷起源于民意测验，是现代社会调查中最常用的资料收集方法，常用于较大规模的调查。

一、调查问卷的功能

(1) 能正确反映调查的目的和具体问题,即使被调查者乐意合作,协助达到调查目的。

(2) 能正确记录和反映被调查者回答的事实,提供正确的情报。

(3) 格式统一的调查问卷还便于资料的统计和整理。

调查问卷的设计是市场调查中的重要一环。要想得到有用的信息,就需要提出确切的问题。通过提问来确定调查者将如何使用调查结果,这样做可避免调查者把时间浪费在无用或不恰当的问题上。要想设计一份完美的调查问卷,不能闭门造车,应事先作一些访问,拟订一个初稿,经过实验性调查,再修订成正式的调查问卷。

二、调查问卷设计的原则

设计调查问卷时应注意如下原则。

(一)所问问题是被调查者所了解的

所问问题不应是被调查者不了解或难以回答的问题。使人感到困惑的问题只会让调查者得到"我不知道"的答案。在"是"或"否"的答案后应有一个"为什么"。回答问题所用时间最多不应超过半小时。

(二)在询问问题时不要拐弯抹角

如果想知道被调查者为什么选择你的店铺买东西,就不要问:"你为什么不去张三的店铺购买?"这时得到的答案会是他们为什么不喜欢张三的店铺,但你想了解的是他们为什么喜欢你的店铺。根据被调查者对张三店铺的看法来了解其为什么喜欢你的店铺可能会导致错误的推测。

(三)注意询问语句的措辞和语气

在语句的措辞和语气方面,一般应注意以下几点。

(1) 问题要提得清楚、明确、具体。

(2) 要明确问题的界限与范围,问句的字义(词义)要清楚,否则容易让人误解,影响调查结果。

(3) 避免用引导性问题或带有暗示性的问题。诱导人们按某种方式回答问题会使人得到你自己提供的答案。

(4) 避免提出使人尴尬的问题。

(5) 对调查目的要有真实的说明，不要说假话。

(6) 需要理解被调查者所说的一切。利用调查问卷做面对面的访问时，要注意给回答问题的人足够的时间，让其讲完要讲的话。为了保证答案的准确性，应将答案向被调查者重念一遍。

(7) 不要对任何答案做出负面反应。如果答案使你不高兴，不要显露出来。如果别人回答"从未听说过你的产品"，那说明他们一定没听说过。这正是你为什么要作调查的原因。

三、调查问卷提问的方式

调查问卷提问的方式可以分为以下两种形式。

(一)封闭式提问

封闭式提问就是在每个问题后面给出若干个选择答案，被调查者只能在这些备选答案中选择自己的答案。

(二)开放式提问

开放式提问就是允许被调查者用自己的话来回答问题。由于采取这种方式提问会得到各种不同的答案，不利于资料的统计分析，因此在调查问卷中不宜过多。

四、调查问卷的设计

一份正式的调查问卷一般包括以下三个组成部分。

(一)前言

这部分主要说明调查的主题、目的、意义及向被调查者表示感谢，以消除被调查者的顾虑，争取他们的支持与配合。

(二)正文

这是调查问卷的主体部分，一般会设计若干问题(包括事实、态度、行为、愿望等)要求被调查者回答，是调查问卷的主要内容。调查问卷的问题一般包括基本情况、行为事实、态度意见三部分。基本情况一般是指被调查者的基本情况，包括被调查者的性别、年龄、职业、文化程度等，根据调查需要选择列出，其目的是便于进行资料分类和具体分析。行为事实是调查内容的重要部分，主要是调查和测量被调查者与调查主题相关的行为和事实。态度意见是了解被调查者对所调查事物的评价。

(三)结语

简短地对被调查者的合作表示真诚的感谢,也可征询一下对调查问卷的设计和调查问卷本身有何看法和感受。

调查问卷的结语力求简短,有的调查问卷也可以不要结语。

五、设计调查问卷的基本要求

在设计调查问卷时,设计者应该注意遵循以下基本要求。

(1) 调查问卷不宜过长,问题不能过多,一般控制在 20 分钟左右回答完毕,最长不要超过半个小时。

(2) 能够得到被调查者的密切合作,充分考虑被调查者的身份背景,不要提出对方不感兴趣的问题。

(3) 要有利于使被调查者做出真实的选择,答案切忌模棱两可,使对方难以选择。

(4) 不能使用专业术语,也不能将两个问题合并为一个,以至于得不到明确的答案。

(5) 问题的排列顺序要合理,一般先提出概括性的问题,逐步启发被调查者,做到循序渐进。

(6) 将比较难回答的问题和涉及被调查者个人隐私的问题放在最后。

(7) 提问不能有任何暗示,措辞要恰当。

(8) 为了有利于数据统计和处理,调查问卷最好能直接被计算机读入,以节省时间,提高统计的准确性。

● 任务剖析

以下是关于对德芙巧克力销售期间情况的调查问卷。

尊敬的用户:

您好!

为了帮助我们进一步改良产品,提高产品质量,生产出消费者喜欢的产品,本公司开展了"了解市场、了解用户"的调查活动,特设计一份调查问卷,请您在百忙之中认真、如实地填写这份问卷。我们会在收回的问卷中抽取幸运者,赠送精美的礼品,对于您给予本公司的支持与厚爱表示感谢!

下面是相关的单选问题,请您在符合您情况和想法的答案前画"√"。

1. 您喜欢这个产品吗?
　　□非常喜欢　　□比较喜欢　　□不太喜欢　　□非常不喜欢

2. 您喜欢本产品的哪种味道？

　　□奶油味道　　　□甜味道　　　□咖啡味道　　　□其他味道

　　……

多谢您的合作和支持！

调查人：
××××年××月××日

模拟训练

情境设定一

以下是一家化妆品公司有关人员为进行市场调查而草拟的一份调查问卷。在您选中的答案前面画"√"

××化妆品公司调查问卷

(1) 您是从何处知道或了解我们公司的产品的？

□报纸广告　　□电视广告　　□街头广告　　□新闻报道　　□朋友介绍　　□其他

(2) 您是否购买过我们公司的产品？

□经常性购买　　□偶尔购买过几次　　□从来没有购买过

(3) 您购买我们公司产品的用途是什么？

□自己使用　　□家人使用　　□馈赠亲朋好友

(4) 您对我们公司产品的质量是否满意？

□十分满意　　□比较满意　　□觉得一般　　□不太满意　　□很不满意

请说明理由：

(5) 您对我们公司产品的包装有何看法？

□很有特色，比较满意　　□觉得一般　　□缺乏个性　　□过于奢华　　□没有必要

请说明理由：

(6) 您认为我们公司的零售价格如何？

□价格比较低廉　　□价格较为适中　　□价格略微偏高　　□价格高得离谱

(7) 您希望我们公司的产品从哪几方面作进一步的改进？

□产品内在质量的稳定　　□产品销售和售后服务　　□产品包装的设计制作

□产品广告的设计制作

谢谢您的支持与合作！

××化妆品公司公共关系部

问题分析:

(1) 分析这份调查问卷的基本要素是否完整？如果不完整，还缺少哪些要素？

(2) 把这一调查问卷中缺少的要素按规定的格式予以补充。

训练要求:

(1) 将全体同学分成几个小组，以小组的形式进行讨论，并形成完整的问卷方案。

(2) 每个小组选派代表阐述讨论的内容。

(3) 小组之间相互评分，并对优胜的小组进行奖励。

情境设定二

某百货商场前几年经营状况一直很好，但近几年它的周围建起了几家大商场之后，经营状况明显下降，经理要求公共关系人员针对商场服务质量和组织形象作一次调查，从而开展公关活动。如果你是公共关系人员，将如何设计这份调查问卷？要求：问卷要规范，问题不少于15个。

问题分析:

(1) 调查问卷有什么要求？

(2) 如何设计一份完整的调查问卷？

(3) 用所学知识设计这份调查问卷。

训练要求:

(1) 将全体同学分成几个小组，以小组的形式，有组织地到该百货商场进行实地问卷调查。

(2) 确定调查对象和场所，设计完整的调查问卷提纲。

(3) 组织全班同学评选优秀的方案并进行表扬。

任务四 调查报告的撰写

任务目的及要求

掌握调查报告设计的内容、写作的格式和注意事项；学会撰写调查报告，提高学生的文字写作能力和动手操作能力；培养学生的沟通能力及团队协作精神。

任务描述

请根据某高校门前超市的德芙巧克力销售的具体情况进行实地调查，并对调查结果进行分析，最后按要求写出调查报告。

一项调查活动的成败,调查报告的内容和质量很关键。写得拙劣的调查报告会使最好的调查工作黯然失色。相反,写得优秀的调查报告也可以使调查结果锦上添花。调查报告的好坏有时甚至影响调查结果在有关决策中的作用。

一、一份优秀的调查报告应具备的条件

(1) 调查报告语言简洁、有说服力,词汇尽量不要太专业化。

(2) 调查报告必须以严谨的结构、简洁的体裁将调研过程中各个阶段搜集的全部有关资料汇集在一起。

(3) 调查报告应该对调研活动所要解决的问题提出明确的结论或建议。

(4) 调查报告应该能让读者了解调查过程的全貌。

二、调查报告的内容

调查报告是通过对典型的问题、情况、事件的深入调查,经过分析、综合,从而提出其本质或客观规律的书面报告。

规范的调查报告一般包括五个部分,即序言、摘要、引言、正文、附件。

(一)序言

调查报告的序言部分通常包括扉页和目录两部分。

扉页一般只有一页纸,其内容包括:①调查报告的题目或标题。②执行该项研究的机构的名称。如果是单一机构执行,写上该机构的名称即可。如果是多个机构合作进行,则应将所有机构的名称都写上。③调查项目负责人的姓名及所属机构,即写清楚项目主要负责人的姓名及其所在单位。④注明报告完稿日期。

目录应当列出调查报告中各项内容的完整的一览表,但不必过于详细,一般只列出各部分的标题名称及页码即可。目录的篇幅以不超过 1 页为宜,有时如果报告中图表比较多,也可再列一张图表目录。调查报告的目录如下所示。

目录

一、摘要

二、引言

1. 研究背景及目的

2. 研究内容

三、研究方法

四、结果与分析

1. ×××的知名度

2. ×××的美誉度

3. ×××的市场规模、市场销量

4. 关于×××的概念

5. ×××与×××的广告效果比较

6. 公众的特征

7. 公众的消费心态

五、结论及建议

六、附件

调查方案及原始资料

(二)摘要

阅读调查报告的人往往对调查过程的复杂细节没有什么兴趣,他们只想知道调查所得的主要结果、主要结论,以及他们应如何根据调查结果行事。因此,摘要可以说是调查报告中极其重要的一部分,这也许是从调查报告中得益的读者唯一阅读的部分,所以应当用清楚、简洁、概括的手法,扼要地说明调研的主要结果,详细的论证资料只要在正文中加以阐述即可。

调查报告的摘要应简短,最多不要超过调查报告内容的1/5,它是相当重要的报告内容,但在国内的调查报告中常被忽略,这应该引起调研人员的重视和注意。另外,摘要中应该写出关键词。

(三)引言

调查报告的引言通常包括研究背景和研究目的两个部分。

1. 研究背景

研究者要对调查报告的由来或受委托进行该项调查的原因作出说明。说明时,可能要引用有关的背景资料。背景资料的介绍不仅可作为研究目的的铺垫,还可以作为研究结论和建议的佐证,并与研究结果相结合来说明问题。因此,背景资料的介绍不一定要面面俱到,但必须与调研主题有关。

2. 研究目的

研究目的通常是针对研究背景分析所存在的问题提出的,它一般是为了获得某些方面的资料或对某些假设做检验。但不论研究目的如何,研究者都必须对本研究预期获得的结果列出一张清单。

(四)正文

调查报告的正文必须包括研究的全部事实,从研究方法的确定到结论的形成及其论证等一系列步骤都要包括进去。但是,无关紧要的或不可靠的资料一定要删除。调查报告的正文之所以要呈现全部必要的资料,原因在于:一是让阅读调查报告的人了解所得调查结果是否客观、科学、准确可信;二是让阅读调查报告的人从调查结果中得出自己的结论,不受调查人员本身所作解释的影响。

正文基本上包含三个部分:研究方法、调研结果、结论或建议。

(五)附件

附件的目的基本上是尽可能多地列入可以辅助说明问题的有关资料,这些资料可用来论证、说明或进一步阐述已经包括在调查报告正文之内的资料,每个附件都应编号。

在附件中出现的资料主要包括:调查问卷;调查中有关细节的补充说明;原始资料的来源;调查获得的原始数据、图表等。

三、撰写调查报告的注意事项

(1) 要考虑读者的观点、阅历,尽量使调查报告适合读者阅读。
(2) 尽可能使调查报告简明扼要,不拖泥带水。
(3) 用自然体例写作,使用普通词汇,尽量避免使用行话、专业术语等。
(4) 务必使调查报告所包括的全部项目都与调查报告的宗旨有关,剔除一切无关资料。
(5) 仔细核对全部数据和统计资料,务必使资料准确无误。
(6) 充分利用统计图、统计表来说明和显示资料。
(7) 按照每一个项目的重要性来决定其篇幅的长短和强调的程度。
(8) 务必使调查报告打印工整匀称,易于阅读。

任务剖析

关于德芙巧克力市场销售情况的调查报告。

本次调查的时间、地点,所运用的调查方法,调查的对象……

本次调查对于满足消费者需求,赢得超市的美誉度……具有重要意义。

本次调查设置了××个问题……

从收集回来的调查问卷的情况来看,德芙巧克力的市场销售……

……

由此,我们得出结论:……

模拟训练

情境设定一

中国移动通信公司四平分公司几年来在产品销售、售后服务上,一直受到人们的称赞,面对竞争,公司冷静分析局势,沉着应对。假设你是公共关系人员,请为中国移动通信公司四平分公司设计一份调查方案(提纲),了解该组织的公共关系状态,针对客户展开满意度调查工作,帮助收集客户信息和有价值的意见和建议,最终为客户提供更优质的产品和更满意的服务,并在此基础上撰写调查报告(要求报告格式规范,内容明确)。

具体要求:
(1) 全班学生分成4组,每组5~6人,以小组为单位作调查。
(2) 观察调查法、访谈调查法、问卷调查法,任选其一撰写调查提纲。
(3) 小组成员分工合作,开展公共关系调查。
(4) 统计、汇总调查结果。
(5) 以小组为单位完成一份不少于1000字的调查报告。

实训说明:
(1) 每班选择2~3份优秀的调查报告。
(2) 由本组同学讲解调查过程中采取的方法及遇到临时问题时的应对策略。
(3) 展示调查过程中收集的书面材料。
(4) 展示调查结果统计的方法及发现的问题。

情境设定二

要求对本地某一知名企业的形象进行调查与分析,如产品形象、服务形象、员工形象、外观形象等,并撰写调查报告。

问题分析:
(1) 一份优秀的调查报告包括哪些内容?
(2) 请对本次调查按要求写出提纲性调查报告。

实训要求:
(1) 全班以小组为单位进行实地调查。
(2) 以小组形式提交一份提纲性调查报告。
(3) 班级进行评分,奖励优秀团队。

情境设定三

对大学生消费水平进行调查。

项目三 公共关系调查

问题分析：
(1) 调查报告的内容和格式是什么？
(2) 撰写公共关系调查报告的注意事项有哪些？

拓展阅读

1964年，《中国画报》的封面刊出这样一张照片：大庆油田的"铁人"王进喜头戴大狗皮帽，身穿厚棉袄，顶着鹅毛大雪，手握钻机刹把，眺望远方，在他背后的远处错落地矗立着星星点点的高大井架。《人民中国》几乎同时撰文报道。不久，《人民日报》报道了第三届全国人大开幕的消息，其中提到王进喜光荣地出席了大会。

当时，由于各种原因，大庆油田的具体情况是保密的。然而，上述几则由权威性媒体对外刊发的极其普通的旨在宣传中国工人阶级伟大精神的照片和新闻，在日本三菱重工财团信息专家的手里变成了极为重要的经济信息，揭开了大庆油田的秘密：①对照片的新闻报道进行分析，断定大庆油田的位置在中国东北的北部，且离铁路线不远；②对新闻报道进行分析，推断出大庆油田的大致储量和产量，并可以确定大庆油田出油了。根据当时中国的技术水平和能力及中国对石油的需要，日本三菱重工财团断定中国一定急需大量引进采油设备。他们以最快的速度，全面设计出了适合中国大庆油田的采油设备，巧赚了一笔巨额利润，令世界各国惊叹不已。

效果评价

从公共关系调查的实际工作出发，设计若干个相关的工作任务，对工作任务完成的过程和结果进行检验与考核。特设计模拟训练评价表，如表3-1所示。

表3-1 模拟训练评价表

姓名					学号			
班级					专业			
评价项目	自我评价				小组评价			
	优	良	中	及格	优	良	中	及格
1. 公关调查任务明确 2. 实训过程态度端正 3. 调查方案设计可行，格式符合标准 4. 收集的信息资料适用 5. 实训过程中的协调沟通能力								
综合评价								
教师评价								

项目四　公共关系策划

【能力目标】 学会撰写公共关系策划方案，培养对公共关系的策划能力和创新思维能力。

【知识目标】 了解公共关系策划的含义、原则，掌握公共关系策划的内容、程序及公共关系评估的方法。

【素质目标】 提高学生对公共关系策划的(职业素养)业务素质，培养学生勇于创新、敬业爱业的工作作风。

任务一　撰写公共关系策划方案

● 任务目的及要求

通过教学实践，使学生具备公共关系思想意识，掌握公共关系策划和实施的程序；运用公共关系知识，撰写公共关系策划方案；培养学生的文书写作能力和创新思维能力。

● 任务描述

> 国际咖啡组织是促进全球咖啡生产与销售的非营利机构。它管理国际咖啡公约，为其成员提供有关咖啡种植、加工及销售等方面的研究和统计，并定期出版发行。它还组织研讨会，促进国际合作项目的形成，并协助一些咖啡发展项目。后来，国际咖啡组织将中国看成全球最具潜力的咖啡市场。有人甚至算过一笔账，如果中国人每个人都喝一杯咖啡，那么全世界生产的咖啡都不够。
>
> 为此，国际咖啡组织委托伟达公关公司为其策划推广活动，推广并扩大中国的咖啡消费。21世纪初，伟达公关公司着手为国际咖啡组织策划并组织了"咖啡节"。如果你是伟达公关公司的公共关系人员，如何策划这次活动，并撰写公共关系策划方案。

一、公共关系策划的含义

什么是策划？策划就是指人们为了达到某种特定的目标，借助一定的科学方法和艺术，为决策、计划而构思、设计、制作方案的过程。策划是在特定头脑状态下把角度和程序高度统一在特定的头脑状态下。

所谓公共关系策划是指公共关系人员在公共关系调查的基础上，根据组织形象现状和内外部环境条件，对公共关系策略及活动进行规划、设计最佳行动方案的过程。

公共关系策划过程包含下面五个要素。

(一)策划者

策划者即社会组织中的专业公共关系人员或专业咨询公司，是公共关系策划的关键要素。公共关系策划的成败，公共关系策划者的能力、水平、责任心和奉献精神起着决定性的作用，因为策划作为一种纯粹的脑力劳动，策划者的能力、素质的高低对整个策划活动的影响有举足轻重的作用。这就要求策划者除了要具备一般公共关系人员应具备的基本素质与技能外，还需要有独特的策划兴趣、创新意识及不凡的预测能力和丰富的实践经验等。

公共关系策划者作为一个团队，应当集中各具特点、各有专长的公共关系从业人员、公共关系专家来组成，这些各具特点、各有专长的公共关系从业人员、公共关系专家，不仅要自身具备一定能力、水平和心理素质，而且还要分工得当，配合默契，达到 1+1>2 的效果。

◉ 拓展案例

美国联合碳化钙公司一幢新造的、52 层高的总部大楼竣工了，公司的领导要公共关系部将这一消息发布出去，扩大公司的知名度。恰在这时，一大群鸽子飞进大楼，想把这个大楼当成它们的栖息之处。没多久，鸽子粪、羽毛就把这个大楼弄得很脏。

得知这个事情后，公关顾问立刻敏锐地意识到：扩大公司知名度、美誉度的机会来了。这位公关顾问别出心裁地通过电话请来动物保护委员会的人员，请动物保护委员会迅速派人前来处理这件有关保护动物的"大事"。紧接着又给新闻办打电话，不仅告诉他们一个很有价值的新闻：一大群鸽子飞进大楼的奇景，而且告诉他们在联合碳化钙公司总部大楼将发生一件既有趣又有意义的动物保护委员会来捕捉鸽子的"事件"。大楼捕捉鸽子，电视台、报社等新闻机构纷纷派记者进行了现场采访和报道。从捕捉第一只鸽子起到最后一只鸽子落网，前后共花了 3 天时间，各新闻媒介对捕捉鸽子的行动也进行了连续 3 天的报道。结果，联合碳化钙公司声名远播，加深和扩大了公众对公司的了解，公司没花一分钱就很好地宣传了自己。

(资料来源：周安华. 公共关系理论、实务与技巧[M]. 北京：中国人民大学出版社，2010.)

(二)公共关系策划目标

策划目标是公共关系的主体所要达到的预期结果和策划者将要完成的策划任务，也就是策划者通过公共关系策划和实施所希望达到的形象状态和标准。它是指导和协调策划工作的依据，是评价行动方案实施效果的标准。

(三)公共关系策划对象

策划对象是公共关系的客体。在公共关系策划活动中，它作为策划目标指向的对象，是一个重要的因素。它可以是相关个人，也可以是相关组织。任何一种策划都是为了沟通组织与公众的关系，吸引公众注意，改变公众态度，进而在公众心目中树立起组织的良好形象，因此在策划过程中确定目标公众，并对其进行调查、分析是一项重要而艰巨的任务，需要按照公众与组织的相关性，目标公众的层次性原则，将公众进行科学合理的分类，以保证策划目标的针对性。

(四)策划内容

策划内容是广泛的、多维的和多层次的，通常按照组织结构的不同将其划分为三个层次，即高层次、亚层次和表层次。

高层次：是指对组织的总体、宏观公共关系战略有规划地设计、构思。

亚层次：是指公共关系实务专题活动策划，如记者招待会、新闻发布会、危机管理等。它可以是单个专题活动，也可以是一个系列的专题活动，如企业开业庆典系列活动。

表层次：是指具体的操作性公共关系活动，如记者招待会中接待礼仪，某一项活动的主持等。从事这类表层次公关策划的工作人员，只要知晓一般的公共关系基本技能和礼仪规范与人际交往能力即可胜任。

(五)策划结果

策划结果即策划方案。它是策划者在充分调查、了解策划对象的现状和需求的基础上，为了实现策划目标而精心设计制定的实施细则和设计方案。

二、公共关系策划的特征

(一)目的性

公共关系策划具有明确的目的性。每一次策划活动都是为了某一个或几个明确的目标，组织策划就是围绕着目标而开展的。目标有总目标和个别目标之分，公共关系策划就是紧紧围绕总目标，通过对组织内外部环境的调查研究，提出与组织自身情况相符合的公共关系方案。

(二)灵活性

由于公共关系活动是一项复杂的综合性活动，它的成功与否要受诸多外界条件的影响。

这就要求公共关系策划者时时关注条件变化对实现本组织公共关系目标的利害关系，以便随着环境的变化和方案的实施而进行适时适度的调整，包括范围的调整、程序的调整、手段的调整、目标的调整，使公共关系策略保持一定的弹性和灵活性，卓有成效地实现动态策划。

(三)创造性

公共关系策划活动的全过程是策划者、策划目标、策划方案相互作用的行为过程，也是应用创造学、思维学理论开发创造力的过程。公共关系策划是一种运用创造获取智谋的理性行为，在策划活动的全过程之中，创造贯穿于策划行为过程的始终，特别是在平衡策划目标与策划对象之间的关系中，始终发挥着关键作用。公共关系策划依据公共关系人员的创造性素质，遵循公共关系的基本原则，通过辩证的思维过程，开拓新的境地，并使之产生别具一格、标新立异的结果。创造性是公共关系策划的生命力。

(四)计划性

计划性即按照组织的公共关系目标，根据公共关系活动的特点，有计划、有步骤地实施公共关系策略，使公众的观点与行为朝着对组织有利的方向发展。要想顺利地实现自己的目标，既不是毫无准备和筹划就能实现的，也不是随便想一想就可以达到的，必须有一套经过周密思考后而制订的计划。

三、公共关系策划的原则

公共关系策划是公共关系工作的中心环节，在很大程度上决定了公共关系活动的成败。为降低失败的风险，提高成功的把握，公共关系人员在进行公共关系策划时，应遵守以下五项原则。

(一)目标导向原则

公共关系人员在策划过程中，要针对公共关系方面存在的问题，明确策划要达到什么样的目标。公共关系策划方案要围绕着目标的实现来设计，这样才能避免为策划而策划，达到落实策划的效果。目标指明了行动的方向，能够强化整体行为的目的性；目标又是事后评估行动效果的依据，可避免因目标不明确而引起效果方面的争议。正确制定目标是设计成功方案的第一步，目标要尽量明晰化、简要化，要求对目标进行准确的定性和定量分析；简要化则是要求抓住关键，使目标简明扼要，易于掌握。

(二) 计划性与灵活性相统一的原则

公共关系策划必然涉及组织各方面工作的相互协调，人、财、物的相互配备，所以必须有较强的计划性，方案一旦形成，不宜轻易改变。但由于组织的主观、客观条件随时都在发生变化，这会制约方案的运行，并且在实施策划的过程中，总会遇到突如其来、意料之外的问题，环境变了，公共关系对象变了，谋略对策就得进行相应的调整。因此，在总目标、大原则不变的情况下，应将计划性与灵活性统一起来，使策划行动方案留有充分的回旋余地，保持适当的弹性，这样就不至于事到临头措手不及。

(三) 可操作性原则

再好的创意如果实施不了，也只能是一种空想；再好的方案如果不具备可操作性，那也不过是废纸几张。所以，在公共关系策划过程中，公共关系人员不但要有创意，还要注意使公共关系的行动方案具有可操作性。在公共关系策划中，立意和实施是相互矛盾的两个方面，应加以辩证的统一。对于公共关系立意，要求有新意、有品位、有高度、有深度，胜人一筹，但又不能因立意高深而陡增实施的难度，更不能使之变得"高不可攀"。在构思实施方案时，要力求简便易行，力求具体、细致、周全，行得通、做得到、效果好。

(四) 公众利益优先原则

公众利益优先不仅是公共关系工作的指导思想，也是公共关系人员所应该遵守的职业道德标准。所谓公众利益优先，并不是要组织完全牺牲自身的利益，而是要考虑自身利益与公众利益的关系时，坚持把公众利益放在首位；组织在追求自己的目标、完成自身任务的同时，要重视公众的反映，关心整个社会的进步与发展，只有这样才能赢得公众的好评与社会的支持，才能使组织自身获得更大的、长远的利益。

(五) 尊重客观事实的原则

在策划的整个过程中，要尊重事实、尊重实践、尊重科学。策划要按照客观规律进行，要以解决实际问题、达到切实效果为佳。方案设计要据实公开，要经过大量、全面的信息搜集和客观、公正的分析研究，要客观、真实、全面地塑造组织形象。在策划传播交流时，要根据环境事实的变化，不断修正、补充、完善策划方案和调整实践行为；还要依据实施及其效果，对公共关系策划进行科学的总结和实事求是的评估。当情况不利时，要敢于承认不利的事实，理智地进行策划。

四、公共关系策划的一般程序

(一)确定目标

每一项公共关系活动必须有具体目标，确定公共关系具体目标是制订公共关系方案的前提。公共关系活动所要解决的问题就是公共关系工作的具体目标。

公共关系目标是经过组织策划、开展各种类型的公共关系活动所追求和渴望达到的一种状态或标准。也就是要明确决定"做什么""做到什么地步""要取得什么样的期望成果"，是要提高知名度还是美誉度或是整体导入CIS(Corporate Identity System)，这是公共关系策划的关键环节。在确定公共关系活动的目标时，应注意以下四个方面的问题。

1. 目标是具体的

具体的目标是可操作的，具有明确的内容和任务要求，而不是一个抽象的或空洞的口号。它应当是组织在内外环境条件下必须达到的实际结果。例如，参加公益活动，并向公众传播自身的情况，包括战略方针、企业文化、CIS整体设计等，增加公众对社会组织的好感，以提高美誉度，或者社会组织处于危机时刻，通过适当的方式，争取公众的谅解和支持，等等。

2. 目标必须是可测量的

公共关系的知名度、美誉度都是可测量的，应通过计算得到明确的数据结果。

3. 目标应当能够实现

在确立目标时，必须考虑组织的实力和发展状况，考虑组织现有的解决问题、实现目标的能力和条件。一般来说，目标的设定不能太高，不能脱离实际，还必须考虑自身的实际情况。

4. 目标应有时间限制

组织公共关系活动要实现的目标是有时间限制的，既不是远不可及，也不是遥遥无期，而必须是在规定的时间内实现。

确定公共关系策划目标的思路大致是：首先获取组织内外部环境与资源的材料；其次，推断组织的劣势、机会及风险；再次，通过对推断的分析，找出组织的公共关系问题；最后，排列出解决问题的先后顺序。通过这四个步骤，找出问题的原因及症结，根据组织的特征和需要，确定组织公共关系策划的目标。

(二)拟订主题

主题，是一项公共关系活动向公众诉求的中心思想，是统率整个活动的思想纽带和思想核心。提炼出鲜明突出的公共关系活动主题，吸引公众，引起共鸣，可为高品质的活动奠定成功的基础。因此，主题设计是影响公众活动成效的重要因素。一个成功的主题设计需要符合下列基本要求。

1. 活动主题与活动目标相一致

拟订主题是为了更好地实现公共关系活动目标。主题与公共关系活动的目标保持一致，有利于逐渐推进每一项公共关系活动目标的完成和总目标的实现。偏离目标的主题，会给公众造成错觉，起到误导的作用，因此策划者一定要慎重。

2. 主题富有特色

特色即与众不同的个性，在表述上要有新意，在词句上要能打动人心，避免雷同，通过新颖而独到的信息表达给目标公众留下深刻的印象，产生强烈的感召力和巨大的影响力。

3. 主题表达符合公众的心理需求

公共关系的主题要符合公众的心愿，既要富有激情，又能真正打开公众的心扉；既要使人感到积极奋发的情绪，又觉得可信可亲。

公共关系活动主题的表现形式可以多种多样：可以是一句简短、鲜明的口号，如"为了千千万万失学的儿童"；也可以是一句简练明了的陈述或一个表白，如"北京王府井百货大楼公关活动的主题——40年真情不变"；还可以是一个寓意深刻的警句等。

1986年第六届全国运动会在广州举行，一个以旨在提高市民的礼貌素质、迎接六届全运会为目标的名为"微笑在广州"的主题活动在广州开展。其主题设计可谓精彩至极，首先，它体现了这次公共关系活动的目标——给世人一个文明的、处处洋溢着微笑的城市；其次，巧妙地抓住了讲文明、有礼貌的人最外在的表现特征——微笑；再次，这一主题带出了一系列弘扬文明礼貌的活动，大大提高了广州人的素质和形象。该主题清楚明了，传播效果强。

(三)确定目标公众

确定目标公众，即本次公共关系活动的对象，这是公共关系方案制订的基本任务。任何公共关系活动都必须针对目标公众，在广大的公众群中，组织应根据实现目标的需要，确定哪些是此次公共关系活动必须关注、进行交流的目标公众，做到有的放矢，使公共关系活动达到预期的效果，塑造良好的组织形象，实现社会组织的未来发展目标。为此，必须对公众进行深入的分析研究，以确定目标公众。确定目标公众的方法一般有以下三种。

1. 以活动目标来划定公众范围

这种划分主要强调目标公众与活动之间的关联性。例如，学校为宣传自己的教学成果，举行人才交流会，那么它的目标公众就是学生、用人单位、人才交流部门等。

2. 以组织的重要性确定目标公众

在公共关系实践活动中，有时组织将有关公众按与组织关系的密切程度、影响的大小程度、相关事件的急缓程度等因素进行排序，选出最为重要的部分作为目标公众。

3. 以组织的需要确定目标公众

例如，当组织出现形象危机时，目标公众应首指组织的逆意公众和行动公众，以防危机的扩散和加剧。这种划分主要强调的是影响度。

(四)活动时间及空间的选择

1. 时间的确定

即确定活动什么时间做，做多长时间。

活动计划时间表的确定，应以既定的目标系统为依据，按照目标管理的方法，从最终的理想状态目标、种类的总目标，到具体操作目标等各需要多少时间，包括各级目标的起止时间、所用时间总量，形成一个系统的时间表。

在确定时间表时要注意的一个问题，就是本次公共关系活动是否与其他工作有冲突，公共关系的一系列工作是否能连续、顺利地进行，能否取得公共关系活动的最终效果。

2. 空间的确定

选择公共关系活动的空间，即安排好每一次活动的地点。

每次公共关系活动要用多大的场地，用什么样的场地，都要根据公众对象的人数多少、公共关系项目的具体内容及组织的财力预先确定好。有些活动项目只适宜在室内进行，有些活动项目则适宜在户外进行，所以要根据不同的公共关系项目内容来确定。此外，还要考虑经济条件和自然条件的因素，风、雨、雪、雾、高热酷暑等天气及突发性事件侵袭等因素都应考虑在内。

(五)选择媒介

媒体，即公共关系信息传播的载体。各种媒介各有长短，要想达到预期的公共关系传播效果，公共关系策划者必须知晓各种媒介，了解各种媒介各自的优缺点，要善于通过巧妙组合、交叉覆盖的方式，形成优势互补、交相辉映的整合性传播效果。在选择传播媒介时应注意以下原则。

1. 与活动目标相适应的原则

选择媒介要着眼于组织公共关系的目标和要求。如果目标是提高知名度，则可以选择大众传播媒介，通过报纸、杂志、电视、广播及网络的影响力大、覆盖面广、传播迅速等优势，使社会组织的知名度大大提高。如果目标是缓和内部紧张关系，则可以通过人际传播与群体传播，通过会谈、对话等方式加以解决。

2. 与公众对象相适应的原则

这里考虑的是组织的公共关系信息的接受者能否有效地获取组织的信息。不同的对象适用于不同的传播媒介，必须考虑到目标公众的经济状况、受教育程度、职业习惯、生活方式等，由此分析他们习惯于接受哪种媒体传达的信息，他们对什么形式和内容的信息感兴趣，他们对各种信息的理解能力如何，他们一般在什么条件下接受信息等。

3. 与传播内容相适应的原则

每种传播媒介都有鲜明的特点和适用范围。为了准确、有效地传播信息，就要将所传播信息内容的特点和传播媒介的优缺点综合起来考虑。内容简单而又容易理解的信息可以选择广播、电视；对较复杂、需要反复思索才能明白的内容或技术性较强的信息，可选择印刷品传播，可以使目标公众从容接受、慢慢理解；对需要以最快速度传向世界的信息，可考虑运用互联网的优势进行传播。

4. 与经济条件相适应的原则

公共关系传播需要一定的经济投入和其他资源的投入，组织在选择媒介时应当首先考虑自己的实力。公共关系策划是运用公共关系人员的智慧取得意想不到的活动效果，往往也是在最经济的条件下，去争取最好的社会传播效果。例如，召开记者招待会，环境布置新颖别致、朴实无华，往往会收到意想不到的效果。因此，只要能达到预期的目标，在考虑媒介时应尽力以节省经费支出为出发点，不可一味地贪图大场面。

(六) 选择活动模式

选择公共关系活动的模式即确定怎么做，以什么方式入手。活动模式的选择要根据公共关系活动的目标、公众的情况等来确定。

公共关系活动是多种多样的，没有一个固定的、一成不变的模式。例如，选择宣传型公共关系活动模式，具体形式有发新闻稿、刊登广告、召开记者执行会等。再如，选择社会活动型公共关系活动模式，可利用本组织的庆典和传统节日为公众提供有益的大型活动，或者积极参与国家、社区重大活动并提供赞助等。

(七)经费预算

任何一项公共关系活动的开展,都离不开人力、物力、财力的支持,都应该考虑投入与产出的关系。因此,编制经费预算成为公共关系策划活动中必须重视的一个环节。

公共关系活动的开支构成分两大类。①行政开支,包括劳动力成本,公共关系人员的工资和其他酬金,如奖金等;行政管理费用,公共关系部门日常工作需支付的电话费、办公费、交通费及设施材料费用等。②项目开支,即每一个具体活动所需的费用,如场地费、广告费、赞助费、咨询调研费等,以及其他各种意想不到的可能性支出,如突发性事件等。

经费预算的方法主要有:固定比率法,即按照一定时期内经营业务量的大小来确定预算;投资报酬法,即把公共关系活动的开支当作一般投资看待,根据同量资金投入获得同等报酬的原则,哪个部门投资报酬率高,就可以获得较多的资金;量入为出法,即按照组织的财务状况,根据财务上可能支付的金额来确定公共关系的费用;目标先导法,即先制订出公共关系活动期望达到的目标和工作计划,然后将完成任务所需的各项费用详细列举出来,核定各单项活动和全部活动的费用。

任务剖析

国际咖啡组织咖啡节推广策划方案

(一)公共关系背景

国际咖啡组织为促进全球咖啡的生产与销售,把中国看成是全球最具潜力的咖啡市场……面对这样一个极具潜力的咖啡市场,如何使中国消费者接受咖啡,进而消费咖啡,是本次策划方案的关键。

(二)公共关系目标

扩大中国的咖啡市场。

(三)目标公众

确定18~35岁的有能力或潜力消费者,并容易形成新的消费习惯的年轻的公众群体,包括学生、白领等。

(四)目标媒体

(1) 年轻人喜欢看的时尚、生活类媒体,包括报纸、杂志和电视媒体等。

(2) 商业、综合性大众媒体。

(五)公共关系主题

咖啡与时尚。咖啡是时尚生活、时尚文化的一部分。

(六)公共关系活动内容

(1) 咖啡节活动之前的准备工作。

① 启动"咖啡与时尚"立体作品设计大赛,并邀请知名的服装设计师和时尚评论家组成评委会。

② 向咖啡公司征集有关咖啡的材料,如海报、产品包装等。

③ 与艺龙网站上海站合作,创立国际咖啡节专栏,跟踪报道和记录咖啡节活动的全进程。与上海最畅销的周报《申江服务导报》合作,设计了名为"咖啡与时尚"的描述专版。

④ 咖啡公司和咖啡店方面。以国际咖啡组织的名义,向各咖啡公司发出邀请信,邀请其参加本年度咖啡节。

(2) 国际咖啡节开幕仪式暨"咖啡与时尚璀璨秀"。

一幢欧式二层小楼,一楼作为主要活动区域,以供模特走秀、嘉宾发言等,二楼则被布置成咖啡展示区,以国际咖啡组织的名义,邀请了六家咖啡公司进行现场展示,精心制作的介绍咖啡文化和历史的多媒体在大屏幕上播放。

(七)公共关系活动的时间、地点

"咖啡与时尚璀璨秀"定在4月10日,选择在具有上海石库门建筑风格的"新天地展示厅"内举行。

(八)预算

本次预算包括行政开支和项目开支两部分。

模拟训练

情境设定

某生产洗衣机的电器公司,为配合新一代产品"搓洗王"牌洗衣机的上市,计划在本市的英雄广场举办公共关系促销活动,形式为露天流行音乐会。为保证活动顺利进行,策划方案必不可少。请你为该活动撰写策划方案。

训练要求:

(1) 将全体同学分成几个小组,以小组的形式进行研究讨论,并形成策划方案。

(2) 每个小组选派代表阐述策划方案的内容。

(3) 小组之间相互评分,并对优秀的策划方案进行表扬。

任务二 CIS 策划

任务目的及要求

初步掌握 CIS 策划、设计,CIS 战略的基本步骤及工作流程;培养学生创新性思维能力,培养组织形象策划与塑造的能力。

任务描述

1989 年杉杉西服在电视媒体上打出的品牌广告语是"不要太潇洒",创造了中国的一个西服名牌。但经过市场调查发现,杉杉品牌的形象在全国市场并不稳定,尤其是在华北市场、东北市场的影响力和扩张力还不够大。数据显示了以下四点。

(1) 只有 40%以上的人知道杉杉西服。
(2) 被调查的人对杉杉西服的其他情况不清楚,甚至对其产地是哪里都不知道。
(3) 对杉杉集团的概念,95%以上的人表示不知道。
(4) 曾经购买过或明确表示购买意向的不足 5%。

可见,杉杉集团的知名度很低。于是,杉杉集团与艾肯公司合作,对杉杉进行了全新策划,整体导入 CIS。

思考:杉杉集团是怎样导入 CIS 的?

一、CIS 的定义

CIS 是英语 Corporate Identity System 的缩写,意为企业形象识别系统,是指社会组织将其理念、行为、视觉及一切可感受形象实行的统一化、标准化与规范化的科学管理体系。它是公众辨别与评价企业的依据,是企业在经营与竞争中赢得公众认同的有效手段。

通过现代设计理念结合组织管理理念,将组织机构的经营管理和精神文化,通过整体识别系统传达给社会公众,以达到塑造组织个性、显示组织精神、促使公众对组织产生认同感的整合系统。MIS(Management Information System)、BIS(Business Information System)、VIS(Visual Identity System)构成了完整的 CIS 系统。CIS 战略的核心在于加强组织文化建设,任何组织走向社会,都不能不进行必要的文化建设。组织文化由组织的观念文化、管理文化、营销文化和品牌文化构成。

二、CIS 识别要素

(一)理念识别 MI

理念识别 MI(Mind Identity)在 CIS 中处于核心地位,是 CIS 的基本精神所在,也是 CIS 运作的原动力。树立企业美好的形象,首先要在企业内统一思想,使全体员工的行为举止符合企业的个性,这就要求 MI 不仅仅是个别企业领导者个人的思想,而应在企业内部成员中达成共识和获得认同。因此,MI 不仅要注重它的内容,而且要讲究企业精神、价值观、经营观念的正确表达形式。这是 MI 的重要特征之一。

1. 企业使命

企业使命是指企业依据什么样的使命在开展各种经营活动。企业使命是构成企业理念识别的出发点，也是企业行动的原动力。

2. 经营理念

经过高度提炼和个性化概括的 MI，既是企业有效地分配经营资源的方针，也是员工从事经营活动的思想指南。MI 对企业经营的主导与提携作用已为世界众多成功企业的实践所证明。例如，通用电气公司主张"进步乃是我们最重要的产品"，诺基亚倡导"科技以人为本"，这些经营理念不断引导其创新经营，走向辉煌。美国哈佛大学几位教授通过对 80 多家日本企业的研究发现，这些成功的企业中，都具有清晰的经营理念。根据彼得斯和沃特曼对美国 43 家优秀企业的调查研究，证实那些经营好的公司，都有一套非常明确的指导信念；而经营不善的企业，要么缺乏首尾一致的理念，要么只有一些别出心裁的目标。

(二)行为识别 BI

行为识别 BI(Behaviour Identity)是以 MI 为核心，表现为企业的各种活动识别。建立 BI，就是统一企业行为，展现理念，根据不同时期的不同要求，设计合适的员工行为模式和企业经营模式，以展示企业内部的制度、管理、组织、生产、教育、开发研究等，并展现企业外部的魅力，使企业获得社会公众的认同，从而达到塑造企业崭新形象的目的。

企业行为识别系统通过企业内部和外部环境的调查、完善等具体行为来塑造企业形象。

在企业内部通过企业环境、组织机构、员工教育、工资福利、生产流程、制度规范、研究发展、公害对策等活动识别来构建 BI。例如，麦当劳的培训与麦当劳的大学，使世界各国的麦当劳连锁店从质量、服务到工序、装饰都保持相同的风格。麦当劳的这种管理与教育的根本目的就是使麦当劳的理念深入员工的内心，使员工能够自觉地去遵守、执行，让麦当劳在世界各地的经营保持长盛不衰的形象。为此，建立内部活动识别系统的目的是达成员工行为的一体化和工作方式的合理化。

企业行为识别在员工对外的行为展现上，可通过市场研究、产品规划、促销、公共关系及社会公益事业和文化事业等活动识别。建立对外活动识别系统的目的是宣传企业形象，获得社会公众的认同和好感。

BI 的功能就在于它是整体 CIS 的动态表现。BI 的策划倾向于通过各种有利于社会大众及消费者认知、识别企业的有特色的活动，与 MI、BI 相互交融、相互作用，树立起企业的动态形象。

(三)视觉识别 VI

视觉识别 VI(Visual Identity)是 CIS 的静态识别符号,是具体化、视觉化的传达形式,即借助视觉传播媒体,将企业理念、规范等抽象语意,转换为社会公众可以识别和记忆的具体符号,进而强化其对企业理念、规范的认识与理解。VI 既是 MI 的表现形式,也是 BI 的表现形式,是企业物质文化和精神文化的统一。

VI 包括基本要素和应用要素两大部分。

基本要素主要包括:企业标志、企业标准字、企业标准色及企业象征造型与图案、企业宣传标语等。应用要素主要包括:建筑外观、环境美化、内部装饰、事务用品、办公设备及器具、招牌、旗帜、服装服饰、交通工具、包装用品、广告、传播展示等。完整的 VI,是把基本要素创造性地应用到所有应用要素上,形成鲜明且统一的企业整体视觉形象。

在所有 VI 的内容中,企业标志、标准字、标准色等元素是 VI 的核心内容,是企业的地位、规模、力量、尊严、理念等内涵的外在集中表现,构成了企业的第一特征及基本气质,尤其是企业标志。一个成功的企业标志应该具备的特点:设计独特,容易识别,产品的适合性,美观大方,力求单纯。同时,企业标志、标准字、标准色也是通过广泛的传播取得大众认同的统一符号。VI 中的其他要素都由此衍生而来。

三、CIS 导入程序

CIS 的导入是一项复杂、系统的工程,企业必须以战略的高度进行规划,制定出行之有效的 CIS 导入程序并进行具体实施,才能达到预期的目标。根据国外企业 CIS 导入的经验,综合分析我国企业所处的环境和企业自身的特点,CIS 的导入一般分为五个阶段。

(一)目标确立阶段

尽管每个企业在导入 CIS 时必须遵循共同的作业流程,但由于各个企业的内部机构和外部环境不同,形象确立的出发点不同,对于 CIS 的需求也是有所不同的,因此,必须事先针对导入的动机来明确导入目标,以便进行整体规划。目标确定阶段包括导入动机的确认,明确 CIS 规划的目的、导入的重点、导入规划的组织机构、预测规划实施的效益和效果、导入规划时间表,等等。

(二)环境调查阶段

CIS 调查是 CIS 导入程序的一个重要步骤,通过对企业内外环境所做的调查,掌握组织的经营状况、公众对组织的认识情况等,以此作为组织 CIS 导入创意、策划的参考依据。环境调查阶段包括企业内部调查和企业外部调查。

企业内部调查是企业高层管理者与企业内部全体员工的一次全面的沟通和交流，以获得员工的配合与支持。企业内部调查的内容包括：企业经营理念是否明确，是否得到了全体员工的积极认同，企业是否具有完整的经营方针与经营战略，企业的经营状况是否良好，是否适应市场竞争的要求，企业员工对企业形象是否持有肯定的态度。内部调查可以最大限度地吸引全体员工积极参与，群策群力，献计献策，既可以集中全体员工的智慧，也可为以后实施管理工作的开展做好铺垫。

企业外部调查是了解企业以外的社会公众对组织的意见和看法。一般情况下，企业外部调查的主要内容包括：公众对市场产品需要情况的评价，公众对本企业产品的认知和评价，公众对企业的整体印象，企业目前的市场竞争力、市场占有率，竞争对手的产品、市场、形象定位和经营特点、经营策略，等等。调查大多采用问卷调查方法，有条件的企业可以依靠自己的力量来完成这项工作，没有条件的企业可以聘请专业的市场调查公司协助企业做这方面的工作。

(三)形象设计阶段

这是企业形象定位的阶段，即创造一个什么样的企业形象。它是以调查的内容为依据所进行的实战性创意、策划、设计阶段，需要确立组织的理念，提出组织形象设计的基本方案。例如，麦当劳的定位——"我们不是餐饮业，我们是娱乐业"。

1. 基本要素的设计

企业名称。企业名称是企业在营业中所用的名称。独特而又朗朗上口的企业名称本身就是一种形象宣传。根据企业的使用场合、经营产品的特点，可选择使用通称的命名方式。

企业标志。应选择可代表企业经营或形象定位的企业标志。对生产、销售商品的企业而言，企业标志是指商品上的商标图样，可选择抽象性的标志、具体性的标志、字体标志等。

企业品牌标准字。原则上，品牌标准字应以企业所在地的官方语言来设定，并足以代表企业产品的品牌。

企业品牌标准色。品牌标准色用来象征企业的指定色彩，通常采用1~3种色彩为主，也有采用多种颜色的色彩体系。

专用字体。专用字体是指企业主要使用的文字、数字等的专用字体，主要是广告和促销等对外印刷所使用的字体，并规定为宣传用的字体。专用字体包括商品群、品牌、公司名称、对内对外宣传、广告方案、企业标语。

2. 应用要素的设计

CIS的应用要素设计包括企业证章类(如名片、旗帜、徽章等)，文具类(如文件、信封、信纸、便条纸等)，车辆运输工具类，服装制服、企业广告、宣传、招聘广告等宣传媒体类。

在企业标志、标准字、标准色的设计过程中，要求构想的提案越多越好，同时要调动企业一切员工的创作精神，经过多次探讨、修正，才能最终确定符合企业实际，表现企业精神与行为的视觉符号，确保 CIS 导入顺利进入下一个阶段。

(四)实施管理阶段

CIS 实施管理阶段是将设计思想和凝结在 CIS 手册内的全部方案变为现实的阶段，需要进行 CIS 的内外传播，将组织的统一行为、统一形象展示给社会公众，以期在社会公众心目中产生良好的印象。

首先，要完成 CIS 手册的编制工作。CIS 手册是企业形象塑造的指导性和权威性的文献资料，它包括企业理念的定义和解说，企业行为规范总汇，基本设计系统的构想与说明，应用设计系统的操作规程，基本设计系统标准化、统一化的使用方法等内容。以内部传播的方式向全体员工进行教育和培训，灌输统一化的理念与规范，建立全体员工共同的价值观和行为，高效率地完成企业各项工作。

其次，对外发布信息，传播企业形象和产品形象，积极开展与社会公众的双向沟通活动。通过对企业理念、企业政策的宣传并运用视觉标识系统，重点传播组织标志、商标、环境、产品质量、服务特色，使社会公众了解企业特性，树立对企业的信任感和忠诚感。

(五)反馈评估阶段

在 CIS 实施过程中，需要对 CIS 运作过程进行全程监管，以保证设计方案确定的企业形象得以推广，促进企业内外公众的认同，并及时发现问题且核对修正，为进一步实施 CIS 战略奠定良好的基础。

具体操作时应成立 CIS 管理委员会，监督实际成果是否达到了预定目标，时间进度是否一致，定期评估，适时进行效益统计，提出改进方案等。这一时期的关键是保障 CIS 手册执行的标准化。

● 任务剖析

杉杉集团有限公司的 CIS 导入

第一，进行的是理念识别设计。

企业精神：立马沧海，挑战未来。

企业经营方针：高品位，精加工，大经营。

企业宗旨：奉献挚爱，潇洒人生。

对外诉求标语：我们与世纪的早晨同行。

第二，创一流品牌，从视觉设计开始。

在视觉设计上，杉杉集团根据音译 Shenshen 及象征中国特有杉树的 China firs 为设计题目，将大自然的意蕴融入设计，以 S 字体象征如流水般生生不息，杉树有节节升高之意。

杉杉的标准色采用自然沉稳的青绿色与象征清新的水蓝色搭配组合，视觉上令人眼前一亮，生动有力。在结构上，以两个 S 作为阴阳曲线的拓展，而耸立挺拔的杉树图形，象征集团创新突破的成长，实现创一流世界名牌的企业目的。

第三，提高美誉度，关键在于行为识别。

(1) 举行"我们与世纪的早晨同行"为主题的 CIS 发布会。

(2) 与中央电视台联合推出"95 植树节"大型文艺晚会"我爱这绿色家园"。

(3) 赞助以绿化为主题的全国性海报宣传。

(4) 推出"让大地披上绿装"的绿化活动。

结论： 导入 CIS 极大地提高了杉杉品牌的影响力和认知度。

模拟训练

情境设定一

某市有一家厨房家具生产厂家，生产经营已经有三年时间，设备条件在该市是一流的，全部采用国外进口的流水线和国外进口的板材材料，专门生产和销售高档的厨房家具。目前，该市另有五六家同类生产企业，另外，周边地区及国外同类生产厂家也不同程度地涌入该市的厨房家具市场，因而，产品市场竞争比较激烈。当然，由于受到国际金融动荡和国外市场竞争大气候的影响，该市的消费购买能力也不同程度地出现了下降趋势。同时，由于国家各方面政策的影响，该市房地产业的发展处于一个比较好的起步阶段。该企业为了提高自己在市场中的竞争能力并抓住房地产发展所带来的契机，急需进行企业形象的全面设计，期望能以一种差异化的明确的形象定位在公众心目中，树立良好的品牌形象，扩大生产和销售能力，占有更多的市场份额，并使自己的经营获得一个较大的发展。请根据以上所提供的背景和情况，按照企业形象设计导入的程序，设计厨房家具厂 CIS 导入方案。

(资料来源：董明. 公共关系实务实践教程[M]. 北京：中国商业出版社，2004.)

训练要求：

(1) 将全体同学分成几个小组，以小组的形式进行研究讨论，并形成 CIS 策划方案。

(2) 每个小组选派代表阐述 CIS 策划方案的内容。

(3) 小组之间相互评分，并对优秀的策划方案进行表扬。

情境设定二

请根据同学们各自的兴趣爱好，收集一些不同产品的商标，组织一次"如何利用 VI 设计提升企业形象"的研讨会。

情境设定三

××市美康食品厂，隶属国际大厦集团。工厂成立之初，缺乏从事食品工业的经验，最初推出的厂名及品牌"美康"已被其他厂家注册，因而产品知名效益不佳。

为摆脱困境，企业总经理请来公关专家为企业进行整体策划，专家决定对该公司实行 CIS 策划(企业识别系统)。请你以专家的身份为该公司进行 CIS 策划。

(资料来源：李兴国. 公共关系实用教程[M]. 北京：高等教育出版社，2000.)

训练要求：
(1) 将全体同学分成几个小组，以小组的形式进行研究讨论，并形成 CIS 策划方案。
(2) 每个小组选派代表阐述 CIS 策划方案的内容。
(3) 小组之间相互评分，并对优秀的策划方案进行表扬。

任务三 创造性思维训练

◉ 任务目的及要求

在掌握创造性思维基本知识的基础上，运用训练方法进行创造性思维训练，使学生具备创造性思维能力及提升公共关系职业素质。

◉ 任务描述

某创意工作室开张已有半年，有一天来了一位衣冠不整、蓬头垢面的老哥。他来到工作人员马明身边，对马明说："我以前是个老板，做生意赔了，房子也抵了，现在是一无所有，只能以乞讨为生，现在请您帮我出主意，策划包装一下，以提高我的乞讨业绩。"

马明说："你都成了叫花子，还讲究什么业绩？"

"人即使再落魄，也得精益求精，追求卓越。"

"好吧，就冲你这精神头，这活儿我接了。"

这位老哥马上说："策划费还需要等我乞讨成功之后才能支付。"

假如你是马明，请给这个人包装策划成为全新的乞丐。

一、创造性思维的含义

创造性思维是指新颖的、有价值的思维过程，它是人们为解决某个问题，自觉地、能动地综合运用各种思维形式和方法，提出新颖而有效的方案的思维过程，是智慧的升华，是智力和想象力的高级表现形态，也是思维本身的创新。

总之，创造性思维需要人们付出艰苦的脑力劳动。

二、创造性思维的特征

(一)独创性或新颖性

创造性思维贵在创新，它或者在思路的选择上，或者在思考的技巧上，或者在思维的结论上，具有"前无古人"的独到之处，具有一定范围内的首创性、开拓性。具有创造性思维的人，对事物必须具有浓厚的创新兴趣，在实际活动中善于超出思维常规，对"完善"的事物、平稳有序发展的事物进行重新认识，以求新的发现，这种发现就是一种独创，一种新的见解、新的发明和新的突破。

(二)思维的灵活性

进行创造性思维活动的人在考虑问题时，可以迅速地从一个思路转向另一个思路，从一种意境进入另一种意境，多方位地试探解决问题的办法，这样，创造性思维活动就表现出不同的结果或不同的方法、技巧。例如，面对一个处于世界经济趋于一体化、竞争日趋激烈之中的小企业的前途问题，企业的职业经理不能无动于衷或沿用老思路，否则，只有死路一条。创造性思维的灵活性还表现为人们在一定的原则界限内的自由选择、发挥等。一般来讲，原则的有效性体现在它的具体运用上，否则，原则就变成了僵死的教条。

(三)思维的多向性

思维的多向性是指对某一问题或事物的思考过程中，不拘泥于一点或一条线索，而是从仅有的信息中尽可能地向多方向扩展，而不受已经确定的方式、方法、规则和范围等的约束，并且从这种扩散的思考中求得常规的和非常规的多种设想的思维。在进行创造性思维时尽可能多地为自己提出一些"假如……""假设……""假定……"等，才能从新的角度想到自己或他人从未想到过的东西。

三、影响创造性思维的因素

(一)囿于过去的经验，安于现状，没有发现动力

经验是过去实践的总结。我们生长于一个经验的世界中，我们看到的、听到的、感受

到的、亲身经历的多种多样的现象和事件，经过我们大脑的反映，构成了丰富的经验。经验是我们处理日常问题的好帮手，只要我们具有某一方面的经验，那么在应付这一方面的问题时就能得心应手，特别是一些技术和管理方面的工作。但经验也有其狭隘性，一旦在实际工作中出现偶然的现象，用共性的经验去处理时，就不可避免地会产生一些偏差和失误。经验使我们难以处理"常见"以外的问题。

(二)习惯性思维

对创造性思维影响最大的阻力是思维定式。所谓思维定式，就是在思考问题的过程中，结论沿着同一思路进行。或者说，是过去的思维影响当前的思维。

思维定式的形成，与现实社会的文化传统和个人独特的生活经历有很大的关系，因为支撑思维定式的是思维主体所具有的实践目的、价值模式和知识储备等内在因素。

(三)储备知识不够

创造性思维就是在探索未知时，积极地以独特新颖的方式和多向的角度，促使思维转化，去寻获新成果的一种思维。它需要合理而有特色的知识结构作为思维原料。在丰富的知识影响下形成思维的深度和广度，以利于创造的需要。思维原料不足或不合理，创造性思维就难以活跃。而知识储备越丰富，就越容易产生敏锐的洞察力、新颖活跃的灵感。

(四)缺乏必要的魄力与胆量

创造性思维是一种求异思维，只有具备必要的魄力与胆量，才能着力于发掘客观事物之间的差异性，现象与本质的不一致性，已有知识、理论和认识的局限性，等等。

魄力与胆量表现在对习以为常的现象敢于怀疑；对人们异口同声称赞的人和事勇于"挑刺"和找毛病；对已有的权威持分析、批判的态度。没有积极的求异意识，很难称得上是创造性思维。缺乏自信，不敢否定前人，不能以"怀疑"的态度去思考问题，就不能产生与众不同的结果。

四、创造性思维的方法

头脑风暴法：其核心是高度自由联想。

头脑风暴法出自"头脑风暴"一词。所谓头脑风暴，最早是精神病理学上的用语，指精神病患者的精神错乱状态而言的。而现在则成为无限制的自由联想和讨论的代名词，其目的在于产生新观念或激发创新设想。

头脑风暴法是由美国创造学家 A. F. 奥斯本(Alex Faickney Osborn)于 1939 年首次提出，1953 年正式发表的一种激发性思维的方法。此法经各国创造学研究者的实践和发展，至今已经形成了一个发明技法群。

在群体决策中，由于群体成员心理相互作用影响，使人容易屈服于权威或大多数人意见，形成所谓的"群体思维"。群体思维削弱了群体的批判精神和创造力，损害了决策的质量。为了保证群体决策的创造性，提高决策质量，管理上发展了一系列改善群体决策的方法，头脑风暴法是较为典型的一个。

为了提供一个良好的创造性思维环境，应该确定专家会议的最佳人数和会议进行的时间。经验证明，专家小组规模以 10~15 人为宜，会议时间一般以 20~60 分钟效果最佳。为了取得与会者相互启发、相互激励、相互诱导、相互补充、产生连锁反应的效果，应采用以下具体做法。

(1) 欢迎各抒己见，自由鸣放。激发参加者提出各种荒诞的想法，构思越新奇越好。有时正是违反常识的设想开启了创新的大门，创造了一种自由的气氛。

(2) 追求数量。意见越多，产生好意见的可能性就越大。

(3) 不限制思路，每人谈自己的设想，不对他人的设想做判断结论，任何人不得对他人的设想和意见加以指责，不打断、限制任何人的思路。

(4) 探索取长补短和改进的办法。除提出自己的意见外，鼓励参加者对他人已经提出的设想进行补充、改进和综合，巧妙地利用别人的想法开拓自己的思路。

◉ 任务剖析

全新的乞丐形象。
一、先有个品牌：起名"叫花李"。
二、要有固定场所，走专业化道路。
三、实行差异化经营，形成竞争优势。
四、确定经营宗旨。

◉ 模拟训练

情境设定一：发散思维的训练

(1) **材料发散**：尽可能多地说出石头的用途，尽可能多地说出书的用途。

(2) **功能发散**：怎样才能达到快乐的目的？怎样才能达到长寿的目的？

(3) **结构发散**：尽可能多地画出"球"形结构的东西，并说出它们的名字……

(4) **形态发散**：尽可能多地设想利用香味做什么，尽可能多地设想利用光线做什么。

(5) **组合发散**：尽可能多地说出某企业可以和哪些行业结合，尽可能多地说出人与哪些人组合可形成新的关系。

(6) 方法发散：尽可能多地列出用"吹"可以解决的问题。

(7) 因果发散：尽可能多地列出手机普及的原因，尽可能多地列出成才的原因。

(8) 关系发散：尽可能多地列出太阳与人类的关系，尽可能多地列出计算机给人类带来的变化。

情境设定二：联想训练

(1) 分别在下列的两词中间加入一词，使之形成相似联想与对比联想：火__鱼。

(2) 分别在下列的两词中间加入两个词，使之形成相似联想、对比联想、接近联想：铅笔____月亮。

情境设定三：想象思维

(1) 图形想象：尽可能多地列出与菱形相像的物品。

(2) 假象性推测：假如世界没有电……

(3) 缺点列举思维训练：尽可能多地列出皮鞋的缺点。

(4) 愿望列举思维训练：尽可能多地列出年轻人的愿望。

任务四 公共关系实施与评估

◎ 任务目的及要求

在掌握公共关系实施与评估基本知识的基础上，学会对相关公共关系策划方案的实施过程及实施结果进行评估，使学生具备分析问题、解决问题的能力及提升其公共关系职业素质。

◎ 任务描述

"老字号，新辉煌"——全聚德135周年店庆大型活动公共关系项目获得极大成功。请根据评估标准对这次庆典活动进行评估。

一、公共关系实施

公共关系实施是指社会组织为了实现既定的公共关系目标，充分依据和利用实施条件，对公共关系策划方案进行策略、手段、方法等的设计并进行实际操作与管理的过程。

公共关系实施是公共关系工作的第三个步骤，也是最为复杂、最为多变的一个步骤，是解决公共关系问题、实现公共关系目标的关键环节。因为，策划是对未来行动的一种预见和设想，只有经过公共关系实施，将策划转变为现实，影响或改变公众对社会组织的态度和行为，创造对社会组织有利的舆论环境，在公众中树立起社会组织的良好形象，才有实际意义，否则，只是一纸空文。因此，公共关系实施更为重要。

(一)公共关系实施的特点

1. 实施过程的动态性

公共关系实施的过程是策划方案付诸实践的过程。虽然任何策划方案都是建立在调查研究基础上的，但无论怎样理性的策划都会和实际情况有一定的差距，都会在具体实施过程中遇见难以预料的突发情况或问题，这就决定了公共关系人员在实施过程中要根据具体实施情况对原策划方案作出相应的修正、补充、完善和调整。

2. 实施主体的创造性

公共关系活动是一门科学和艺术，实施计划就是一个再创造的过程，而且随着社会的不断发展和进步，公众的情况也会发生相应的变化。因此，在实施计划的过程中，作为实施的主体——社会组织，必须充分发挥主观能动性和创造性，才有可能使实施计划得以顺利进行。

3. 实施影响的广泛性

一个公共关系计划会对相关公众产生广泛的影响，而且这种影响在计划实施后才能真正地体现出来。一项公共关系计划实施后，总会在一定程度上使目标公众对社会组织的印象产生变化，有时甚至会对整个社会文化或习俗产生深刻的影响。

(二)公共关系实施的原则

在公共关系计划实施的过程中要使公共关系的策划目标得以实现，就要遵循下列原则。

1. 目标控制原则

在公共关系计划实施过程中，要保证不偏离既定的公共关系目标，这是实现公共关系活动的重要保障。由于控制是管理的一种职能，总是与计划的实施联系在一起，所以目标控制原则又称为目标导向原则。在这个原则的指导下，公共关系人员应该做到以目标为导向，对整个活动进行控制、引导和促进，以把握实施活动的进程和方向，并通过具体实施活动使公共关系计划向既定的目标一步步迈进。

2. 整体协调原则

整体协调原则是指在计划实施过程中，要使工作所涉及的各个方面达到和谐、互补、配合、协调的状态,最终使计划方案顺利实现。公共关系实施是一项系统工程,各项工作只有相互配合才能达到最佳效果。如果各自为政,只会增加成本,降低工作效率,最终导致公共关系活动的失败。所以,这个原则强调的是上下级之间、各部门之间、公共关系人员和公众之间的和谐、统一的状态。

3. 反馈调适原则

所谓反馈,就是指把施控系统的信息作用于受控系统后产生的结果再输送回来,并对信息的再输出发生影响的过程。公共关系活动需要对反馈的信息进行充分的认识、理解和分析,及时发现偏差,及时对计划、行动和目标做出相应的调整。这种反馈调整贯穿于公共关系计划实施的全过程,即公共关系活动的准备阶段、执行阶段及活动之后的评估阶段,其目的就是要形成全体实施人员思想上、行为上的一致性,保证实施活动的同步与稳定,减少成本消耗,减少人、财、物方面的浪费。

4. 责任明确原则

根据公共关系计划和目标的需要,按照一定的程序,明确公共关系人员的工作任务,严格按照实施方案开展实施工作,并能够与相关部门和人员紧密配合,减少矛盾。

(三)公共关系实施中的障碍因素

在公共关系实施中,常常会受到各种因素的制约而不能取得良好的效果。影响公共关系方案实施的因素多且复杂,所以社会组织成员必须在实施前对各种可能影响和阻碍实施行为的因素进行分析,以达到消除障碍的目的。影响公共关系实施的障碍主要包括实施主体障碍、沟通障碍及突发事件的影响。

1. 实施主体障碍

实施主体障碍主要是来自自身的影响因素,产生这种障碍的主要原因是组织内部的抵触情绪。要消除这种障碍,需要分析哪些因素和问题可能造成组织内部各个部门、员工的抵触情绪的产生,如组织人员的素质,管理水平,没有充分发扬民主,没有公正地分配工作任务和活动经费,等等。

2. 沟通障碍

在现代社会,每个人不断地受到各种各样的大量信息的冲击,并受到这些信息的影响,但同时,每个人又以书面的、口头的、动作的形式,向外传递自己的知识、经验、观点等信息,向外界施加影响。这种相互影响,交织在一起的信息潮流,一方面促进了沟通,另一方面对沟通又形成干扰,使沟通出现障碍。

(1) 语言障碍。公共关系传播借助语言表达情感、交流思想、协调关系，但是语言是一种复杂的沟通工具，语言和人的思维紧密相连，人们借助语言可以更方便地传播和接受信息。所以，在传播沟通时，一定要强调语言的运用技巧，否则会对某些特定的接收对象造成语言方面的沟通障碍。

(2) 观念障碍。人们会在一定的文化历史背景下形成不同的认识和观点，并用以指导自己的行动。在公共关系活动开展中，由于片面的观念、保守的观念等，使公共关系的实施受到影响，这也是公共关系实施过程中必须重视的问题。

3. 突发事件影响

在公共关系活动实施过程中必须密切关注突发事件的发生，如果组织不能及时、妥善地处理，不但会使整个方案无法实施，甚至会给组织带来巨大危机。面对突发事件，正确的做法是保持冷静、分析原因、确定对策，保证组织形象不受影响。

二、公共关系评估

公共关系评估是"四步工作法"的最后一步，对公共关系活动起着总结、衡量和评估的重要作用。

(一)公共关系评估的意义

公共关系评估就是根据特定的标准，对公共关系策划、实施及效果进行检查、衡量和评价，以判断其优劣的过程。公共关系评估是整个公共关系工作过程的最后一个步骤，又是新一轮公共关系工作的起点。评估的目的是在肯定成绩的同时发现新的问题，以便不断调整组织的公共关系目标、公共关系政策和公共关系行为，使组织的公共关系工作成为有计划的、持续的过程。公共关系评估的重要作用表现在以下三个方面。

1. 评估是改进公共关系工作的重要环节

任何一项公共关系计划在实施后都面临着成功或失败两种结局，而无论是成功还是失败，其经验与教训都将成为下一个公共关系活动或环节改进的基础。事实上，评估就是总结经验，汲取教训，帮助我们更好地解决公共关系工作中存在的问题，促进公共关系工作更好地开展。

2. 评估是开展后续公共关系工作的必要前提

任何社会组织，其自身的经营是连续不断的，那么与之配合的公共关系活动也是连续不断的。对每一次的公共关系活动进行衡量与评价，就为以后的公共关系活动的开展提供了保障和依据。没有这种对原有公共关系工作的评估，就不可能制订新的公共关系计划，这是公共关系工作连续性的一种表现。

3. 评估可以鼓舞士气

一般来说，内部员工很难对组织与其公共关系活动有全面、深刻的了解和认识。开展评估工作，能够使他们认清本组织的利益和实现利益的途径，发挥主人翁的责任感，积极参与到组织的经营与管理之中，将自身的工作与实现本组织的战略目标紧密联系在一起。因此，评估可以调动工作积极性，鼓舞员工士气。

(二)公共关系评估的标准与方法

1. 公共关系工作准备过程的评估标准与方法

(1) 背景材料必须充分。这个阶段，公共关系活动尚未开始，评估的主要任务就是检验前几个程序中是否充分利用资料和对组织内外环境分析判断的准确性。其重点是及时发现在环境分析中被遗漏的、对项目有影响的因素。

(2) 信息内容必须准确、充实。强调的是信息量是否充足，信息内容是否有效。具体分析：公共关系活动中准备的信息资料是否符合问题本身、目标及媒介的要求；沟通活动是否在时间、地点、方式上符合目标公众的要求；有没有对沟通信息和活动的对抗性行为；有没有制造事件或其他行动配合这次公共关系活动；相对任务本身而言，人员与预算资金是否充分，等等。

(3) 信息的表现形式必须恰当。一般情况下，准备过程对信息的表现形式的评估包括：检验有关信息传递资料及宣传品设计是否合理、新颖，是否能够达到引人注目，给人以深刻印象的要求。具体包括文字语言的运用、图表的设计、图片及展示方式的选择等。

2. 公共关系工作实施过程的评估标准与方法

在公共关系活动的实施过程中进行评估，主要是监控公共关系活动中的决策是否正确，实施是否出现偏差，在这个阶段一般分为四个不同层次的评估标准。

(1) 检查发送信息的数量。检查组织在实施公共关系活动中所进行的，向电视、广播、报纸等媒介发布信息的次数，新闻发布的数量，其他宣传性工作(如展览等)进行与否，努力程度如何。

(2) 信息被传播媒介所采用的数量。报刊索引和广播记录一直被用来作为查对传播媒介采用信息资料数量的依据。其他宣传活动也反映了组织为有效地利用各种可能的渠道将信息传递给目标公众的努力程度。

(3) 检验接收到信息的目标公众有多少。将收到信息的各类公众进行分类统计，从中找出目标公众的数量。这对于评估来说，收到信息的公众的绝对数量并不重要，重要的是这些公众的结构。报纸杂志的发行量可以作为评估组织信息传播效果潜在的参考数据，会议、展览的出席人数也可作为这种评估的参考数据，但真正的效果应体现在有多少人真正注意到社会组织的公共关系活动内容这一信息上。

3. 公共关系工作实施效果的评估标准与方法

(1) 了解信息内容的公众数量。

(2) 改变观点、态度的公众数量。这是评估实施效果的一个更高层次的标准。

(3) 发生期望行为和重复期望行为的公众数量。

(4) 达到的目标和解决的问题。

(5) 对社会和文化的发展产生影响。这种影响同其他各种因素共同起作用，并在较长时间里以复杂、综合的形式表现出来。

4. 评估方法

(1) 对象自我评定法。这是由公共关系活动的对象通过亲身感受而对公共关系活动给予评定的方法。采用自我评定法要特别注意问卷或提问的方式，对敏感的问题宜采用灵活、委婉的方式进行调查。

(2) 专家评定法。这种方法是由公共关系及有关方面的专家来审定公共关系计划，观察计划的实施，对计划实施的对象进行调查，与实施人员交换意见，最后撰写出评估报告，鉴定公共关系活动的成效。

(3) 实施人员的评估。公共关系计划的实施人员经常自行对公共关系计划和实施的进展情况进行评估。这种评估能够及时、充分地利用实施过程中的实际情况对该项活动的影响效果进行判断。实施人员的评估也有缺陷，主要是实施人员对其实施计划可能会尽量隐恶扬善，从而无法看出公共关系活动的真实影响。另外，实施人员忙于实施任务，没有更多的时间和精力进行评估研究。

(三)公共关系评估报告

公共关系评估报告是评估工作的最终成果。评估报告与调研报告在撰写等许多方面是相似的。

1. 评估报告的功能

评估报告最重要的是说明"我们做得怎么样？为什么会这样？"它应当精确地描述整个公共关系活动过程，简洁地概括活动所取得的主要结果及其存在的不足之处，科学地预测尚未解决的一些问题在今后的发展趋势，并提出相应的解决办法，为决策者把评估分析用于组织战略决策提供充分的信息根据。

2. 评估报告的内容

评估报告的内容主要根据评估的内容和委托人的要求而定，常规的评估内容如下。

(1) 我们是如何做的？完成此项活动的效率和经济效果如何？

(2) 别人做得怎么样？他们掌握的情报是否充分？预期目的达到了吗？人员够用吗？

(3) 我们争取到公众的支持了吗？我们对希望争取的公众是否有明确的认识？完成这些目标的相应项目是否在计划中并付诸实施？目标公众接收到并理解传播之意吗？他们有无反应？

(4) 活动项目的短期目标、长期目标实现了吗？实施是否导致了舆论和行为模式的改变？计划者所考虑的其他目标是否实现了？

(5) 是否超出了预算？经费使用是否合理？

(6) 其他特定内容，如品牌、无形资产、人员素质等相对静态项目评估和专题活动、广告效果、销售额等动态项目的评估。

总之，目标越具体，对其结果进行评估就越容易。

◉ 任务剖析

全聚德135周年店庆大型活动公共关系案例

一、项目背景

"全聚德"作为我国餐饮业驰名中外的老字号企业，经过几代人的努力，形成了以烤鸭为代表的系列美食精品和独特的饮食文化，已成为国内外朋友们了解、认识北京的窗口。

二、项目策划

(一)公共关系目标：发扬"全而无缺，聚而不散，仁德至上"的企业精神，弘扬民族品牌，树立全聚德老字号的崭新形象。

(二)具体公共关系活动计划：

第一阶段，举办"全聚德杯"新春有奖征集对联活动，面向全社会开展"我与全聚德"征文活动，征集店史文物活动，着手整理资料，编辑、出版《全聚德今昔》一书。

第二阶段，举办"全聚德建店135周年店庆暨首届全聚德烤鸭美食文化节开幕式"。

第三阶段，借新中国五十华诞举办全聚德品牌战略研讨会。

三、项目实施

具体活动安排之一：1999年7月18日上午9:30—11:30在前门全聚德烤鸭店一楼大厅举办隆重的开幕仪式。

具体安排活动之二：全聚德特色菜品推出仪式。

具体安排活动之三:"美食文化节"活动。

具体安排活动之四:举行全聚德品牌发展战略研讨会。

本次公共关系活动举办得很成功,达到了预期目标,具体评估如下。

1. 弘扬了全聚德饮食文化、品牌文化

有奖征联历时两个月,共收到应征楹联作品三千多副,有效地把迎春与商业宣传整合为一体,把树立全聚德品牌形象与中国传统楹联文化有机地结合起来,营造了"以文化树品牌""以文化促经营"的新闻热点,弘扬了全聚德饮食文化、品牌文化,在社会上引起了较大反响。

2. 提高了全聚德品牌的知名度和美誉度

多家媒体对这次活动做了全面报道,报道的形式有新闻、照片、侧记、专访等,不仅在国内形成一股全聚德企业形象冲击波,而且通过一些海外媒体的宣传飞向世界,使"全聚德"品牌的知名度和美誉度进一步提升,强化了全聚德的品牌形象。

3. 取得了良好的经济效益

通过公共关系活动促进了销售,集团公司的营业收入、利润均提前完成全年的计划任务。许多直营店日均营业额比上年同期增长了20%。

4. 明确了全聚德品牌战略目标

全聚德品牌发展战略目标即以全聚德烤鸭为龙头,以精品餐饮为基业,通过有效的资本运营,积极地向相关产业领域延伸,创造具有中国文化底蕴、实力雄厚、品质超凡、市场表现卓越、享誉全球的餐饮业世界级名牌。

(资料来源:张美清. 现代公共关系原理与实务[M]. 北京:北京大学出版社,2007.)

模拟训练

情境设定一

随着我国机动车数量的不断增加,交通安全问题备受重视。作为一家世界领先的石油化工公司,荷兰皇家壳牌公司在全球范围内积极参与各种社会公益事业。秉承这一企业优良传统,壳牌公司与上海科学教育制片厂合作拍摄了一套交通安全科教片——"交通规范"。该片针对不同的道路使用者,以科学的方法和丰富的实例,生动形象地介绍了道路安全常识和遵守交通规则的重要性。并于1997年3月19日在北京举行了捐赠仪式。

捐赠仪式策划如下。

(1) 确定捐赠对象。选择全国范围内18个大中型城市的交通管理局和中小学校作为捐赠对象。

(2) 召开新闻发布会。在北京组织新闻发布会,在大众媒介上宣传交通安全对中小生的重要性，同时把壳牌定位成积极关心社会、承担社会责任的企业公民。

(3) 举办"壳牌与道路安全"图片展。在新闻发布会和捐赠仪式现场，布置一个"壳牌与道路安全"的图片展，展示壳牌在世界其他国家从事道路安全公益活动的情况。图片展览在与会的领导和记者中引起了热烈的反响，无疑提升了壳牌的公益形象。

(4) 选择嘉宾。在新闻发布会上，邀请相关交通主管部门的代表、教委和学校的代表作为嘉宾出席活动，更好地强调了交通安全教育的重要性。

(5) 发送新闻录像带。在北京举行新闻发布会之前，发送专用新闻录像带给全国18个城市的电视台青少年部，从而真正配合各地电视台做好每年一度的"安全日"宣传节目。

(6) 发送新闻稿。新闻发布会之后，有关捐赠活动的新闻稿在全国发放，以期获得最大限度的宣传报道。

(7) 开展后续活动。壳牌向全国18个城市的中小学校捐赠了近万盘录像带。

(资料来源：司爱丽. 公共关系实用教程[M]. 北京：机械工业出版社，2010.)

问题分析：

(1) 请对本次捐赠活动进行公共关系评估。
(2) 结合本案例谈谈公共关系评估内容包括哪些？

训练要求：

(1) 将全体同学分成几个小组，以小组的形式进行研究讨论，并形成公共关系评估文案和小组讨论意见。
(2) 每个小组选派代表阐述文案的内容。
(3) 小组之间相互评分，并核定最终成绩。

情境设定二

一家美国钢铁公司因原材料价格上涨引起成本上升，不得不召开新闻发布会，宣布每吨钢材提价4美元。这本来合情合理，客户也能接受。然而，48小时之后，该公司又发布了每年一度的年度报告，大肆鼓吹公司当年获得了创纪录的利润。当这样两条消息几乎同时发布之后，公众心里无法接受，引起轩然大波，认为该公司是靠提高物价来赢取高额利润的，普遍对其表示不满，严重地损害了该公司的形象与信誉。

(资料来源：王银平. 现代公共关系[M]. 北京：高等教育出版社，2007.)

问题分析：

结合案例谈谈公共关系活动实施应遵循的原则。

训练要求：

(1) 将全体同学分成几个小组，以小组的形式进行研究讨论，并形成小组讨论意见。

(2) 每个小组选派代表阐述各自的讨论意见。

(3) 小组之间相互评分，并核定最终成绩。

拓展阅读

麦当劳的标志——黄金双拱门 M

麦当劳取 M 作为其标志，颜色采用金黄色，它像两扇打开的黄金双拱门，象征着欢乐与美味，象征着麦当劳的 Q、S、C＆V(品质、服务、清洁和价值)像磁石一般不断把顾客吸进这座欢乐之门。

作为麦当劳标志之一的麦当劳叔叔，象征着祥和友善，象征着麦当劳永远是大家的朋友，是社区的一分子，他时刻都准备着为儿童和社区的发展贡献一份力量。麦当劳叔叔儿童慈善基金会在1984年成立，这个儿童基金会至今已向世界各地帮助有关儿童的非营利机构捐出了 500 多万美元。北京麦当劳公司在王府井餐厅开业之际，就向北京儿童福利院、北京特奥委会各捐款 10 000 美元。北京儿童医院举行白血病康复庆祝会，麦当劳及时拿出产品赞助。宣武区 1992 年 10 月份举办全区中小学运动会，麦当劳及时提供赞助。1992 年12月份圣诞节前夕，麦当劳将 3000 份麦当劳精美台历及 3000 套麦当劳圣诞卡卖出的收入全部捐给了北京儿童福利院。麦当劳长安餐厅一开业就设立了麦当劳奖学金，赞助白云路小学的学生。

除了这些出资赞助的公益活动外，到公园参加美化，到地铁搞卫生，在店外大街上擦栏杆，拾废物来维护社区环境卫生，则是麦当劳餐厅经常性的公益活动。这些活动不仅受到市民的赞赏，同时增强了员工的社会责任感及参与意识。

企业形象的好坏不仅影响企业的生意，甚至影响企业的生存。1991 年美国洛杉矶曾因种族歧视而发生打砸抢烧等动乱，许多商店、餐厅被烧毁、哄抢，可是没有一家麦当劳餐厅受到破坏，麦当劳长期的公益活动及慈善事业又一次得到了社会的回报。

(资料来源：甘波. CI 策划——企业形象新境界[M]. 北京：企业管理出版社，1993.)

效果评价

针对公共关系策划的实际工作岗位需要，设计了若干个公共关系策划的仿真工作任务，故需要对具体工作任务完成的过程和结果进行检验与考核。特设计模拟训练评价表，如表 4-1 所示。

表4-1 模拟训练评价表

姓名			学号				
班级			专业				
评价项目	自我评价				小组评价			
	优	良	中	及格	优	良	中	及格
1. 公共关系策划任务明确								
2. 模拟实训态度端正								
3. 公共关系策划方案格式规范，内容全面、有创意								
4. 公共关系策划方案语言通顺，叙述有条理								
5. 模拟实训认真负责，积极配合								
6. 实训过程中协调沟通能力强								
综合评价								
教师评价								

项目五　公共关系传播与沟通

【能力目标】培养学生的组织能力、协调沟通能力。
【知识目标】培养学生的学习兴趣和终身学习的态度。
【素质目标】掌握有关传播与公共关系传播的基本理论知识、新闻写作的基本要素。

任务一　公共关系传播基本知识

任务目的及要求

理解并掌握有关传播与公共关系传播的基本理论知识。

培养在公共关系活动中运用人际传播、组织传播、大众传播，来提高组织知名度和美誉度的能力。

任务描述

"本公司诚聘公关经理一名，其任职资格与职责范围要求如下。
(1) 负责与媒体的日常交流，保持与媒体间的主动、积极的关系。
(2) 熟悉各种推广渠道并能够整合运用，拥有良好的媒介资源。
(3) 具有出色的规划、组织、协调和实施能力，能同企业的高层管理者建立并保持良好的关系，筹备、策划和执行企业各项公共关系的推广项目活动。
(4) 发展同媒体、政府机构、行业协会的良好关系，建立并维护企业资源平台。
(5) 熟练运用常见的商业文体，并能有效地准备各种素材、题材，及时向媒体推销企业，帮助媒体获取企业的信息。
(6) 负责重大产品的新闻发布活动，并要答复媒体的提问。"

这是已并入惠普旗下的康柏电脑公司曾经刊登的一则招聘公共关系经理人的广告。这则广告中频繁地出现一个词——"媒体"，请思考以下三个问题。
(1) 怎么理解传播在公共关系中的作用？
(2) 公共关系从业人员在公共关系传播的过程中扮演着怎样的角色？
(3) 在不同的公共关系传播类型中，公共关系从业人员都有哪些使命？

一、公共关系传播的含义

"传播"一词从本质上讲，是传递、输送、沟通、交流信息的意思。传播是指人与人之间一切信息的传递和分享，也是人们接受、排列、选择、传输、储存信息的过程。自人类诞生以来就产生了传播行为，传播是人类社会赖以生存和发展的前提。

传播是现代公共关系活动中不可缺少的一个基本要素，开展公共关系活动，其目的就是要在社会公众心目中展示组织存在的价值，传递组织的各种信息，这种价值的显现和信息的传递所依赖的唯一手段就是传播。离开了传播，一切形象均无法确立。因此，公共关系传播是指人类传播活动的一个特定领域，是社会组织为了塑造良好的组织形象而进行的信息沟通活动。对于公共关系的具体活动来说，传播是一个核心问题，离开了传播，公众无从了解组织，组织也无从了解公众，也就不会有公共关系活动的存在。

二、公共关系传播的要素

在公共关系活动中，组织运用传播手段向公众传递信息，以达到沟通组织与社会公众之间联系的重要工具，而这一沟通是一种循环往复的运动过程，它包含着以下五大要素。

(一)信源

信源，也就是信息的发布者、传播者。信源是信息产生的最初发源地，如果没有信源，信息就成了无源之水，无本之木。在传播过程中，传播者占主动、积极的地位，选择所要传播的信息和传播的形式。同时，信源的可靠性、吸引力、感染力往往对传播效果起着重要的作用。

(二)信宿

信宿，是接受并利用信息的人，也就是受者。受者是传播的目标，在对所传播信息的接收上有着决定权。在公共关系活动中，如果是某一社会组织发出信息，信宿一般都是社会公众，并且公共关系传播一般要针对部分与组织有着某种利益关系的特定公众。因此，我们一般称其信宿为"目标公众"。

(三)信息

传播是人类社会交流的一种形式，传播的内容和实质是信息。从公共关系学的角度讲，信息甚至比物质和能量更为重要。由于信息具有可以识别、转换、存储、浓缩、传递、再生、共享等特点，使得它成了传播活动中最活跃的因素，许多重要的公共关系活动内容都是围绕着信息传递展开的。

(四)媒介

媒介是信息的表现形式，是承载信息的物质形式。在公共关系传播活动中，信息传的媒介很多，常见的有新闻媒介，如报纸、杂志、广播、电视；实物媒介，如举办各种展览会、展销会等；人际媒介，如举办各种研讨会、茶话会、新闻发布会等；资料载体，如文献资料，包括报纸、期刊、书籍、内部资料、各种统计财务报表等；视听资料，包括影片、录像片、录像磁带等；缩微资料，这是文字、图像与感光胶片等相结合组成的信息传播媒介；软件资料，这是文字、电波等与电子计算机磁盘、软盘相结合组成的信息传播媒介。

(五)信道

在信息通信理论中，信道是指传递信息信号的电讯频道。在公共关系的信息传播中，信道是指传递各种信息的流通渠道。它是连接信源与信宿的纽带，是信息交流的中介。传播信道主要有口头渠道、印刷渠道、电子渠道等。信道的质量决定传播是否畅通、高效。

三、公共关系传播的基本模式

(一)5W 模式

在传播学的研究中，有一种重要的传播活动模式——"拉斯韦尔要素"——"5W"要素，是美国著名的政治学者、传播学研究的先驱 H. 拉斯韦尔(Lasswell Harlod)于 1948 年提出的。

5W 模式是：谁(Who)→说什么(Says what)→通过什么渠道(In which channel)→对谁(To whom)→取得什么效果(With what effects)。

这五个要素各有其自身的特点。

"谁"，就是传播者，在传播过程中担负着信息的收集、加工和传递的任务。传播者既可以是单个的人，也可以是集体或专门的机构。

"说什么"，是指传播的信息内容，它是由一组有意义的符号组成的信息组合。符号包括语言符号和非语言符号。

"渠道"，是信息传递所必须经过的中介或借助的物质载体。它可以是诸如信件、电话等人与人间交流的媒介，也可以是报纸、广播等大众传播媒介。

"对谁"，就是受传者或受众。受众是所有受传者如读者、听众、观众等的总称，它是传播的最终对象和目的地。

"效果"，是信息到达受众后，在其认知、情感、行为各层面所引起的反应。它是检验传播活动是否成功的重要尺度。

(二)受众选择 3S 模式

3S 模式的提出者是美国学者约瑟夫·克拉帕(Joseph Clapper),他把这个模式概括为三种现象:选择性注意、选择性理解、选择性记忆。

1. 选择性注意

选择性注意是指导人们在对信息的接收过程中,感觉器官只是有选择性地对某些东西加以注意,只对自己感兴趣的、需要的、有用的信息开放。也就是说,人们对信息的接收和反应具有特定的指向性和集中性。

2. 选择性理解

选择性理解主要是指不同的信息接收者对于同一信息会做出不同意义上的理解和解释,这也是导致对同一现象见仁见智的原因。

3. 选择性记忆

选择性记忆是指接收者一般记忆对自己有利的信息,或者只记住自己愿意记住的信息,而自动忽略其他信息。也就是说,人们对信息的接收有所取舍,总愿意设法记住自己感兴趣的、需要的、喜欢的东西,而很快忘却自己不感兴趣的、不需要的、不喜欢的东西。

(三)"把关人"模式

"把关人"又称"守门人",是指在信息传播过程中,对信息的提供、制作、编辑和报道能够采取"疏导"与"抑制"行为的关键人物。其概念最早是由美国社会心理学家、传播学奠基人之一的库尔特·卢因(Kurt Lewin)在研究群体中信息流通渠道时提出的。他认为,在群体传播过程中存在着一些"把关人",只有符合群体规范或"把关人"价值标准的信息内容才能进入传播的管道。

"把关人"的传播行为包括疏导和抑制两方面。疏导是指"把关人"对某些信息准予流通的行为。这里的"把关人"是指作为组织形式存在的政府、企业、新闻媒介等,它们在信息传播的过程中决定信息是否可以被告知公众,以及信息应该公开到什么程度。一般来说,政府是最大的"把关人",它真正决定信息是应该疏导还是应该抑制,新闻媒介虽然在一定程度上能决定自己发布信息的内容,但更大程度上是政府决定的执行者,所以新闻媒介的自主权是有限的。而企业则主要负责决定与自己相关的信息应该被封锁还是被公开。

四、公共关系传播的类型

根据公共关系传播的方式和内容,可主要分为三种类型,即人际传播、大众传播和组织传播。

(一)人际传播

人际传播,即在公共关系活动中,公共关系人员在很多场合下需要个别地与职工、领导、顾客、记者等人交往。个人代表组织的交往行为是进行公共关系活动的重要形式。良好的公共关系是靠训练有素的公共关系人员对综合知识的熟练运用来实现的。公共关系人员在交往活动中表现出的礼貌、态度、知识、修养及口语表达能力、应变能力等,往往直接影响对方对其所代表的组织的印象。

通过人际传播,增进人与人之间的密切关系。个人与个人之间的深厚友谊,长久建立的信任是十分可贵的,它能增加彼此的信任度,为组织运行发展提供最佳的社会环境。那么,在公共关系中运用人际传播应注意以下三点。

1. 以开放、平等、积极的心态和行为进行人际传播

所谓开放,就是对人讲心里话,坦率诚恳地表白自己。另外,平等地进行人际传播也是实现良好沟通的重要一环。与人际传播的平等性同样重要的是人际传播的积极性。公共关系人员只有对公众表现出积极的关切,才能够培养出人际传播的良好氛围。

2. 全面、正确地运用人际吸引手段

人际传播中,恰当地运用人际吸引手段是取得成功的重要方面。第一,应根据人们态度的类似性进行人际吸引。第二,应根据人们交往的互补性进行人际吸引。第三,应通过提高交往的频率,提高人际吸引。一个人与他人的接触次数越多,就越容易加深别人对他的印象和了解。

3. 顺应人际传播的特点

人际传播有着区别于人类其他传播形式的特点。在人际传播过程中,应当顺应这些特点来实施和操作。这种在人际传播中的随机应变,有利于提高传播的有效性。在人际传播过程中,应当根据组织需要和公共关系计划的需要,在实施过程中,不拘泥于固定的时间和地点,只要有利于传播内容的传递就应当扩大人际传播场所,利用各种适当的时间,不失时机地进行传播沟通。

拓展案例

> 美国前总统富兰克林·罗斯福(Franklin Roosevelt)堪称公共关系行业里的高手,他亲自"导演"和"主演"的一出出有分量的重头戏,在政府公共关系活动史上留下了不少令人拍案叫绝的杰作。"炉边谈话"即是其中一例。

罗斯福总统入主白宫之日，正是德、日、意法西斯羽翼渐丰之时，他以政治家的敏锐洞察力预感到世界战争阴云即将来临。但是，20年前美国卷入第一次世界大战的教训像梦魇一样缠绕在美国人的心头，"不介入战争"的孤立主义呼声席卷全国。有鉴于此，罗斯福总统以"炉边谈话"的巧妙形式，开始了有步骤地引导公众舆论的工作。

入主白宫的第八天，他就借助广播这个当时最先进且最普及的传媒工具，一改过去播音主持人正襟危坐的"传道"式的刻板风格，以围坐在壁炉边与家人、朋友聊天的形式，用平和轻松的语调及时把政策方针传达给听众。他将"炉边谈话"看作是对美国公众进行宣传的极好形式，看成是潜移默化地实施舆论导向的极佳载体。此后，这一由总统主持的节目一直延续了12年，且收听率极高。

欧战爆发的当天晚上，罗斯福即发表了"炉边谈话"。为了安抚国人，他首先说道："我希望美国将不会介入这场战争，我认为它不会介入。我向你们保证，并再次保证，你们的政府将为实现这个目标作出一切努力。"但在讲话中又委婉地暗示："美国的安全现在和将来都是同西半球及其邻近海域的安全联系在一起的。总有一天，美国应为受到创伤的人类提供尽可能的帮助。""二战"伊始，德国法西斯入侵势头强劲，法国投降，英国军事力量损失惨重。为了说明战争局势的严重性，罗斯福总统再次发表"炉边谈话"，警告国民英国战事吃紧，美国已难隔岸观火，号召人们丢掉同纳粹和平共处的幻想，准备斗争。总统的呼吁逐渐赢得了公众的支持，并先后两次修改中立法以适应形势需要。

"珍珠港事件"使美国人彻底清醒，在总统发表了题为《我们将打赢这场战争，我们还将赢得战后的和平》的"炉边谈话"后，"美国参战"成为美国社会的共同呼声。美国上下同仇敌忾，积极投入了反法西斯战争。罗斯福总统的良苦用心终于得到了预期的回报。

（二）大众传播

大众传播是指传播者通过大众传播媒介向为数众多、范围广泛的社会公众传播信息的过程。现代社会信息容量最大的传播就是大众传播。

从公共关系的发展历史来看，公共关系的发展与新的大众传播媒介的出现和广泛运用是密不可分的。大众传播与公共关系的联系主要体现在以下两个方面。

（1）大众传播媒介具有的信息传播功能，是开展公共关系活动的基础，为公共关系人员开发信息资源创造了条件。

（2）大众传播媒介所具有的引导舆论功能，为通过公共关系活动树立组织形象、提高组织知名度提供了条件。

公共关系传播的主要技巧如下。

（1）公共关系人员应针对组织不同时期的特点做自己的传播工作。

(2) 公共关系人员应把公共关系的工作任务与各种传播媒介的特点结合起来考虑，选择最有效的传播媒介和传播方式，确定最恰当的传播内容。

(3) 公共关系人员应学会综合地运用人际传播、组织传播和大众传播三种方式。

(4) 公共关系人员应注重与新闻界建立良好的关系。对于公共关系人员来说，其重要任务之一就是与新闻界充分合作。

众所周知，公共关系人员的工作与新闻记者不同。后者搜集信息，传达给公众，传播过程本身就是目的，在信息传播的过程中，他们扮演着客观的观察员的角色。而公共关系人员则不同，虽然也是传达信息，但更重要的是希望透过信息的传达，改变公众的态度和行为，也就是说，对于公共关系人员来说，传播信息只是途径，是手段，而不是目的。在信息传播的过程中，公共关系人员扮演的就是某些特定观点的倡导者。

(三)组织传播

组织传播就是组织成员之间、组织内部机构之间的信息交流和沟通。具体来说，组织传播是由各种相互依赖的关系结成的网络，为应对外部环境的不确定性而创造和交流信息的过程。它的根本任务是清除或减少组织及组织成员对自身环境的不确定性，沟通组织内部的联系。组织传播对于稳定组织成员，应对外部环境，内求团结、外求发展，维护和促进组织的生存和发展都有着重要的作用。

组织传播是组织活动的源泉。积极有效地开展组织传播活动，可以使组织的各种机制运转正常，保持活力。同时，组织传播又是组织关系的"黏合剂"，它的直接目的是稳定组织内部成员，协调部门之间、组织成员之间的关系，适应各种不同的环境，维持自己的生存和发展。

组织传播既是人类传播活动的方式之一，同时又是公共关系自身理论的一部分和公共关系工作的具体工作方式之一，组织传播则表现出几种主要形式。

以组织内部信息沟通为主要内容的组织传播，从传播方向和流通走向上看，主要有以下三种形式。

1. 自上而下的传播

这种传播是指通过相关的传播工具，将组织最高层的决策信息往下传递到组织内部的各个层面的过程。组织的规范、传统、领导者的权威大多是靠这种自上而下的传播来维持和发展的。自上而下的传播一般是通过一定的媒介来进行信息交流的。

2. 自下而上的传播

这种传播是指在组织中，下级向上级表达意见和态度、反映情况、汇报工作的过程。这种传播主要通过两种途径：一是组织成员或下级部门定期或不定期地以书面报告、口头汇报方式向上级传递信息;二是上级领导以召开会议或亲临现场的方式,向下级部门或组织成员索取信息。

3. 横向传播

这种传播是指组织内部机构之间、成员之间的同级同类的横向信息交流,如部门之间、科室之间、车间之间、班级之间、员工之间的信息交流。这种交流是协调关系和行动、解决实际工作中的问题的有效渠道。同时,这种传播交流与前两种相比,有简化办事手续、节省交流时间的优点,亦可提高工作效率,并有助于培养组织的集体主义精神和建立组织成员之间的亲密关系。

在实际公共关系工作中,组织传播的这三种形式时常交替进行,共同构成组织的一个有机信息传播网络。三种传播形式相辅相成,互为反馈,对组织既定目标的实现及组织的发展前途产生直接影响。

五、公共关系传播的原则

(一)目的明确原则

公共关系传播是带有明确目的性的传播。公共关系传播的总目标是树立、改善组织形象,形成有利的舆论环境,获得各界的支持。因此,在很大程度上,公共关系传播是一种宣传,其最终目的是要人们改变或建立某种意见或态度,是通过传播事实和观点,引导、影响人们思想认识的过程。

公共关系传播的一般性目的,根据传播效果四层次理论,可以分为以下四种。

1. 引起公众注意

在现实生活中,组织关注的焦点与公众所关心的问题往往是不一致的,公众传播的重要目的就是要使公众注意组织,在此基础上,才有可能使公众对组织产生认同、肯定的积极态度与行为。

引起公众的注意要靠传播内容及方式的出奇、新鲜,或为公众所急需。

2. 诱发公众兴趣

公共关系传播要充分利用传播的内容及方式使公众产生兴趣。

成功诱发公众兴趣的根本一点在于了解公众的兴趣所在,使公众传播的内容与方式同公众兴趣相结合。对公共关系人员来说,了解公众的兴趣、爱好及他们的立场、观点,并据此组织自己的传播活动,是使公众对传播内容产生兴趣的首要条件。

3. 取得公众的肯定态度

由于态度是人们在社会生活中的经验长期积累形成的，它与主体的情感、信念、立场、需要有关，并常以利益与势力为转移。因此，传播要改变公众的态度，必须做长期、大量、深入细致的工作。而在大多数情况下，公共关系传播要从组织的利益和公众的利益出发，改变公众的不良态度，实现公众由负态度向正态度的转变。

4. 促发公众的支持行为

公众的支持行为说是让公众参与公共关系活动中，或购买宣传的产品，或成为行动成员，这是公共关系传播所能达到的最高目标。

● 拓展案例

日本奈良市郊区有一家旅馆，外在环境优美，工作人员招待客人又很热情，很是吸引顾客。但美中不足的是每年春季，许多燕子争相光临，在房檐下营巢安家，排泄的粪便弄脏了玻璃窗和走廊，服务员小姐再怎么擦还会再有，使得旅客有点不快。旅馆主人爱鸟，不忍心把燕子赶走，但又难以把燕子粪便及时、彻底地清除，很是苦恼。

一天，旅馆经理忽然想出一条妙计。他提笔写道：

女士们，先生们：

我们是刚从南方赶到这儿过春天的小燕子，没有征得主人的同意，就在这儿安了家，还要生儿育女。我们的小宝贝年幼无知，我们的习惯也不好，常常弄脏您的玻璃和走廊，致使您不愉快。对此我们很过意不去，请女士们、先生们多多原谅！

还有一事恳求女士们和先生们，请您千万不要埋怨服务员小姐，她们是经常打扫的，只是她们擦不胜擦。这完全是我们的过错。请您稍等一会儿，她们就来了。

您的朋友：小燕子！

这显然是以小燕子的名义写的向旅客们解释、道歉的信。旅馆经理把它张贴到显眼的地方。

客人们看了这封公开信，都给逗乐了，不仅不再提意见，而且还对这家旅馆更感亲切，并留下了美好的印象。

(资料来源：国英.公共关系与现代礼仪[M].北京：机械工业出版社，2005.)

(二)双向沟通原则

双向沟通原则是指传播双方互相传递、互相理解的信息互助原则。这一原则具体包含以下内容：一是沟通必须由两个以上的人进行；二是沟通双方互为角色，任何一方都可以传递信息，也可以反馈信息；三是沟通双方相互理解并有所交流。因此，高度重视传播过程中的双向性沟通原则是十分必要的。

(三)平衡理论原则

所谓平衡，是指人的感觉系统与所经历的情绪毫无压力地存在的一种状态。人处于平衡状态时，感到舒服、轻松。公共关系传播说是要创造一种平等沟通的环境，即双方均以成人状态参与沟通，并随时注意公众反应，不断调节，使其保持在一个平等的状态之中。

在这个过程中，情感沟通是一个重要的条件。通过情感互动和思想交流，产生接近与认同，达到态度的一致和关系的平衡，这就要求在沟通中从关心、体谅、帮助、支持的角度出发，与对方交流，使对方与组织感情融洽，达到沟通的最佳效果。

任务剖析

康柏公司的招聘广告，表明了企业对公共关系经理的具体要求，这是媒体本身所具有的一个特殊功能——传播。公共关系活动离不开传播。传播在公共关系中的作用表现在沟通关系、塑造形象上。

公共关系从业人员在公共关系传播的过程中扮演的角色是信息传播者和意见的倡导者。

模拟训练

情境设定一

轰动2006年的喜剧片《疯狂的石头》在正式上映前，首先通过上海电影节上的宣传活动和影评人放映专场，在影评人和媒体中进行了预热。紧接着推出在五城市做的免费放映，最直接地创造了口碑，提高了影片的人气。在照顾传统媒体的同时，"石头"更充分地利了用电影论坛、MSN及博客等形式进行宣传，这已经成为那些相对专业的影迷获取电影信息的重要途径，网络在这里显示了最强势的威力，同时也使影片本身达到了最高的人气指数。《疯狂的石头》的影片宣传被评为2006年十大成功公关事件之一，其凭借的正是准确的传播定位和正确的传播途径获得良好的口碑效应，使得这部小成本电影获得巨大的票房收入和全国公众的很高的评价。

问题分析：
(1)《疯狂的石头》上映前采用怎样的公共关系传播形式？
(2) 本案例给我们带来什么启示？

训练要求：
(1) 将全体同学分成几个小组，以小组的形式进行讨论，并形成讨论文案。

(2) 每个小组选派代表阐述讨论的内容。
(3) 小组之间相互评分，并对优胜的小组进行奖励。

情境设定二

广东电台"城市之声"员工为台庆五周年设计了一个方案：立足将"城市之声"五周年台庆与申办奥运活动相结合，通过电子传播媒介，传达"城市人盼奥运"的"城市之声"电台的时代强音，并把这一理念传遍全世界。

围绕"一首歌曲—五个'1036'系列活动"策划主题进行"城市之声"五周年台庆活动。一首歌曲即是以都市人热心申奥为主题，在活动中它将作为一条主线贯穿整个台庆活动的始终。五个"1036"意指与主题有关的五个系列活动：1036个五岁的孩子亲手画制的图画；1036米长的都市人亲笔签名的横幅；1036个市民支持申奥的声音；1036封孩子亲手寄出的信；1036张录有主题歌的CD光盘，在送给1036名市民之时，传递"城市之声"支持申奥的热诚。活动的实施与网络活动相结合，从而扩大影响与传播范围。

(资料来源：王银平. 现代公共关系[M]. 北京：高等教育出版社，2007.)

问题分析：
(1) 分析大众传播在公共关系中的作用。
(2) 指出本案例涉及的传播的基本要素。

训练要求：
(1) 将全体同学分成几个小组，以小组的形式进行讨论，并形成讨论文案。
(2) 每个小组选派代表阐述讨论的内容。
(3) 小组之间相互评分，并对优胜的小组进行讨论。

情境设定三

美国一家报社为了纪念其成立125周年，庆典活动的方式别开生面。它把报馆作为活动的主要场所，不搞任何仪式，完全是自由活动，而且向全市市民开放。前来参加庆典的人很多，不少来客扶老携幼，全家同往。所有来宾，无论男女老幼，包括学者、贵宾，每人进门时都发给一只彩色气球。于是，全场内各色漂亮的气球跟随着人们到处运行、交错、回旋、跳跃、碰撞、飘舞，结成一道道美丽的光环，织出一片片鲜艳的彩锦，使现场的喜庆气氛异常浓厚。

报社还准备了五花八门的娱乐活动。有为儿童设计的藤圈套巧克力的小游戏、猜谜、下棋、与机器人掰手腕、操作电脑游戏机等；小客厅里放映电影，电影的中心主题是介绍这家报社的悠久历史和现状,片长仅20分钟,形象生动,妙趣横生;最令人吃惊的是,报社大厅中央放着一个可供8000人享用的奶油大蛋糕,且是单层的,更有新意的是设计者把当天报社的125周年特刊的内容全部用巧克力、奶油、糖果等复制在蛋糕上,吃着蛋糕等于读这份特刊,令所有来宾赞叹不已!

问题分析:

试用公共关系的有关理论进行分析。

训练要求:

(1) 将全体同学分成几个小组,以小组的形式进行讨论,并形成讨论文案。

(2) 每个小组选派代表阐述讨论的内容。

(3) 小组之间相互评分,并对优胜的小组进行奖励。

任务二 新闻稿的写作

● 任务目的及要求

通过撰写新闻稿的训练,使学生掌握新闻稿的写作要求及注意事项,注意新闻稿的结构与类型,按照新闻稿的写作要求,规范地撰写有价值的新闻稿。

● 任务描述

某保健酒集团公司研制出新型保健酒,并在国际酒类博览会上获得了银奖,为此,集团公司将召开新闻发布会。请你帮忙起草一篇新闻稿(要求:注意格式,其专业性内容可以略写;字数控制在200字以内,含标点符号)。

所谓新闻,一般是指对新近发生的与大众有关的事实进行报道。由于新闻报道比较公正、客观、可信度高,因此,利用新闻稿来宣传、推销企业是极为可取的一种方式。但是,社会组织不能只是消极地等待记者上门采访,任何企业或其他社会组织不仅可以"制造新闻",让新闻媒介主动将信息传播给公众,而且也可以自己搜集、整理素材,将这些素材加工成稿件交给新闻媒体并由其传播给公众。因此,新闻稿的撰写是公共关系人员利用新闻媒介实现对公众施加影响的必要手段,也是与新闻界保持密切联系的纽带。新闻稿的撰写是公共关系人员必须具备的能力之一。

一、新闻稿的特性

撰写新闻稿必须尽力使稿件符合编辑的要求,以达到被采用的目的,同时应以最佳的写作方式实现公共关系传播的目标。因此,必须研究报纸、杂志的内容,电台和电视台的节目，比较其经常采用的与未被采用的稿件在内容、写作方式、遣词造句等方面的不同，然后总结出实用、有效的写作方法，使自己的新闻稿有较高的采用率。

新闻稿被采用的标准是新闻的价值性。新闻价值是选择和衡量新闻事件的客观标准，即事实本身所具有的足以构成新闻的特殊素质的总和。素质的级数越高，价值就越大。选择具有新闻价值的素材是新闻稿被采用的首要因素，具体包括以下四点。

(一)内容真实、准确

内容真实是新闻的生命，也是令人信服的基础。真实，就是事件真实，所写的人物、时间、地点、事情发生发展的经过等内容不能虚构。准确，就是每个事实，包括细节在内都准确无误。如果一条消息失真或有差误，不仅会减低其新闻价值，失信于民，而且还会损害党和人民的利益。

(二)内容新鲜

新闻贵在新，只有新，才能引起读者的注意。新，不仅要把新人物、新事件、新经验报道给读者，而且要选择有意义、有价值，给人以启迪、有指导性的事物。

(三)迅速及时

迅速是新闻报道的重要特性，报道速度迟缓会降低消息的价值，"新闻"变成了"旧闻"。要对新人、新事、新情况、新问题，敏锐地发现，尽快地了解，迅速及时地反映。

(四)简明扼要、精悍

这是新闻区别于其他文体的主要标志。寥寥数笔，阐明事实，概括而不流于抽象，简短而不陷于疏漏，用笔简洁利落，内容集中精练，给读者耳目一新的感觉。

具备这些特性之一，便可能构成新闻素材。只有价值高的新闻，才有可能产生轰动效应。毫无新闻价值的资料是不会被新闻媒介采用的。

二、新闻稿的写作

掌握新闻稿的撰写技巧，是发挥新闻素材作用，写成一篇好的新闻稿的必要条件。新闻有其独特的写作方法，应该用符合新闻学规范的方式来准备新闻稿。

首先是新闻稿的基本要素，一个完整的新闻稿应包括新闻报道的五个 W 一个 H，即新闻的六要素：何时(when)、何地(where)、何人(who)、何事(what)、何因(why)及过程怎样(how)。英国公共关系学家弗兰克•杰夫金斯(Frank Jefking)则举出公共关系新闻稿的七个要素：主题、组织机构、地点、优点、应用、细节、消息来源。

新闻稿结构严谨、逻辑性强，一般有倒金字塔式、顺时针式等。其中，倒金字塔式是一种典型的新闻稿结构，即以重要性递减的顺序来安排新闻中的各项要点和事实。这种纯新闻报道的基本结构形式，既有助于记者快速写作新闻，便于编辑制作标题和设计版面，也有助于读者阅读。

(一)标题

标题是文章的眼睛，一篇新闻稿若有一条新颖别致的标题，就能像磁石那样牢牢地吸引编辑和读者的注意力。标题要起到概括全文的作用，新闻所写的内容都是围绕着标题展开的，所以标题要语言凝练、中心突出、醒目有力。

(二)导语

导语是新闻的开头，是新闻稿中最有新闻价值的、最能吸引受众的部分。

导语的关键是"导"字，它应当起到引导、诱导、前导的作用。也就是说，它应当用简洁的语言，写出最主要、最新鲜、最吸引人的事实，给读者留下深刻的印象。例如，一场比赛刚刚结束，读者最想知道的是结果，或者是某个冠军的发挥情况，那么就先从这里写起。因此，导语的写作要求是：开门见山、中心突出、简明扼要、生动有趣。

(三)主体

导语之后是新闻主体，即对导语中披露的新闻做进一步的说明，要注意观点明确、层次清楚、精心选材。一般来说，新闻主体应当具备这样两部分内容：一是对导语提出的主要事实、问题或观点进行具体的阐述或回答，使导语部分的内容借助于一连串丰富的材料而得到进一步的说明和解释，使新闻要素更为明确和详尽；二是用附加的次要材料来补充导语中没有涉及的新闻内容，提供新闻背景，说明事件的来龙去脉，使新闻内容充实丰满，主题更加突出。

主体部分常见的结构形式有以下两种。

1. 以事件的重要程度为序组织材料

这就是通常所说的倒金字塔结构。它是一种常见的新闻稿写作方法，多用于动态新闻。所谓倒金字塔结构，具体来说，就是要把最重要、最新鲜的事实放在导语中，主体部分的内容则依照重要性递减的顺序来安排：较重要的材料往前放，较次要的往后放，最不重要的放在最后面。这种叙述方式主题突出，阅读简便，同时便于编辑删节、修改稿件——如有篇幅限制，编辑可以由后往前删，而不影响全篇内容的完整性。

2. 以事件的时间先后为序组织材料

这种主体结构形式，通常是按事件发生的时间顺序来组织材料，事件的开始是新闻稿的开头，事件的结束为新闻稿的结尾。由于这种结构方式能够清楚地反映出新闻事件的来龙去脉、前因后果，使读者对它的全过程有一个鲜明的印象，所以它比较适用于内容较为复杂但线条单一的新闻的写作，如报道节日游行盛况、一些重大事件、一场事故、一次球赛等。这种叙述结构同人的思维取向相吻合，易于人们阅读、理解，尤其适合我国记者的阅读习惯和口味，而这种"从头到尾"的写作方法掌握起来也比较容易。

(四)新闻背景

简言之，新闻背景就是有关新闻事件的历史和环境的材料。新闻是对新事物的报道，而新的东西对人们来说往往是陌生的，这就有必要对新闻中的基本事实进行解释和说明。只有适当地对事件的来龙去脉及其与周围事物的联系和相互影响进行"衬托性叙述"，才能显示出事件的意义，才能使生活在不同地区、工作和阅历各不相同的读者排除阅读障碍，对新闻产生兴趣。

(五)结尾

新闻的结尾应简短，言尽而意未尽，发人深省或设置悬念，为以后的连续报道埋下伏笔。在新闻的结构布局中，结尾并非占据着举足轻重的地位，有些新闻稿有结尾，有些新闻稿有无结尾则无所谓。

三、新闻稿写作的注意事项

(一)"新"闻重点

既然是"新"闻稿，就必须突出"新"，就不能是"旧"闻。或者内容新，或者角度新，或者形式新，等等。

(二)强调主题

强调主题，其他以辅助资料整理。一则新闻稿一定只强调一个主题，次要的可以放在后面，更次要的或是补充说明的，直接提供附件或是辅助资料即可，否则太多的主题反而会模糊了焦点，变成没有主题。

(三)倒三角形

这是新闻写作最典型的形式，也就是越重要的越放在前面。最重点的内容当然要放在

第一段的导语部分,给读者以清晰明了的印象。

四、新闻发布稿的写作范例

任何新闻发布会都必须要有明确的主题,提倡什么,反对什么,说明什么,都要清清楚楚、明明白白地在新闻发布稿中体现出来,来不得半点含糊。按不同的主题划分,新闻发布稿大致有三种基本的类型:喜庆性新闻发布稿、专业性新闻发布稿和突发性新闻发布稿。下面以喜庆性新闻为例进行说明。

这类新闻发布稿适用于开业、周年庆典和产品获奖等有喜庆色彩的事件。它的写作要求如下。

(1) 简介梗概:简明扼要地介绍事情的梗概,细节可以放在答记者问时介绍。

(2) 体现价值:体现时间的本来价值,如"全国第一家""同行业第一个金奖"等。

(3) 突出意义:事件有多大的社会意义,如对于公众的价值,对社会环境的益处等。

(4) "一多一少":自我赞美之词要少,引用专家、社会舆论的赞语要多。

(5) "一低一高":低调处理个人在事件中的作用,突出团队整体实力和组织形象。

(6) 言之有据:叙述的内容要以事实为依据。

任务剖析

一篇关于某保健酒集团公司的新型保健酒,在国际酒类博览会上获得了银奖后,召开新闻发布会的新闻稿。

(称呼)各位媒体朋友:大家好!

(主题)现在我以激动的心情向一直以来关心、支持我集团公司发展的所有朋友宣布:我集团研制出的新型保健酒在国际酒类博览会上获得了银奖!

(意义)这意味着这种保健酒不仅在国内是优质名牌产品,而且在国际市场上也享有很高的美誉度⋯⋯

(梗概)我公司从 2000 年开始就投入很大人力、物力研制开发这种产品,经过有关人员的努力,终于取得今天的成绩。为我国争得了荣誉⋯⋯

(评价)经专家的检验和鉴定,一致肯定这种酒的药用保健作用,值得在国际市场推广,本次获奖正充分证明了这一点⋯⋯

(结束语)我公司员工一定会借助这个获奖契机,以更高的热情,再接再厉,把我公司做大做强⋯⋯

最后,再次感谢各位朋友的光临和参与。谢谢大家!

模拟训练

情境设定一

下午3点刚过,门厅接待捐款的刘云杰老师告诉我:"王镜师傅又来了!"在场的人心里都一阵高兴,我撂下手头工作赶忙走到前厅:"大冷的天,这么远,您怎么来了?"我问。他迎过来,右手拿着200元钱一扬:"这不,我把这钱捐了。"

王镜,就是那位住在北京黄杉木店周转房、捡破烂向希望工程和其他社会福利事业单位捐款万元的退休老工人。

今天出现在我眼前的王镜老人,无论从脸色上,还是穿着上,都和以往来时大不一样了:他的脸黑中透出红润,而且胖了;身穿黑色棉外套,土黄色新工作罩裤,足下一双黑色包头胶底棉鞋,显得干净利落。

我请老人坐下,没等我问寒问暖,他就满脸堆笑地说:"这不,人家知道我困难,给我寄来200块钱,好人呐!我怎么能要人家的钱呢?"我接过话茬:"您节衣缩食,捡破烂把1万元都捐了,这200块钱人家给您,您留下用也是应该的。"老人立即反驳道:"不能!无论如何我也不能要。人家一片好心。退休费我足够用了,还是捐给希望工程,给贫困山区办教育吧。"说着,他转过脸对刘老师说:"你一定要写人家的名字,我把收据给他寄去,好好谢谢人家。这情我领了。""我琢磨,退回去也太不近人情。可我又不能要,还是给希望工程,顶好!"我一边聆听,一边凑过去接过老人手中的一个信封,那上面写着:河南洛阳一拖公司油泵厂安环科,高防。我明白了,这200块钱就是素不相识的高防同志看了《中国青年报》1994年12月19日刊登的《黄杉木店陋室铭》后汇给王镜老人的。

这就是数天前发生在北京北新桥香饵胡同3号——希望工程北京捐助中心捐款大厅的一幕动人情景。

(资料来源:不详)

问题分析:

请结合案例,谈谈公共关系人员应该怎样撰写新闻稿?

训练要求:

(1) 将全体同学分成几个小组,以小组的形式进行讨论,并形成讨论文案。
(2) 每个小组选派代表阐述讨论的内容。
(3) 小组之间相互评分,并对优胜的小组进行奖励。

情境设定二

根据下面的新闻消息制作一条新闻标题(不超过10个字)。

3月4日,一座高2.7米、宽1.2米的水磨石纪念碑在闽北泰宁县外源色村边高高耸起,金字碑文记载着一支花甲老人育林队14年造林6000亩的事迹。碑的背面镌刻着40多位老人的名字。

72岁的育林老队长、共产党员肖远才噙着泪花，在揭碑仪式上说，我们不过做了一点应该做的事，党和人民却给了我们这么高的荣誉，实在是不敢当。

纪念碑后面的山坡上，6000多亩松、杉、毛竹，大部分已成林，春雨之后一片新绿，油茶、油桐枝繁叶茂。现在，用材蓄积量已达11 360多立方米，价值60多万元。这些林木都是老人育林队辛勤种植的。

泰宁县委号召全县人民学习老人们愚公移山、植树造林、造福后代的精神，为绿化祖国多做贡献。

训练要求：

(1) 将全体同学分成几个小组，以小组的形式进行讨论，并形成讨论文案。

(2) 每个小组选派代表阐述讨论的内容。

(3) 小组之间相互评分，并对优胜的小组进行奖励。

情境设定三

根据下列新闻事实写一条导语(不超过50个字)。

过去，我国一直没有专用的森林消防车，森林火灾主要靠人力和小型机械扑救，不能及时赶赴现场，灭火效率不高。从1984年开始，由北京林业大学森工研究所设计、四川消防机械总厂试制了CGL25/5型森林消防车，第一批样车曾参加了大兴安岭森林火灾的救火战斗，展示了它的威力。该车分内坐式与敞开式两种，采用6轮驱动，具有较好的越野性能。车上除消防泵外，还配备有直接利用天然水源进行灭火的手抬机动泵和小型液剂灭火机具，可用于我国浅山和丘陵地区扑救中等强度以下的火灾和建立林火控制线，并可兼用于林区城镇消防。这种车今天通过了部级鉴定，参加鉴定的专家们认为，该车在车辆通过性能及综合灭火能力等性能上，达到了国际同类产品的水平。

训练要求：

(1) 将全体同学分成几个小组，以小组的形式进行讨论，并形成讨论文案。

(2) 每个小组选派代表阐述讨论的内容。

(3) 小组之间相互评分，并对优胜的小组进行奖励。

任务三　编制内部宣传资料和对外宣传册

任务目的及要求

通过实训，使学生能够掌握各类对外宣传册的制作内容及技巧；要求学生能够独立地制作宣传册,并保证宣传册的内容安排规范、合理。

 任务描述

某化工有限公司是一个生产化工产品的企业。为了提升员工的凝聚力和向心力,公司决定编制一份内部宣传资料,加强员工对公司的了解,宣传资料的形式是板报或内部刊物。请你帮忙设计宣传资料的内容及版面。另外,该公司由于狠抓产品质量,其产品获得了ISO 9000的质量认证,现需要把该信息向外部公众告知,要编制一个对外宣传册。请你告诉他们应该如何编制对外宣传册。

一、编制内部板报和宣传栏

板报和宣传栏是组织机构内部的重要宣传媒介,常用于通报情况、宣传政策、鼓励先进、鞭策落后,具有形式简单、通俗易懂的优点。为公众所普遍喜爱,是组织机构尤其是部队、学校、矿区、村镇等基层单位传播内部信息不可多得的有力工具。

(一)板报和宣传栏的特点

板报是对黑板报和其他颜色的板报(现在有白色的板报)的统称。黑板原本只是一种教学用具,黑板报是采用黑板这种教学用具进行教学目的以外的信息宣传。它不仅仅在室内使用,有些还移到了室外。这一发展历程,不但使人们认识到板报自身的价值,更能反映出在大众传播媒介的飞速发展过程中,广大群众对通俗活泼的信息传播方式的钟爱。

宣传栏可以说是"写在纸上的板报"或"放大了的报纸",在形式与功能上同板报和企业内部报纸相近,共同承担着传递组织机构内部信息的作用。

板报和宣传栏的特点可以概括为以下三点。

1. 经济实用

板报和宣传栏使用的材料花费不多,也容易买到,相对于其他的宣传媒介,要经济得多;虽然花费不多,但这种宣传形式很实用,大到中央文件精神,小到企业内部拔河比赛的消息,都可以通过板报和宣传栏广泛地传达到员工中间去。在一些企业文化搞得比较好的公司,板报和宣传栏经常用来表扬先进、鞭策落后,其经济实用的特点非常明显。

2. 更换方便

板报和宣传栏没有固定的周期,为配合日常公共关系工作,可以十天或半个月一期;有紧急任务或发生突发事件时,可以根据需要随时更换内容。但凡字迹工整、稍懂一点美术知识的人都可以动手制作,更换版面也非常方便。

3. 美化环境

板报和宣传栏还具有较强的装饰性,能起到点缀环境的作用。一些管理水平较高的优秀企业都极为重视厂区的环境规划,板报和宣传栏往往被纳入整体规划之中,或设计独特,或功能多样,成为厂区环境建设中一道亮丽的风景。

(二)板报和宣传栏的内容

板报和宣传栏的内容,是与组织机构的内部发展息息相关的,同时,也兼顾了一些外部世界的信息。

1. 组织机构内部的新近动态

内部的新近动态通常是刚刚过去的一段时间(如本月)内组织机构取得的新成绩和存在的新问题;来自组织决策层的重大决定;经营生产等企业内部情况的"专访"等。新近动态往往以新闻简报的形式出现在版面的中心位置。

2. 国内外新闻与行业动态

板报和宣传栏通过开设"国内外新闻荟萃"和"行业动态"等专栏,刊登的近期国内外重大新闻和本行业的消息,让组织成员时刻关注国内外经济政治大事和形势发展趋势,关注企业的发展,既可以增强企业内在的凝聚力,调动组织成员的能动性,也可以群策群力,提高企业决策的科学性。

3. 文学艺术内容

定期刊登诗歌、散文、小说等文艺作品,可以活跃组织成员的工作气氛,丰富员工的业余生活和精神生活,提高组织成员的思想品德修养,使其感悟人生哲理,端正心态。

二、内部刊物

内部刊物是社会组织内部的重要宣传媒介,任何社会组织为了达到自身传播和沟通的目的,都喜欢采用内部刊物这种宣传工具。

内部刊物的宣传内容可以概括为以下三个方面。

(一)传播与社会组织相关的各种内外信息和知识

在组织内部时刻都在发生着大量的经营生产等工作方面的信息,同时,也有大量的与社会组织相关的外部信息影响着社会组织的日常运行,包括工作计划、经验总结、员工建议及政府的方针政策、行业动态、国际形势等。内部刊物的基本功能就是把来自内外上下的信息知识汇集起来,经过分析、整理、编辑,形成内部刊物所需要的内容,传递给组织内部的员工。

(二)宣传社会组织的"好人好事",推广先进经验

树立先进人物、推广先进经验,这是社会组织管理工作的一个重要组成部分,也是内部刊物的一个重要职能。内部刊物可以作为一个平台,把组织内部的先进人物和先进经验加以总结,让个人的经验成为整个群体的共同财富;通过榜样的力量弘扬正气、展示企业的精神风貌,从而提升整个团队的知识水平、精神修养,提高工作效率等。

(三)丰富员工的精神生活

内部刊物是全体员工共同耕耘的精神园地。组织的员工需要充实自己的精神生活,需要培植充满个性的情趣修养。通过各种文学形式把刊物变成表达意见的论坛和抒发思想情感的园地,从而使广大员工焕发精神,相互激励或自我鞭策,通过丰富多彩的精神生活达到调动员工工作积极性和主观能动性的作用。

内部刊物的形式有报纸、杂志等。

内部刊物的编写首先需要人员。按工作职责划分,要维持一个内部刊物的正常运转,需要文字编辑、美术编辑、记者、通讯员四类人员,应从"精兵简政"的原则出发,而且要经过一段时间的新闻专业训练。与此同时,要成立一个人数众多、分布在各部门的通讯员队伍。两个团队的活动都由专职人员统筹、协调。

三、对外宣传册

随着组织机构宣传意识的增强,对外宣传册已经成为一种重要的宣传媒介。对外宣传册具有以下特点。

(一)全面反映社会组织在公众心目中的整体形象

对外宣传册要能向公众介绍、反映组织的全貌,包括组织机构整体规模与实力、经营宗旨与方向、组织发展的历史、已经取得的成绩和对社会做出的贡献等,给社会公众直观和全面的印象。不过,这些介绍只是概括性的,不涉及具体细节。

(二)立足长远,保证对外宣传册的持久影响

对外宣传应注重潜在、持久的影响,不强调信息传播的时效性。时效性强的信息传播效果"立竿见影",但也容易"昙花一现",往往不能持久。组织机构要"永葆青春",就不能单靠一时一事的宣传,而必须把宣传作为一项永恒的课题持续不断地做下去。对外宣传册就承担起了这一责任。

(三)图文并茂，体现社会组织的文化内涵

对外宣传册一般不以新鲜的信息内容吸引目光，而以较高的企业文化内涵和艺术品位取胜。简练隽永的文字、精心设计的画面以及精致的版式和印刷的效果等，往往是人们对这类宣传册的期望，同时向公众传达社会组织应有的经营理念和价值观，塑造社会组织整体形象。因此，但凡有一定印制条件的组织机构都应在这些方面多下功夫。

(四)形式多样，用途广泛，传播效果显著

对外宣传册形式多样，用途广泛。有的图案精美，制作精良；有的是规格较小，以轻松活泼见长的小册子，可以广泛散发。无论是公务外出，还是旅行游览，我们都可以在宾馆里、飞机上、公交车上看到它的身影，起到了"企业名片"的作用。

任务剖析

本公司对外宣传册应包括如下内容。
(1) 本公司的发展历史、机构规模。
(2) 本公司的主营产品、经营特色。
(3) 本公司的企业文化(经营宗旨、价值观等)。
(4) 本公司的人员素质、技术水平、管理水平。
(5) 本公司的获奖情况及权威人士的赞誉。

模拟训练

情境设定一

教师节要到了，某学校管理层为了配合学校教师节庆祝活动，决定编办一期"教师节特刊"的内部板报。

训练要求：
请你按板报编写的内容要求编办一期特刊板报。

情境设定二

举一实例说明内部板报编写有哪些特点和内容要求？

训练要求：
(1) 将全体同学分成几个小组，以小组的形式进行讨论，并形成讨论文案。
(2) 每个小组选派代表阐述讨论的内容。
(3) 小组之间相互评分，并对优胜的小组进行奖励。

任务四　与公众关系的沟通

任务目的及要求

通过实训,学生能够了解沟通与协调的重要性,掌握与各类公众之间沟通的技巧,并能够和不同的内外公众进行良好的沟通。

任务描述

如果你是企业的经营者,你的职工间由于争风吃醋、钩心斗角而矛盾重重。请问你将采取什么方法消除他们之间的矛盾,以增强企业内部的凝聚力?

有沟通,才有理解。良好的沟通能够让交流的双方充分理解,达成共识。沟通看起来很容易,其实要做到有效的沟通,必须要经过长时间的配合、摩擦,其过程是非常困难和复杂的。沟通双方不但要理解传递过来的信息,还要分析、转化信息,获取事实。据有关统计,企业管理者几乎把70%的时间花在沟通上。开会、谈判、谈话、做报告是最常见的沟通形式。同时,企业中70%的问题是由于沟通障碍引起的。例如,企业常见的效率低下问题,实际上往往是问题产生后大家没有沟通或不懂沟通所引起的。另外,企业里面执行力差、领导力不高的问题,归根到底都与沟通能力的欠缺有关。

一、与内部公众关系的沟通

组织与公众的关系,说到底是利益关系,具有相互关联性。协调组织与公众的关系,关键是找到组织与公众的利益相关点,了解公众的需求,有针对性地开展公共关系工作,构建良性的公共关系状态。内部公众是组织的成员,与组织的关系最为密切、直接,内部公众关系是组织开展公共关系活动的出发点。

(一)员工关系

广义的员工是指组织内部的人事构成,包括领导、职员、工人等;狭义的员工是指除领导之外的都是员工。

在公共关系活动中,员工具有两重性:一方面,他们是组织内部公共关系工作的对象;另一方面,他们又是组织开展外部公共关系的主要依靠力量,是实现组织目标和利益的重要保证,是树立组织良好形象的决定性因素,也是处于公共关系第一线的前沿哨兵。要搞好组织同员工的关系,必须做到以下四点。

1. 尊重员工的个人价值

尊重员工的个人价值是前提。组织追求的是团体价值，但团体价值是与团体中每一个个体的价值相联系的，需要通过个体价值的实现来完成。因此，组织应当尊重员工个体的价值，引导员工的个体价值与组织价值相一致，了解员工的不同需求，尊重员工的物质利益和精神需求。

2. 正确运用激励方法

正确运用激励方法是保证。要运用管理激励、奖惩激励、领导行为激励、榜样激励等各种方法激励员工，调动员工的积极性，才能使他们为实现组织的目标而努力。

3. 保持与员工的沟通

保持与员工的沟通是必要条件。这种沟通是双向的，一方面将组织的信息传递给员工，使员工了解组织，理解和支持组织的决策；另一方面将员工的信息传递给组织，使组织了解员工，并作出正确的决策。

4. 满足员工参政议政的积极性

满足员工参政议政的积极性是重点。要尽量创造条件满足员工参政议政的热情，让员工以主人翁的精神关心组织的各项工作。

(二)股东关系

股东是组织的投资者，是以集资和入股的形式向组织提供资金以获取利润的个人或团体。股东应包括以下三类：一是普通股东；二是集资的职工；三是董事会成员。在公共关系活动中，股东也是组织内部公共关系工作的重要对象。股东与组织的利益相关点有以下四个。

(1) 股东是组织的"财源"。

(2) 股东是组织的"权源"。

(3) 股东是组织的"信息源"。

(4) 股东是组织的"宣传员"。

因此，组织必须要与股东搞好关系：第一，要维护股东的正当权益；第二，要满足股东的心理需求；第三，要争取股东对组织决策的参与和支持。

二、与外部公众关系的沟通

外部公众是组织生存与发展的重要条件，是独立于组织体之外的组织或群体，是组织在社会上的各种社会关系的总和。处理好与外部公众的关系，才能使组织立足于社会，获得根本性的、长久的发展。外部公众关系主要有以下四种。

(一)消费者关系

消费者是指组织的服务对象，包括有形产品、无形产品的消费者，精神产品、物质产品的消费者。在公共关系活动中，消费者是组织中最重要的也是数量最大的外部公众。消费者与组织的利益相关点如下。

(1) 消费者的需求是企业组织生存和发展的前提。

(2) 消费者的态度和意见是组织生存和发展的重要因素。

因此，作为组织必须要搞好与消费者的关系，必须做到以下几点：①树立消费者至上的理念。②自觉维护消费者的权益。③满足消费者的需求，为消费者提供优质服务。④正确处理和妥善对待消费者的各种投诉，化解矛盾，求得理解或谅解。⑤加强对消费心理的研究，有针对性地开展公共关系工作。

(二)社区关系

社区即组织所处的地域。社区关系是指组织与所在地地方政府、社会团体和其他组织及当地居民之间的睦邻关系。社区公众是指组织所处地域内与组织具有一定关系的各种组织和群体。在公共关系中，社区公众也是组织的一种重要的外部公众。任何组织都是处在一定的社区中，并同社区公众发生着联系。

社区与组织的利益相关点如下。

(1) 社区为组织提供可靠的社会服务。

(2) 社区为组织提供良好的员工生活环境。

(3) 社区为组织提供丰富的劳动力资源。

(4) 社区为组织提供稳定的顾客源。

组织要搞好同社区的关系，必须做到：按规定向社区政府机关交纳税金；向社区居民提供优质的产品和服务；保护社区环境；促进社区经济繁荣；支持社区的公益活动；维持社区安定；为社区带来荣誉。

(三)媒介关系

组织的媒介关系主要是指组织与新闻传播机构或新闻传播工作者的关系。新闻界公众是指服务于报社、电台、电视台等部门的记者、编辑、节目主持人、专栏作家等。在公共关系中，新闻界在信息社会中具有巨大的作用，有人把服务于新闻界的记者称为"无冕之王"，新闻界在公共关系的信息传播中具有传播信息量大、传播范围广、传播速度快、传播保证度强、传播费用低、易为组织所接受等特点。

新闻界与组织的利益相关点如下。

(1) 新闻界可为组织树立形象服务，扩大组织的知名度和美誉度。

(2) 新闻界可为组织了解公众信息和社会舆论服务，可为组织把握生存和发展的环境影响因素提供参考。

因此，组织要想处理好与新闻界的关系，必须做到以下三点。

(1) 尊重新闻媒介公众的职业道德。

(2) 尊重新闻规律。

(3) 保持经常接触。

(四)政府关系

政府关系是指社会组织与政府公众的关系。政府即国家行政机关，是对社会进行统一管理的国家权力机构。在公共关系活动中，政府是一种重要的外部公众。任何一个组织作为社会的一部分，都必须服从政府对整个社会的统一管理，因此必须处理好与政府的关系。

组织与政府的利益相关点如下。

(1) 政府作为国家的权力机构，通过制定和执行政策来管理社会，组织的一切活动都必须在政策法令的允许范围之内进行。

(2) 政府是最具社会影响力和经济实力的组织，它对其他社会组织的赞赏、批评、支持、援助或制裁，都会对组织造成巨大影响。

(3) 政府是重要的信息中心，许多信息与组织的发展息息相关。

要搞好同政府的关系，关键在于妥善处理好国家整体利益和组织自身局部利益的关系，组织必须做到以下三点。

(1) 树立全局观念，克服本位主义，力求为社会多做贡献。

(2) 遵守政府的政策、法令和法规，服从政府有关部门的管理和领导。

(3) 加强与政府的信息沟通和联系。组织在处理与政府的关系中，并不是完全被动的。例如，在意见沟通方面，组织可进行公共关系中的信息双向沟通工作，一方面，将政府的有关信息传递给组织，使组织的行为符合政府的政策、法令；另一方面，将组织的信息传递给政府，帮助政府了解组织，使政府作出正确决策，以利于组织的发展。

任务剖析

如果我是企业的经营者，对于职工间由于争风吃醋、钩心斗角而出现矛盾重重的现象，首先，重视员工的个性并尊重员工的价值；其次，正确运用激励方法；再次，保持与员工的沟通；最后，满足员工参政议政的积极性。

模拟训练

情境设定一

某公司王经理就机构改革一事要与公司员工进行一次思想沟通,为了保证沟通的效果,特找来公共关系人员小马,询问他主要应该向员工介绍哪些内容?小马应该如何回答经理的询问?

训练要求:

(1) 理解所给资料,确定角色分工。

(2) 进行现场模拟。

(3) 组织全班学生进行评价,并对参与表演的学生给予表扬。

情境设定二

阶段 1 材料(张先生):

你是新上任的人事经理,已经有三个星期了。你准备会见一个员工——卢先生,他已受过三次惩处。根据卢先生上司的建议,你打算解雇他。

卢先生的上司说:卢先生的工作效率低,在他的同事中,他的产量低。他的工作时间应该是从上午 8:30 到下 4:30,而且他也知道,但他公然违反公司的规定,一周内三次在 3:30 下班。如果允许他在公司继续工作下去,将会影响其他员工。他的第一次惩处是因为工作效率低并且早退。在受到第一次惩处后,他的上司就这个问题找他谈过话,但是他没有改进,因而受到第二次惩处。由于他的行为依然如故,所以他受到第三次惩处。他的上司在给你的报告中说,他想立即解雇卢先生,但没有提出确切的解雇时间。

像卢先生这种专业化的冲模制造工确实很短缺,在你的大企业内,许多部门都需要这种工人。一般来说,你应该给他第二次机会,然而,公开违反公司的规定是不能容许的。因此你决定立即解雇他。

你刚刚学过倾听的理论和方法,现在给你一个练习倾听技能的机会。

阶段 2 材料(卢先生):

你被叫到张先生的办公室进行一次面谈。你的上司刚刚对你进行第三次惩处,这将意味着你要被解雇。你感到很难理解惩处你的理由。作为你的上任上司,非常重视你的天资和能力,对你的工作绩效给予很高的评价。你是一个工具和模具工人,并是车间的设备检修员,你的手工作业精度是其他工人所不能及的。你在你现在的工作岗位上已有 5 年,而且一直坚持在夜校学习机械工程学。由于你不断地进行自我培养,使得你有能力为一个项目设计出一套检测装置。为此,你收到来自设计部门的一封感谢信,感谢你帮助他们纠正了设计上的错误。这封感谢信的副本被送到你的前任上司手里。你的家不在这个城市,每天早上你8:30就开始上班,每周有三天你必须早走,以便准时赶到夜校。你每周工作时间是46小时,你的前任上司准许你去学习,并说要通知人事部门。

当你接到关于惩处你的通知时,你曾试图向你的现任上司解释缘由,特别是关于前任上司允许你外出学习的事,同时说明你所从事的工作难度高。然而每次你的上司都说他太忙,没有时间同你交谈,只告诉你不许早退和工作快一点。你觉得你的新上司太难处,而你又羞于向他诉说你的困难。现在你来到了人事经理张先生的办公室。

训练要求:

(1) 理解所给资料,确定角色分工。

(2) 进行现场模拟。

(3) 组织全班学生进行评价,并对参与表演的学生给予表扬。

拓展阅读

在企业公共关系开展得如火如荼的时候,政府公共关系也浮出水面。

2001年12月27日,上海市优秀公关案例评选中,浦东新区政府与黄浦区建委两个公关项目双双获得上海市优秀公共关系金奖。

据悉,政府公共关系项目获奖,在全国也是头一回。专家评论说,其意义远远超过了获奖本身。它表明,政府越来越注重对自身形象的塑造。注重沟通与互动,将成为一个现代政府的重要标志。

公共关系专家对浦东新区政府获奖项目"浦东开发开放10年回顾与展望"给予了很高的评价。区委宣传部副部长华信祥是项目的主要实施人之一。他介绍,通过这个项目,成功地向世界传递了下面的信息:浦东的投资环境进一步优化,不仅包括高速增长的经济,也包括符合国际惯例的运行规则。

今天的浦东概念,实际包含三个层次:地理概念,浦东处在长江和太平洋沿岸T字形交叉口,条件优越;经济概念,浦东代表高速增长、运转规范的经济区域;政治概念,浦东是上海现代化建设的缩影,是中国改革开放和形象的标志。

2000年12月,一位中央党校省部长班学员说,浦东的10周年宣传攻势可真大,在北京就感受到了。2001年6月的一次浦东海外招聘会上,原计划2000人的规模,结果竟有4000人参加。

良好的政府公关,为浦东带来了直接的财富效应。在全球经济一片低迷的情况下,浦东的综合经济、外商投资和商品进出口额保持高速增长，并以崭新的城市面貌成功地接受了APEC2001峰会的考验。

谈及实施这个项目的初衷，华信祥说，浦东新区政府调研发现，10年开发、开放极大地提高了浦东的国内及国际知名度。但究其认识的深度、广度，尚有欠缺，国外直接投资仍有很大潜力，海外主流社会仍需更多地了解浦东。

因此，活动从一开始，就运用现代公关理念，坚持在"品牌化、连续性、针对性"上下功夫，时时不忘突出浦东的品牌效应。

作为"中国改革开放的重点，上海现代化建设的缩影"，浦东在任何场合都重点突出这一点。通过媒体报道、系列研讨、庆祝联欢、各界人士看浦东等活动，制造了一个又一个舆论高潮。活动延续了近两个月。

而晨曦中的黄浦江畔矗立的东方明珠和金茂大厦，更成了浦东的地标。

华信祥说："这幅照片是经过精心选择的，与浦东的定位非常吻合。因此，我们在很多场合反复使用，从而使人们无论是在世界哪个地方，一看到这幅图画，马上就会想起这是上海，这是浦东。"

黄浦区建委的获奖项目是"延安路高架动迁"。它则凸现了公共关系在沟通公众与政府关系上的重要作用。

俗话说，动迁难，难于上青天。延安路高架工程动迁任务艰巨，东段工程黄浦区指挥部承担的任务——全长2.6公里，沿线有2809户居民、282家单位、4户个体户，占到全部东段问题的2/3以上。如果政府不能赢得动迁方的理解与配合，势必困难重重。因此，指挥部经过精心策划之后，把工作重点放在与群众的沟通上。结果，仅用两个多月就顺利完成了任务。

作为一个新生事物，政府公共关系从幕后走向前台，其实在浦东也经历了一个认知的过程。华信祥对此深有感触。以前，当地官员对此认识得也不深，后来在国外考察时发现，美国的各级政府都专门设有公共关系官员，专门负责推介政府形象，沟通民众与政府的关系。公共关系在政府事务中起到了相当重要的作用。

从1995年开始，浦东新区政府就每年邀请境外记者前来浦东采访报道，让在浦东投资的中国公司现身说法。现在，这已成为浦东的常设项目。2001年，浦东新区政府光接待境外记者就达260多人次。

同时，他们聘请专业公关公司帮助打理，进行浦东形象包装。每年，浦东都编辑一本《浦东概览》，还出版了《浦东发展白皮书》。

浦东新区政府也十分强调公关的针对性。去年，英国《金融时报》花了16个版面对浦东进行全方位报道,在全球都引起了反响。很多留学生激动地打电话说,国际著名媒体拿出如此多的版面来报道中国,前所未有,而浦东新区却没有花钱。

华信祥说,这是因为我们在政府公共关系中,找到了一个各方利益的平衡点、结合点、共同点。

今年,一个更新的想法正在酝酿中,就是浦东新区政府准备花巨资聘请国际一流公关公司对浦东进行全方位包装,以吸引更多的投资。

记者获悉,在浦东新区人大常委会,官员的公共关系沟通能力已经成了衡量政绩的一个指标。华信祥同时也是新区人大常委。他说,入世以后,政府也面临转型,如果缺乏与社会各界的沟通能力,那么一个官员的能力是不完整的。

作为与公众沟通的强有力手段,公共关系正越来越受到各级政府的重视。众所周知,北京申奥成功,良好的公关功不可没。

事实上,政府公共关系,不仅被当成政府从事管理活动的一个重要方法,也被看成是社会政治生活民主化程度的一个标尺。政府公共关系从幕后走向前台,折射出一个信号,一个现代化的政府将是一个互动的政府,是一个注重民众参与和沟通的政府。

(资料来源:中国青年报,2002-01-11.)

效果评价

从公共关系传播的实际工作岗位出发,有针对性地设计了仿真工作的任务,则需要对具体工作任务完成的过程和结果进行检验与考核。特设计模拟训练评价表,如表 5-1 所示。

表 5-1 模拟训练评价表

姓名			学号					
班级			专业					
评价项目	自我评价				小组评价			
	优	良	中	及格	优	良	中	及格
1. 公共关系传播任务明确								
2. 实训过程态度端正								
3. 新闻素材符合要求								
4. 新闻稿格式符合标准								
5. 团队合作能力强								
6. 实训过程中协调沟通能力强								
综合评价								
教师评价								

项目六　专题活动

【能力目标】培养各种专题活动的策划与组织能力、沟通协调能力。
【知识目标】了解各种专题活动的含义,理解并掌握各种专题活动的具体操作步骤。
【素质目标】增强和提升学生在实际工作中的团队意识和敬业素质。

任务一　新闻发布会

● 任务目的及要求

通过教学实践,能准备有关新闻发布资料,能联络新闻发布会场事宜并接待现场媒体采访活动;要注意新闻发布会的程序及礼仪,从而培养学生对新闻发布会的组织能力和策划能力。

● 任务描述

某公关礼仪服务公司即将开业,为了使该公司提升自身的知名度,并获得社会公众的良好评价,特召开一次新闻发布会。由你来组织这次新闻发布会,该如何设计这次新闻发布会的程序呢?

一、新闻发布会的含义及功能

社会组织的生存和发展离不开信息。社会组织在取得成绩时要与公众分享自己的喜悦,在遭遇突发事件时要向社会说明事件的真相和自己的态度,在这些情况下,社会组织往往要考虑在适当的时候采取一定的形式和渠道把那些重要的信息向社会公众进行发布。

利用新闻媒介进行的信息发布活动就是新闻发布。

在现代社会中,新闻发布活动的典型形式就是新闻发布会。新闻发布会是社会组织为发布重大新闻或阐述重要方针政策而专门约请新闻记者参加的会议。

新闻发布会的基本功能有以下三点。

(1) 提高知名度。通过发布信息,可引起公众对组织机构的关注。

(2) 开展媒介关系。通过活动为新闻界提供了解组织机构的机会,可以建立或进一步巩固双方的关系。

(3) 影响舆论。通过阐述组织机构的方针政策,引导公众意见和态度朝着对组织机构有利的方向转变。

新闻发布会是现代组织机构从事的一种十分正规的和隆重的信息传播活动。它的参与者是对社会发展有特殊影响作用的新闻记者。活动的成败事关组织机构发展的大计，不允许出现差错和失误。对此，公共关系人员要有十分清醒的认识。

二、新闻发布会的程序及特点

社会组织通过新闻发布会不仅可以公布本组织的一些重大新闻，而且可以利用新闻发布会的影响力澄清事实，说明原委，塑造形象，所以要突出新闻发布会程序的特点。

(一)新闻发布会的程序

(1) 宣布开始。主持人宣布新闻发布会开始，致简短欢迎词，介绍议题和议程，推出新闻发言人。

(2) 发布新闻。新闻发言人讲话，可以宣读新闻发布稿，也可以按发言提纲发布新闻。

(3) 答记者问。由主持人指定提问记者，新闻发言人回答记者的提问。主持人自始至终掌握着时间和节奏，到了事先规定的时间，会宣布"最后一位记者提问"。

(4) 宣布结束。新闻发言人回答完最后一位记者的提问后，主持人宣布新闻发布会结束。

(5) 提示会后安排。主持人提示会后记者的活动，如参观生产车间和厂容、赠送礼品等。

(二)新闻发布会程序的特点

1. 条理清晰

一般来说，组织机构举行新闻发布会的目标比较单一，贯穿始终的往往只有一个主题。因此，新闻发布会的程序比较简单，条理也很清晰。发言人的演讲不是面面俱到的总结性报告，不涉及太多的枝节问题。主持人也总会运用娴熟的技巧把某些记者"旁敲侧击"式的提问巧妙地引导到会前设定的主题上来。

2. 节奏明快

节奏明快是新闻发布会的又一显著特点。一方面，社会组织自身沿袭了其他大型新闻发布会限定时间的惯例，新闻发言人的演讲和说明往往简洁明快；另一方面，受新闻媒介截稿时间的限制，新闻记者的工作作风更以快节奏著称。这两方面的因素决定了新闻发布会在程序安排上时间紧凑、节奏明快。

3. 符合规范

新闻发布会是正规、隆重的信息发布活动，多年来的国内外实践形成了基本的规范，并已经以相对固定的程序延续了下来。除非出于组织机构的特殊需要，一般不做大的改动。

◉ 拓展案例

1998年11月10日，某实业公司举行了"××饮料进东北"新闻发布会。××饮料是一种保健型天然饮料，由中国医学科学院药物研究所研制，采用纯天然原料精制而成，富含18种人体必需的氨基酸、多种维生素和稀有元素硒及其他营养成分，具有营养滋补、益气养神、抗衰防老、解酒益肝等独特功效。随着生活水平的提高，人们保健养生的观念逐渐增强，××实业公司将此饮料引进东北市场，确是一件好事，它对于增加饮料家族类型、活跃饮料市场，增强人们的健康观念很有意义。公司通过新闻发布，迅速、及时、广泛地将此消息告知东北公众。新闻发布会的组织者精心策划，认真准备，严密组织，主要做了以下工作。

(1) 把省市主要电台、电视台、报纸杂志社的记者们作为邀请对象，也把国家级的一些新闻机构驻省办事处或记者站的记者作为邀请对象，提前发出了邀请信或请柬。

(2) 布置了会场，突出了自然、轻松、欢快的格调。

(3) 安排了礼仪服务，包括迎宾、签名等，准备了水果，并把新闻发布会上的主角"××饮料"作为会议上的招待饮品，加深记者对饮料的感受。

(4) 确定了该实业公司刘总经理为主要新闻发言人，公关部王小姐为主持人，规定的议程为：①总经理致辞，介绍了引进"××饮料"的意义和过程；②生产厂家代表讲话；③中国医学科学院药物研究所专家作饮料保健功能科学报告；④观看饮料研制和功效及厂家情况介绍等内容的录像；⑤答记者问。

(5) 准备了招待午宴和联谊舞会，一方面增进情感沟通和信息交流；另一方面使代表们能更好地体验饮料功能特别是解酒功效。

(6) 为感谢记者的到来，准备了纪念品"××饮料"。新闻发布会顺利地召开并取得了成功。通过新闻发布会，传播了组织的商品信息，初步打开了商品市场，塑造了组织形象，密切了组织同新闻界及记者之间的联系。

三、新闻发布会的组织

要想使新闻发布会组织成功，会议的组织和安排工作是非常重要的，这就需要公共关系人员在会前进行周密的规划，做好充分的准备。

(一)准备新闻发布资料

1. 综合性资料

综合性资料是指能系统地概括组织机构的运营状态，准确地反映组织机构的整体面貌的材料。例如，一家商场或一个公司，哪怕刚刚成立一天，也有自己的经营范围、产品结构、市场分布、服务网络等；优秀的企业往往还有自己的经营理念、企业文化、知识产权等。

2. 专业性资料

新闻发布资料还包括与本组织机构所在行业相关的专业技术材料。用于新闻发布会的专业性资料主要包括以下几个：①专业技术标准。本组织依据什么样的标准从事生产或提供服务，省级、国家级还是 ISO 9000 标准。②达标情况。现在提供的产品或服务是否达到标准，经过哪个权威部门验证过。③现有技术力量。人员、设备、工艺水平如何。④专业术语。本组织机构经常使用并在社会上传播较广的专业术语有哪些？分别表示什么含义？公众应该怎样理解这些术语？⑤针对新闻发布内容准备的其他专业技术资料。

3. 说明性资料

说明性材料是指用于解释说明新闻发布会主题的一揽子材料。新闻发布会上一种目的十分明确的信息传递活动，事先必须用准备充分的材料来说明为什么要举行这个发布会，同时还要预想：在确定的主题下记者会提出什么样的问题，对这些问题应当如何说明。

4. 实物资料

为产品获奖、新产品上市而举行的新闻发布会，可以展示奖杯、证书和新产品样品。为澄清事实而举行的新闻发布会，也可以展示实物资料，作为澄清事实的"物证"。为了加强与新闻界的感情联络，同时也是出于树立品牌形象的需要，有些新闻发布会要提供广告宣传品，这也是实物资料。这些都要事先做好准备。

(二)邀请新闻媒介

1. 确定新闻媒介

确定新闻媒介是新闻发布会前期准备中的一个重要环节。新闻媒介的选择是否恰当，直接关系着新闻发布会的效果，甚至决定着新闻发布会的成败。确定新闻媒介需要做好以下两个方面的工作。

(1) 分析新闻媒介。新闻媒介有各自的宣传宗旨和受众群体，有自己的报道倾向和社会影响力。熟悉新闻媒介、了解不同新闻媒介机构的特点，对制订新闻发布计划、确定新闻发布会的邀请对象是有帮助的。对新闻媒介的分析，需要考虑以下因素。

什么媒介——报纸、杂志还是广播、电视。这些媒介各有优势，又都有自己的局限性，因此，在选择媒介时，既要考虑单一媒介的长处，又要考虑尽可能发挥不同媒介的组合优势。

哪一级传媒——全国性媒介还是省级、本地媒介。要考虑新闻发布内容需要传播多大的范围。传播范围小了固然起不到宣传效果,盲目扩大宣传范围则不仅会造成浪费,还有可能造成被动的局面。

哪一种传媒——综合性媒介还是专业性媒介。要考虑新闻发布会的主题。

(2) 确定邀请名单。对新闻媒介的性质进行分析后,就要确定新闻发布会的邀请名单了。邀请名单是以本组织机构为原点,由近及远确定的,包括与本组织机构有长期良好的合作关系的;与本组织机构有过接触、有初步印象的;与本组织机构有误解、需要加深关系的;与新闻发布会的主题有直接关系的;名气大,通过恰当方式可以邀请到的。

2. 邀请新闻媒介人员

在西方社会,新闻记者有"无冕之王"之称。在我国,新闻记者是党和人民的"喉舌",肩负着传播信息和宣传政策的双重职能。新闻记者这种特殊的社会地位决定了组织机构在邀请新闻记者时要特别慎重——必须合乎规范,不能马虎行事。

邀请的程序如下。

(1) 匡算邀请记者的人数,初拟被邀媒介、记者的名单。

(2) 与新闻媒体联系,落实被邀媒介、记者的名单。

(3) 制作、填写新闻发布会请柬。

(4) 发出邀请。对于重要媒介,要派人正式邀请;对于一般媒介,可以通过电话口头邀请或通过传真发送请柬。这里的"重要媒介"不一定是级别最高的媒介,但一定是不太好请而本次新闻发布会又必须有其出席的新闻媒介。

(5) 落实出席新闻发布会的媒介及记者的人数。

3. 注意事项

(1) 新闻发布会的规模是由新闻发布内容决定的,媒介、记者数量要适中,并不是越多越好。

(2) 重要媒介的参与是新闻发布会成功的关键,应当与重要媒介做好沟通工作,以确保其派记者出席。

(3) 新闻发布会是正式的活动,邀请记者的程序必须奉行"先公后私"的原则。不论公关人员与记者多么熟悉,都要履行"组织机构—媒介机构—新闻记者"的正规程序。

(4) 不要以利益诱惑的方式吸引新闻记者或对记者作特殊许诺,这是公共关系职业道德和新闻宣传纪律所禁止的。

(三)布置新闻发布会现场

1. 会场的环境布置

进行会场的环境布置时,要注意选择富于时代感的公共关系设计人员来布置会场,使会场既能体现企业精神，又能使记者及其他来宾产生宾至如归的感觉。具体来说主要包括：气温、灯光、噪音等问题要考虑周全；会场应设有记者或来宾签到处，签到处最好设在入口或入场通道处，会场座位安排要分清主次，特别是有贵宾到会的情况下；在记者席上准备好相关的书面材料，供记者们深入、细致、准确地了解所发布消息的全部内容。

2. 工作人员的选择

工作人员的选择主要是确定会议主持人和主要发言人。会议主持人的作用在于把握主题范围，掌握会议进程，控制会场气氛，促成会议的顺利进行；此外，在必要时还承担着消除紧张气氛、化解对立情绪、打破僵局等特殊任务。主要发言人要透彻地掌握本企业的总体状况及各项方针政策，面对新闻记者的各种提问，要头脑冷静，思维清晰，反应灵敏，要具有很强的语言表达能力，措辞精确，语言精练、流畅，发表的意见要具有权威性。主要发言人一般由企业主要负责人或部门负责人担任。

此外，工作人员的选择还包括选择发布会现场服务人员。现场服务人员要严格挑选，从外貌到自身的修养均要合格，并注意服务人员的性别比例，以便发挥"异性效益"。服务人员的主要工作有如下几项：①安排与会者签到；②引导与会者入座；③准备好必要的视听设备；④分发宣传材料和礼品；⑤安排好餐饮工作；⑥安排一名摄影师专门拍摄会场情况，以备将来宣传和纪念之用。

3. 不同场所的要求

新闻发布会的场所有三种不同的选择：可以布置在自己的会议室；可以选择本地的宾馆；还可以到异地选择其他场所。

(1) 会议室现场的布置。组织机构的新闻发布会，多数情况下是在自己的会议室内举行的。在自己"家"里开会，有人可能会觉得是件省钱省力、以逸待劳的事情，实则不然。任何新闻发布会均具有双重职能：发布信息和展示形象。新闻记者为其所需要的信息而来，同时，他们也会以特有的敏锐目光去审视组织机构的运转情况。如果在记者的眼中出现组织现状与新闻发布会内容不协调或互相矛盾的景象，会使新闻发布会的价值大打折扣。因此，组织机构要想借助新闻发布会在传播信息和塑造形象上获得双丰收，必须既有"两条战线作战"的思想准备，又能有行动上的最佳表现——把组织机构的运转调整到最佳状态，把新闻发布会现场布置得井然有序。

(2) 本地的宾馆发布会现场的布置。规格较高的新闻发布会一般在宾馆举行，现场的布置可以委托宾馆进行。基本设施和布置方法与在公司会议室内相同。除此之外，服务要求更加规范、周到，服务人员要一律佩戴标有"××公司新闻发布会"字样的绶带。国内企业以往规格最高的新闻发布会曾经在人民大会堂举办过，影响大，花费也大，而且往往需要很长时间进行联系和准备。

(3) 异地发布会现场的布置。新闻发布会如果需要移师异地举行，则可繁可简。如果事情紧急，新闻发布内容又容易引起新闻媒介关注的，可以在形式上不拘一格；或借游园活动联系记者；或借文化沙龙发布消息等。总之，在异地举行新闻发布会，现场布置的原则是：一般规范与灵活多样相结合；可以因地制宜，不必过分讲求形式；最重要的是保证新闻发布会的效果。

四、新闻发布会的礼仪

礼仪是处于一定社会关系中的人们共同认可和遵循的行为规范。与其他正式社交场合一样，新闻发布会有一套完整的礼仪规范。与大多数社交场合不同的是，新闻发布会的礼仪规范中较少有客套的东西，它的核心是真诚，真诚地面对新闻记者，坦诚地公布与本组织相关的信息。如果不能做到这一点，就应当采取其他方式进行信息发布。

新闻发布会的礼仪主要体现在以下六个方面。

(一)称谓

对新闻记者的称谓，基本要求是规范。见面打招呼时不论男女，均以"姓氏+职业"的方式称呼，如"张记者""李记者"；新闻发布会上，面对全体记者时的主要称呼语是"各位记者"或"尊敬的记者朋友"，为了烘托气氛，可附加"女士们，先生们，朋友们"等称呼语。

(二)礼节

与新闻自身简洁、注重时效性的特征相适应，新闻发布会上的礼节，最大的特点是简单。虽然我国素有礼仪之邦的美誉，俗语也有"礼多人不怪"一说，但礼节也会使人疏远，尤其是过于客套、过于周到的礼节，不仅使人局促，而且有时会令人产生华而不实或不胜其烦的感觉。而新闻发布会上的礼节太多、太烦琐的话，就更与新闻发布会的主旨和新闻记者的职业习惯不相适应。因此，在新闻发布会期间和发布会前后的必要场合，对新闻记者的接待以简单得体为宜，不必刻意铺陈和曲意逢迎。

(三)仪表

新闻发布会要求主持人和发言人注意自己的仪表。新闻发布会的仪表要求是正规：正规的发式、正规的服饰，即男士要剃须理发，西装革履；女士要略施粉黛，着装庄重。流行时装发布会等特殊性质的新闻发布会要求会有所不同。

在仪容仪表方面需要克服如下倾向：一是，个人的情趣和偏好，因为新闻发布会展示的是组织形象,而不是个体的形象;二是,不要过分突出公司着装的统一,因为这样容易让人将其与广告宣传联系起来,反而影响新闻发布会的效果。

(四)态度

公共关系人员的待人处世态度是组织行为的一个重要组成部分。一般而言,诚恳的态度是成功交流的法宝。在新闻发布会上,或者有新政策需要发布,或者有问题需要公众谅解,抑或面对记者连珠炮般的发问,最基本最有效的策略仍然是诚恳的态度。从正反两方面的经验来看,与"无冕之王"打交道,虚与委蛇或故意兜圈子都只能适得其反。

(五)言辞

在开放的现代社会中,优雅的谈吐,动听的言辞,已经或正在成为成功交际的钥匙。在新闻发布会上,组织机构与新闻记者沟通的基本媒介同样是言辞,但发言人能够使用的修辞手段比较有限。原因是,新闻发布会强调新闻性,而新闻是一种简约的文体,新闻的力量在于"用事实说话"。相对于事实本身蕴含的逻辑力量和记者的广闻博识,多数修辞手段,如排比、对仗、夸张等,不仅会显得苍白无力,而且会显得蹩脚,不尊重记者,不合礼仪。只有用肯定的言辞去发布事实确凿的信息,才能够使人感受到"用事实说话"的力量和对新闻记者的尊重。因此,用肯定的言辞发布信息乃是新闻发布会最有力的言辞手段和最得体的礼仪。

(六)议程

新闻讲究时效性,因此新闻发布会要议题紧凑、节奏明快。即使新闻记者的态度明显与发言人的意见相左,发言人都只能力争用肯定的语调公布事实确凿的信息,即"用事实说话"。而主持人则应该审时度势,尽力把记者的提问和发言人的回答及时引入符合主题的正确轨道。发言人和主持人在新闻发布会上应忌用"无可奉告"之类的外交辞令,更不要狡辩,不要抢白记者和随意打断记者的问话。

● 任务剖析

(一)准备工作
准备好此次新闻发布会的相关资料。
邀请媒体,包括确定媒体:报纸、杂志、广播、电视及网络等,拟定记者名单。
布置新闻发布会现场。
新闻发布礼仪的准备。

(二)发布会程序

主持人宣布×××公司开业庆典新闻发布会现在开始。

(1) 总经理做新闻发布。

尊敬的各位领导、嘉宾及新闻媒介朋友，你们好！

在这金色的收获季节，我们在这里播种希望，在社会各界的大力支持和帮助下，×××公司开业庆典于××活动中心隆重举行。

我是公司的总经理，我谨代表公司全体职员向新闻界的朋友、公共关系界同仁和社会各界友人发出诚挚的邀请，欢迎您参加庆典，到公司参观指导，我们将准备精彩的节目盛情款待每一位嘉宾……

(2) 答记者问。

(3) 请记者提问最后一个问题。

(4) 宣布闭会。

(5) 记者招待餐。

模拟训练

情境设定一

某公司即将隆重推出一批新研制的产品，为此要召开一次新闻发布会，该公司的公共关系部受命承担此次发布会。为了确保不出差错，公共关系人员将发布会程序的内容按照顺序写在纸上，而且对每个程序的内容还作了具体提示，如先讲什么，后讲什么，谁来讲等。

问题分析：

请根据现有资料模拟新闻发布会。

训练要求：

(1) 将全体同学进行角色分配，并熟悉新闻发布会的内容和程序。

(2) 拟写新闻发言稿、记者所提的问题，布置会场。

(3) 现场模拟。

(4) 对本次实训进行总结，指导教师进行点评，并对表现优秀的学生进行表扬或奖励。

情境设定二

在某公司举行的一次新闻发布会上，主持人面对全体记者说道："张记者、王记者、刘记者等记者朋友们，欢迎你们参加今天的新闻发布会。"

为了开好这次新闻发布会，公司领导非常重视，专门安排了20名迎宾小组、20名礼宾先生，聘请了大型乐队，记者们进场时，鼓乐齐鸣，彩旗招展，并且给每位记者披红戴花。

为了体现个性和特色，主持人和发言人对自己的仪表进行了精心修饰。女主持人穿了一件大红色的旗袍，盘起古典式发型，仪态万方。男主持人特意蓄起了又黑又浓的胡须，穿了一件对襟棉衫，戴了一项礼帽，颇有绅士派头。

在发布会上，主持人和发言人为了显示自己的知识和口才，多次使用比喻、排比、对仗、夸张等手法，还与记者兜圈子，甚至油腔滑调地捉弄记者。为了营造活跃的气氛，他们毫无限制地让记者自由提问，但对一些难以回答的问题多次使用"无可奉告"之类的外交辞令，使记者们哭笑不得。

问题分析：

请问这次新闻发布会是否符合礼仪？为什么？正确的做法是什么？

训练要求：

(1) 将全体同学分成几个小组，以小组的形式进行讨论，并形成讨论文案。

(2) 每个小组选派代表阐述讨论的内容。

(3) 小组之间相互评分，并对优胜的小组进行奖励。

任务二 其他公共关系专题活动

任务目的及要求

通过教学实训，在理解公共关系专题活动基本知识的基础上，培养学生熟悉公共关系专题活动的具体操作步骤，培养学生的活动执行能力，培养学生对专题活动的组织能力和策划能力。

任务描述

公关礼仪服务公司开业一年来，各项工作开展得有声有色，为了使该公司进一步提升自身的知名度，并获得更好的社会评价，决定召开公司成立一周年庆典活动。由你来组织这次周年庆典活动，该如何设计这次活动的程序呢？

一、展览会

展览会是指社会组织通过集中实物展示和示范表演，配以多种传播媒介的复合传播方式，来宣传产品和组织形象的专门性公共关系活动。

展览会是公共关系专题活动经常采用的方式，它综合运用各种媒体和手段推广产品，宣传组织形象，建立良好的公共关系，具有较强的直观性和真实感，可以极大地提高社会组织及其产品在社会公众心目中的可信度。另外,在展览会上还可以了解公众意见,更近距离地接收公众的建议,相互沟通。由此可见,展览会可以说是一种树立形象、推广产品的好形式。

(一)展览会的特点

1. 直观、形象

一个展览会通常是一个非常直观、形象的传播方式,既有实物现场展示,还有现场操作表演,很容易给公众身临其境、眼见为实的感觉,从而加深公众对组织和产品的印象。

2. 双向沟通

展览会上一般会有专业讲解人员对展品进行讲解和示范,并回答公众提出的各种问题,这样既可以当面向公众展示自身的形象,也可以直接地收集公众的反馈意见,并且有针对性地就某种特殊情况和个别公众进行交流,能够很好地做到双向沟通。

3. 复合传播

展览会是一种复合性的传播方式,通常以展出实物为主,同时采用多种媒介进行整合传播,配以文字宣传资料、图片、幻灯片、录像、网络等文字媒介、声音媒介和图像媒介等,再加上清晰的解说、生动的造型艺术,综合了多种传播媒介的优势,带有一定的娱乐性,可以唤起观众的好奇心,强化观众对展品的印象。

4. 高效集中

展览会可以一次展示许多行业的不同产品,也可以集中同一行业的多种品牌来展示,是一种高度集中和高效率的沟通方式。它为参观者提供了更多的机会,并节省了其大量的时间和费用;同时,组织也可以提高知名度和美誉度,许多参展者也正是通过展览会建立自己的良好形象并打开展品销路的。

5. 新闻轰动

展览会活动是综合性的大型活动,期间会有大批厂家和参展商汇集,很容易创造轰动效应,组织除了进行自我宣传外,还能成为新闻媒介的报道对象,成为新闻报道的题材。新闻媒介对展览会和展品的报道也会对公众产生很大的影响。参展组织完全可以通过展览会提高自己的知名度,降低自己的广告成本。

(二)展览会的类型

根据展览会的性质、规模、种类等因素,展览会可以分为以下四种类型。

1. 按性质划分

根据展览会的性质，可以分为贸易展览会和宣传展览会。贸易展览会以展出实物产品为主；宣传展览会则是为了宣传某一观点、思想和信仰，或者是让参展者了解某一段相关史实，通常以展出照片资料、图表和相关实物达到宣传的目的。

2. 按规模划分

根据展览会的规模，可以分为大型综合展览会、小型展览会和微型展览会。大型综合展览会规模大、参展项目多、参展内容齐全，搞好大型展览会需要很高的展览会举办技术，通常是由专门的组织机构或单位承办，企业应邀参加，是一种全方位的展示活动；小型展览会规模小，一般由组织或企业自己承办，展品也是本组织或本单位的产品或成果，一般选择图书馆大厅、酒店房间等地点；微型展览会则一般是橱窗展览和流动车展览等，看似简单精简，实则技巧性极强。

3. 按种类划分

根据展览会的种类，可以分为单一商品展览会和混合商品展览会。单一商品展览会又称专题展览会，通常由企业或行业性组织承办，展品单一，需要鲜明的展示主题和集中而有尝试的内容；混合商品展览会展出的商品很多，种类复杂，参展商也来自不同的地方、行业和组织。

4. 按场地划分

根据展览会的场地，可以分为室内展览会和室外展览会。室内展览会最大的优势是不受外界天气影响，一般比较隆重，举办时间灵活，这是大多数展览会选择的方式，但是展厅布置比较复杂，成本较高；室外展览会最大的优势是展厅布置简单，场地大，可以放置大宗的展品，所需费用较少，但是受天气变化影响极大，灵活性相对来说比较差。

(三)展览活动的组织与策划

1. 确定主题

只有明确了主题，才能使图、文、物的混合使用更有针对性，才能使展览活动的整体效果得以体现。每一次、每一种展览会都应该有明确的主题和目的，对所有展品进行合理的排列组合，使展品得到充分的展示。主题要写进展示计划中，使之成为日后评价效果的依据。

2. 编辑规划

根据展览主题进行整体展示活动的规划和构思。任何一个展览会都是一项系统工程，要求必须有一个详细的整体设计，因此这就需要有专门人员对展品、图文等进行编辑，撰写展览脚本，包括展览场地、标语口号、参展单位及项目、辅助设备、相关人员安排、信息发布及与新闻联络、会标和主题画设计等，都要有周密的安排，任何一个环节出现问题都会影响整体展览活动的效果。

3. 确定展品排列方式

通过科学地排列展品，使展品展出后整齐、美观，富有艺术色彩。

4. 设计版面

画展板小样，进行版面上文字和图表的制作、图片粘贴及版面的美化。

5. 撰写解说词

解说词要写得具体、合理、精练，写好后交给解说员，要求他们能够熟练背诵解说内容。

6. 预算费用开支

一个展览会的费用支出主要包括场地费用、会场设计和布置费用、工作人员费用、联络费、交际费、广告费、印刷费、保险费等，预算人员需要根据展览的预期效果来考虑支出费用。

(四)展览会效果评估

展览会效果评估是指展览会结束后，充分了解公众对展览会的意见和建议，测定展览的实际效果，为以后的展览会提供参考。

(1) 主办有奖测验活动。根据展览内容，设计一些试题，试题的内容可有重点、有选择地确定，可以有填空题或问答题，当场测验，当场解答，然后根据成绩当众发送奖品。这样既活跃了展览气氛，又达到了宣传的效果，同时也为测定展览效果提供了统计的依据。

(2) 设置观众留言簿，主动征求观众意见。

(3) 举办观众座谈会，请观众畅谈观后的感想和意见。

(4) 登门访问。

(5) 发出问卷，进行问卷调查。

通过这些活动，对展览会进行效果测定，同时也了解公众对主办单位的意见和建议，为以后的展览会提供参考。

二、庆典活动

庆典活动是社会组织在发生值得庆祝的重大事件后而举行的一种公共关系专题活动。在现代社会，越来越多的社会组织通过庆典活动与目标公众联络感情、沟通关系。因此，庆典活动已成为社会组织进行公共关系工作的重要形式。

(一)庆典活动的种类

庆典活动包括两类，一类是典礼型活动，包括奠基典礼、落成典礼、开业典礼、签字仪式、剪彩仪式、就职仪式等；另一类是喜庆型活动，包括周年贺庆、庆功会、颁奖会、节日联欢会、庆祝宴会、节日舞会、大型文艺演出等。这里具体介绍以下三种。

1. 开业典礼

开业典礼即开幕仪式，是社会组织第一次与公众见面，包括各种博览会、展览会、运动会和各种文化节日的开幕典礼。

开业典礼是一个组织诞生的标志，是开展某项重大活动的开始，"开张大吉"一般会给公众留下深刻印象。社会组织举行一个热烈、隆重、特色鲜明的开业庆典会迅速提高组织的知名度，为组织自身塑造良好的形象，给社会公众留下深刻而美好的印象。

2. 节日庆典

节日庆典是利用盛大的节日或共同的喜事而举行的表示快乐或纪念的庆祝活动。常见的节日庆典包括法定节日庆典，如春节、中秋节、国庆节等。

3. 周年庆典

周年庆典是指组织在发展过程中的各种内容的周年纪念活动，包括组织"生日"纪念。如工厂的厂庆、商店的店庆、宾馆的馆庆、学校的校庆等。

社会组织利用本单位的周年纪念日，尤其是逢五周年或十周年的纪念日举行庆典活动，既可以宣传本单位几年来的成就，扩大社会影响，也可以展望未来，鼓舞士气，凝聚人心。

(二)庆典活动的操作程序

在庆典活动开始前，要做好必要的准备工作，主要包括撰写典礼具体程序、拟定出席典礼的嘉宾名单、确定致辞人员名单、确定剪彩人员、落实各项接待事宜。

正式开始时可遵照下列程序操作。

(1) 主持人宣布典礼开始。正式场合上要奏国歌或奏厂歌、校歌等。

(2) 宣读重要来宾名单。

(3) 剪彩或授奖、签字等。

(4) 致辞。主宾分别致辞。

(5) 典礼完毕，安排气氛热烈的节目。

(6) 参观、座谈或聚会。

(7) 赠送纪念品。赠送纪念品使来宾们有受到尊重的感觉，以此达到情感的相互交流。

三、赞助活动

赞助活动是社会组织对某一社会事业无偿地给予捐赠和资助，以获得一定组织形象传播效益的公共关系专题活动。

公共关系赞助活动是举办专题活动中最常见、最重要的方式之一。目前，社会组织通过对文体、福利事业和市政建设及一些社会活动进行赞助，来扩大组织影响，提高美誉度，已经成为十分普遍的现象。

(一)赞助活动的作用

(1) 通过赞助活动做广告，增强广告的说服力和影响力，从而扩大社会组织宣传的可信度和影响力。

因为社会组织赞助的活动一般是公众比较关心的，借助公共关系赞助活动，能使公众在关注这些活动的过程中很容易、很自然地接受提供赞助的社会组织，从而使社会组织在扩大知名度的同时提高其宣传的可信度。

(2) 通过赞助社会公益事业，可充分表明社会组织作为社会成员所做出的贡献。

社会组织不仅仅是谋求经济利益，还会关心社会公益事业，向社会表达爱心，从而树立组织的良好形象，赢得政府、社区及相关公众的支持。

(3) 通过赞助社会公益事业，可赢得社会公众的信任，谋求社会公众的好感。

赞助活动的主要目的是提高组织的知名度和美誉度。公共关系赞助活动是一种无偿付出，以增进社会组织与公众的感情沟通，为社会组织日后的发展奠定基础，创造良好的环境。

(4) 通过赞助社会公益事业，有助于扩大产品销售，增强组织的实力。

借助公共关系赞助活动可使公众关注社会组织本身和产品，促进产品销售。

(二)赞助活动的类型

1. 赞助体育运动

赞助体育运动是社会组织赞助中最常见的一种形式。随着我国人民生活水平和体育运动水平的提高，人们对体育运动越来越感兴趣，因此，社会组织通过对体育运动的赞助，往往易于增强对公众施加影响的尝试和广度。赞助体育运动的方式一般包括提供经费、饮料、食品、服装、器械、人员，也包括组织体育比赛等。

2. 赞助文化活动

文化活动吸引的公众层面很宽，影响很大，品位也比较高，赞助的文化活动主要有音乐会、电视电影节目、文化娱乐演出、书画展、摄影作品展等。社会组织赞助文化活动，有利于增进社会组织与公众的感情交流，改善社会组织形象，对社会组织的潜在影响巨大。具体做法包括资助重大文娱比赛、资助重大文艺会演、资助影视片的拍摄、向文化团体提供补充经费等。

3. 赞助教育事业

赞助教育事业有两点优势：一是赞助教育事业是一项智力投资，使社会组织与相关学校可以建立良好的关系，有利于社会组织的人才招聘和培训，为组织提供长期发展的后备力量；二是为社会组织树立关心教育的良好形象。

4. 赞助社会慈善和福利事业

这是社会组织和社区、政府搞好关系，扩大组织的社会影响力的重要途径，是社会组织对整个社会承担义务和责任的重要手段，也是社会组织在社会获得知名度、美誉度的重要方式。

这类资助人情味很浓，体现了社会组织高尚的道德品质，容易获得公众的好感，其形式主要有捐款、捐赠生活设施和其他所需物资等。

5. 赞助学术理论研究活动

这是一种高层次的、直接追求社会组织的社会效益和长远影响的赞助活动，是社会组织向社会表明自己服务于整个社会的态度的一种手段。例如，赞助医学方面的研究，赞助经济和改革理论的研讨等。

◉ 任务剖析

在周年庆典活动开始前，要做好必要的准备工作，主要包括撰写典礼具体程序；拟定出席典礼的嘉宾名单；确定由公司总经理致辞和嘉宾致辞；确定为庆典活动剪彩的礼仪人员；成立接待小组和后勤服务小组。

正式开始时可遵照下列程序操作。

第一，主持人宣布典礼开始。

第二，宣读重要来宾名单。

第三，鸣鞭炮，敲锣鼓，放彩带、飞鸽、气球等。

第四，剪彩。

第五，致辞。由总经理致辞，贵宾致辞。

第六，典礼完毕，安排气氛热烈的助兴节目。

第七，安排宴请来宾，赠送纪念品。

模拟训练

情境设定一

被称为"中国魔水"的健力宝饮料，在中国家喻户晓，其运动型饮料被广大消费者所接受，所取得的成绩与其采取的恰当的公共关系赞助活动密不可分。事实上，健力宝三次大规模的赞助活动，直接促成了企业的发展。1984年洛杉矶奥运会，健力宝集团抓住时机展开攻势，以实物赞助的形式，使其成为重返奥运大家庭后，首次参加国际最大规模体育盛会的中国体育代表团的首选运动饮料。15枚金牌的巨大成功，使健力宝随中国体育走向世界，并确立了其"中国魔水"的地位和美誉。1987年的广州第六届全运会，健力宝集团再次以雄厚的经济实力，赞助250万元人民币，取得了全运会运动饮料专用权。集团当年的销售额猛增到3亿元人民币，产品出口到9个国家和地区。1990年北京亚运会，健力宝以600万元的赞助，又一次获得指定运动饮料专用权。同时以260万元赞助亚运会火炬接力活动。中国首次举办大型国际体育盛会的空前成功，使健力宝再一次腾飞。

三次大型体育盛会的成功，使人们认识到健力宝的贡献，也使社会认识到：健力宝是中国体育事业的支持者，健力宝促进了中国体育的发展。健力宝自己也获得了巨大的成功，不仅提高了企业的知名度、信任度和美誉度，而且确立了企业的市场地位。

问题分析：

运用公共关系相关理论分析健力宝的成功。

训练要求：

(1) 全体同学分成几个小组，以小组的形式进行讨论，并形成讨论文案。

(2) 每个小组选派代表阐述讨论的内容。

(3) 小组之间相互评分，并对优胜的小组进行奖励。

情境设定二

美国IBM公司每年都要举行一次规模隆重的庆功会，对那些在一年中做出过突出贡献的销售人员进行表彰。这种活动常常是在风光旖旎的地方举行，如百慕大或马霍卡岛等地。对3%做出突出贡献的人所进行的表彰，被称作"金环庆典"。在庆典中，IBM公司的最高层管理人员始终在场，并主持盛大、庄重的颁奖酒宴，然后放映由公司自己制作的表现那些做出了突出贡献的销售人员的工作情况、家庭生活，乃至业务爱好的影片。在被邀请参加庆典的人中，不仅有股东代表、工人代表、社会名流，还有那些做出了突出贡献的销售人员的家属和亲友。整个庆典活动，自始至终都被录制成电视(或电影)片，然后拿到 IBM 公司的每一个单位去放映。

IBM 公司每年一度的"金环庆典"活动，一方面是为了表彰有功人员，另一方面也是同企业职工联络感情、增进友情的一种手段。在这种庆典活动中，公司的主管同那些常年忙碌，难得一见的销售人员聚集在一起，彼此毫无拘束地谈天说地，在交流中，无形地加深了心灵的沟通，尤其是公司主管那些表示关心的语言，常常能使那些在第一线工作的销售人员"受宠若惊"。正是在这个过程中，销售人员更加增强了对企业的亲密感和责任感。

(资料来源：司爱丽. 公共关系实用教程[M]. 北京：机械工业出版社，2010.)

问题分析：
(1) IBM 公司的庆功会在公司内部究竟有哪些重大意义？
(2) 这种活动对其他公司有何借鉴呢？

训练要求：
(1) 全体同学分成几个小组，以小组的形式进行讨论，并形成讨论文案。
(2) 每个小组选派代表阐述讨论的内容。
(3) 小组之间相互评分，并对优胜的小组进行奖励。

● 拓展阅读

1998 年，北京大学举行百年校庆。给母校怎样的贺礼，这是北大未名生物集团的员工早就开始思考的问题。几位"北大人"原来曾想过更换未名湖畔的旧椅子，为北大幼儿园添置新设施等方案，但后来都觉得没有发一趟校庆专列好。

因为北大的百年是与祖国风雨同行的百年，她的每一件大事都与中国的大事件紧密相连，而最能表达这个意境的就是一列列车。这是一列世纪列车，尽管有颠簸，有风雨，但永远是向前的。另外，专列还象征着时代列车。深圳是改革开放的前沿，专列从深圳始发，象征着祖国沿着改革开放之路滚滚向前。

开这个专列还有一个切实的考虑：校友们毕业后即奔赴四面八方，从事不同的工作。工作繁忙，使他们很难有机会相聚畅谈，专列运行 32 个小时，校友们可以尽情畅谈交流。

基于以上的种种考虑，百年校庆专列的大胆想法形成了。

这个创意得到了铁道部及下属单位的大力支持。深圳到北京有一趟列车，但京九线沿途的省会城市少，不方便，所以决定走京广线，可是京广线的始发站是广州。铁道部作出了一个前所未有的决定：专列起始站改到深圳，然后走京广线。

他们还专门组织召开了有关铁路部门与北大校庆筹委会参加的联席会议，会上专题研究了北大校庆筹委会提出的有关车内彩旗、横幅等宣传布置问题，车上就餐问题，车上广播娱乐活动，老弱病残服务问题及车上安全问题，对这些问题双方逐一进行了协商。同时，为了保证落实，于当日下午，由广州客运段陪同北大校庆筹委会人员到车站实地察看了 16 次列车，为他们做好准备工作提供了条件。

1998 年 4 月 30 日 20:05，专列在盛大的欢送队伍的注视下顺利发车，激昂的情绪始终伴随着大家。"北大往事"演讲最初由一个车厢推举一人参加，后来，则是大家踊跃报名，抢着要说。一名校友为百年校庆做了几首歌，一上车，他就教大家唱，许多车厢开始对歌。由三节硬座车厢组成的"长明教室"，使很多人回忆起学校彻夜开放的教室。大家聊天、唱歌，久久不肯睡去。在长 5 米、宽 1 米的条幅上签名留念，使校友们激动欢喜，这条签名条幅将送到北大史馆收存。列车每到一站，车上的校友就敲锣打鼓下车迎接上来的校友，"欢迎北大专列'新生'"的横幅令每一个准备上车的校友倍感亲切。一位已经 60 多岁的老校友说："'新生'两个字让我想起了刚入学的情景，仿佛自己仍是一个无知青年，再次回到北大的怀抱。"

(资料来源：张玲莉. 公共关系原理与实务[M]. 北京：高等教育出版社，2003.)

效果评价

从公共关系专题的实际工作出发，有针对性地设计了专题活动模式，指导学生进行模拟训练，故需要对实训过程的结果进行检验与考核。特设计了模拟训练评价表，如表 6-1 所示。

表 6-1　模拟训练评价表

姓名					学号			
班级					专业			
评价项目	自我评价				小组评价			
	优	良	中	及格	优	良	中	及格
1. 专题活动准备工作充分、有序								
2. 实训态度端正								
3. 活动计划科学合理、内容全面，可操作性强								
4. 专题活动中的礼仪合乎规范								
5. 在模拟实训中认真负责,积极配合								
6. 实训过程中协调沟通能力强								
综合评价								
教师评价								

项目七　公共关系危机管理

【能力目标】培养公共关系危机分析和处理的能力，以及协调沟通能力。

【知识目标】了解危机公共关系的含义、特征，理解并掌握危机管理计划的内容，危机处理的对策知识。

【素质目标】培养学生的危机公共关系的意识和危机处理的职业素质。

任务一　公共关系危机管理计划的制订

任务目的及要求

通过实践，了解制订危机管理计划的重要性，掌握危机管理计划的内容，并能够有效地组织危机管理计划的制订和审定。

任务描述

2000年8月，江西第一家肯德基餐厅落户南昌，开张数周，一直人如蜂拥，非常火爆。不想一个月未到，却有顾客因争座被殴打而向报社投诉肯德基，造成了一场不小的风波。

事件经过大致如下：一位女顾客用所携带的物品占座位后去排队购买套餐时，座位被一位男顾客占据而发生争执。两位顾客先是因争座发生口角，尽管已引起其他顾客的注意，但都未太在意，此时餐厅员工未能及时平息两人的争端。接着两人由发生口角上升到大声争吵，店内所有顾客都开始关注事态，邻座的顾客则停止用餐，离座回避，带小孩的家长担心事态危险及怕小孩受到粗话影响，开始领着小孩离店。最后二人由争吵上升到斗殴，男顾客大打出手，殴伤女顾客后离店，别的顾客也纷纷离座，远远地看热闹。女顾客非常气愤，当即要求肯德基餐厅对此事负责，并加以赔偿。

到此时，其影响面还局限于人际范围，如果餐厅经理能满足顾客的要求，女顾客就不至于向报社投诉。但餐厅经理表示"这是顾客之间的事情，肯德基不应该负责"，拒绝了女顾客的要求。女顾客马上打电话向《南昌晚报》和《江西都市报》两报投诉。两报立即派出记者到场采访。女顾客陈述了事件的经过并坚持自己的要求，而餐厅经理在接受采访时对女顾客被殴表示同情和遗憾，但是认为餐厅没有责任，不能作出道歉和赔偿。两报很快对此事作了报道，结果引起众多市民的议论和有关法律专家的关注。事后，根据《消费者权益保护法》，肯德基被认为对此事负有部分责任，应向女顾客公开道歉，并赔偿部分医药费，两报对此也都作了后续报道。

(资料来源：国英. 公共关系与现代礼仪案例[M]. 北京：机械工业出版社，2005.)

思考：什么是公共关系危机？面对危机能否做到临危不乱？

一、危机及公共关系危机

(一)危机

"危机"一词有三个释义：一是指潜伏的祸机，如危机四伏；二是指生死成败的紧要关头，如战争危机、信任危机等；三是专指经济危机。这些危机不仅给组织造成人和财物的损失，而且会严重损坏组织形象，使组织陷入困境，因此组织处理突发事件、处理危机的能力如何，是关系到组织生死存亡的大事。

(二)危机的特征

危机有很多特征，主要表现在以下四个方面。

1. 突发性

危机事件总是在意想不到、没有准备的情况下突然爆发，它具有突发性的特征。虽然任何危机都存在一定的潜伏期，但它的突发性还是会给组织带来混乱和惊慌，使人措手不及，如果提前对事件没有任何准备就可能造成更大的损失，使组织与公众的关系突然恶化。

2. 难以预测性

组织所面临的危机往往是在正常生产情况下难以预料地出现的，它在某种程度上具有不可预测性，会给组织带来各种意想不到的困难。特别是那些组织外部的原因造成的危机，如自然灾害、国家政策的改变、科技新发明带来的冲击等，它们往往是组织始料不及并难以抗拒的。

3. 严重的危害性

无论是何种类型的危机，对组织、对社会都会造成相当的损害。对组织来说，它不仅会破坏目前的正常生产秩序，使组织陷入混乱，而且还会对组织未来的发展、经营带来深远的影响，特别是发生了有人身伤亡的事故之后，还会给组织带来直接的物质损失，或造成不可逆转的破坏。

4. 舆论的关注性

现代社会，大众传播十分发达，并且危机事件内容往往与公众有直接关系，危机事件常常会成为舆论关注的焦点、热点，成为媒介捕捉的最佳新闻素材和报道线索。有时，它会牵动社会各界的神经，所以说危机对组织带来的影响是深刻而广泛的。

(三)公共关系危机

公共关系危机专指危机中的公共关系，是公共关系在危机中的开发和应用，即用公共关系手段减少危机给组织与社会公众带来的影响，进而寻求社会公众对组织的谅解，以重新树立和维持组织形象。当危机或灾难发生时，需要我们从不同的方面予以调查、处理和解决。公共关系只是解决危机问题的一个视角，是危机管理或问题管理的一个重要组成部分。

● 拓展案例

> 2004年11月16日下午，《河南商报》告知巨能河南办事处，将有一篇关于巨能钙的批评报道于第二日见报。巨能河南办事处负责人即前往该报社进行沟通，表示只要该报不出该报道，一切都可以商量。11月17日，《河南商报》以"消费者当心，巨能钙有毒"为题，披露巨能公司所销售的巨能钙含有致癌的工业用过氧化氢(双氧水)，引起舆论哗然，国内各大媒体和网络纷纷于当日进行了转载，不少药店也将巨能钙撤下柜台，危机从河南迅速扩散到全国。11月18日，巨能公司发布声明，承认巨能钙含有微量双氧水，但不会对人体有危害。11月19日，巨能公司在北京召开新闻发布会，强调虽含有微量双氧水，但属于安全范围之内，要求国家权威部门就巨能钙"有毒无毒"进行评判，同时指出事件缘起于恶意攻击，并将追究《河南商报》混淆视听、不实报道之责。11月19日下午，巨能集团发布致全国媒体和消费者的一封公开信。当晚，《河南商报》予以坚决回应，称销售受损是巨能公司咎由自取。在巨能与《河南商报》就巨能钙安全性进行争辩时，巨能钙在全国的销售几乎限于停顿状态。12月3日，卫生部的检测报告称"巨能钙过氧化氢(双氧水)含量在安全范围内"，巨能钙立即通过各地媒体通告了卫生部的评判意见及再致消费者的公开信。
>
> 在卫生部检测结果公布后，巨能实业副总裁则认为整个事件是北京某竞争对手策划的，而《河南商报》代总编辑则驳斥此种说法纯属造谣。
>
> (资料来源：叶秉喜. 考验——危机管理定乾坤[M]. 北京：电子工业出版社，2005.)

(四)危机管理和危机管理计划

危机管理有广义和狭义之分。广义的危机管理是指公共关系人员在危机意识的指导下，根据危机管理计划，对可能发生或已经发生的危机事件进行预测、监督、控制和协调处理的全过程。狭义的危机管理通常与危机处理的概念一致，仅指对已经发生的危机事件的处理过程。

危机管理计划是特定企业或社会组织为了预防危机的发生或在危机发生时尽可能减少损失而制订的较为全面、具体的关于危机事件预防、处理和控制的书面计划。它是制定危机管理手册，开展危机管理教育的基本依据。

制订危机管理计划的目的：其一，预防危机发生；其二，减少危机发生；其三，使补救工作有序进行；其四，维护声誉，抓住机遇。

二、危机管理计划的类型

要制订符合实际的计划，需要了解危机管理计划的类型。依据内容或工作的侧重点看，危机管理计划分为危机应急计划和危机传播计划。

(1) 危机应急计划是企业或社会组织在全面分析预测的基础上，针对出现概率较大的危机事件而预告制订的有关工作程序、措施方法、应对策略等的书面计划。危机应急计划的侧重点是：具体危机出现后，如何施救、处理。

(2) 危机传播计划是针对企业或其他社会组织出现声誉受损、形象受损及伤亡事故等制订的旨在维护声誉、消除误解、告知大众的书面计划。危机传播计划的侧重点是：危机事故发生后的新闻传播、信息控制。

三、危机管理计划的主要内容

危机管理计划是危机处理的纲领性文件，它是危机管理工作的全面反映。国外危机管理专家指出，书面危机管理方案应定期更新内容，还要让人们熟悉并深入了解。作为专业的公共关系人员应该十分熟悉危机管理计划的主要内容和组织工作。

(一)危机管理计划的组织工作内容

危机管理计划的组织工作主要包括以下内容。

(1) 确认危机管理小组的领导人、负责人、专业成员和相应的工作。

(2) 聘请危机管理专家对危机管理小组全体成员进行培训，强化危机管理意识，统一认识。

(3) 根据小组成员的工作经历、经验或特长进行分工。

(4) 危机管理小组负责人或领导人委派小组成员开展调查，分析预测可能出现的危机，并写出分析报告；如果需要，还可以请危机管理小组以外的人士开展危机调查和预测。

(5) 检查、审核分析报告，或者对比分析报告(危机管理小组以外的人士提供)。

(6) 召开危机管理小组成员和专家会议，研究、分析危机处理的程序和对策。

(7) 达成基本一致的意见后，将危机管理计划形成书面计划。

(8) 将计划稿印发给危机管理小组成员，再次进行修改。

(9) 形成正式的危机管理计划，以企业或组织文件的形式印发执行。

(二)一份完整的危机管理计划应包括的内容

一份完整的公共关系危机管理计划书应包括以下三个部分。

1. 序曲部分

(1) 封面。封面应包括计划名称、生效日期及文件版本号。

(2) 总裁令。由组织最高管理者发言，并签署发布，确保该文件的权威性。

(3) 文件发放层次和范围。明确规定文件发放层次和范围，确保需要阅读或使用本计划的人员能够准确获悉本计划的内容；同时，文件接收人应签署姓名和日期，以表明对本计划的认可。

(4) 关于制订、实施本计划的相关管理制度。其包括保密制度，制订、维护和更新计划的方案，计划审计和批准程序及启动本方案的时机和条件。

2. 正文部分

正文部分通常包括 12 个方面的内容。

(1) 危机管理的目标和任务。该部分主要是对建立危机管理体系的意义、在企业中的地位和要达到的目标进行描述。

(2) 危机管理的核心价值观和企业形象定位。这是组织进行危机管理的纲领。

(3) 危机管理的沟通原则。危机管理的核心是进行有效的沟通，保持对信息流通的控制权。危机管理的沟通原则有内部沟通原则和外部沟通原则，包括对员工的沟通原则、对受害者的沟通原则、对公众的沟通原则、对媒体的沟通原则、对政府的沟通原则、对股东和债权人的沟通原则、对供应商和经销商的沟通原则、对竞争对手的沟通原则等。

(4) 建立危机管理小组。这部分工作包括：确定首席危机官或危机管理经理；确定危机小组的组成人员，并对各成员的权利和职责进行描述和界定；确定培训和演习方案；确定替补方案；如果在危机发生后危机管理小组成员因故不能履行职责，需要确定人员替补方案及计划变通方案；确定外部专家组成员；确定指挥、沟通与合作程序。

(5) 危机管理的财物资源准备。①危机管理计划的预算包括：危机管理小组的日常运转费用，危机设备的购买、维护和储备的费用及危机管理计划实施的费用；②财物资源的管理包括：由谁管理，通过何种途径获得，如何使用等；③财物资源的应急措施包括：当企业所储备的资源用完后，应如何获取相应资源；④财物资源的维护制度包括：定期检查、修理或更换制度；⑤财物资源的使用制度包括：由谁使用，如何使用等。

(6) 法律和金融上的准备。这主要是指在紧急状态下，法律和金融方面的求助程序。

(7) 危机的识别与分析。识别危机是对企业的薄弱环节及内外部危机诱因进行列举；

分析危机是对危机发生的概率、严重性进行分析和评估。

(8) 危机的预控措施。

(9) 危机的发现、预警和报告程序。其主要包括：制定危机预警体系的程序；建立、改进和维护危机预警体系；如何界定危机信息；危机信息汇报的原则和程序；危机预警后的反应措施。

(10) 危机的应变指挥程序。其主要包括：界定不同危机的应变方式和危机管理人员的应变职责，启动危机管理程序；确定危机应对方案，减少损失和消除负责影响；确定危机管理小组成员工作的原则和程序，信息汇报制度，决策制度；确定人、财、物的调度制度；确定内外部沟通制度和程序，确定求助程序，向外机构请求帮助。

(11) 恢复和发展计划。危机带来哪些长期影响？如何消除影响？如何恢复正常的组织运营程序和经营活动？恢复和发展计划则对此予以解决：确定恢复和发展的原则，确认危机管理小组成员在危机后的工作安排，回答员工关心的问题，统一员工思想，解除外部公众和媒体的疑问，稳定债权人、股东、供应商和经销商队伍，争取他们的支持，积极与政府部门配合，赢得竞争对手的尊重。

(12) 危机管理的评估。危机结束后，对危机管理的评估程序包括：文件存档、评估损失、检讨危机管理行为等。

3. 附录部分

罗伯特·希斯(Robert Heath)把附录部分称为 PACE 清单。P 是指准备；A 是指行动；C 是指联系；E 是指装备。PACE 基本上涵盖了附录部分的核心内容。具体来说，附录部分主要包括流程图、应用性表单、内部联络表、外部联络表。

(1) 流程图，即危机管理各流程的图表。

(2) 应用性表单，即整个危机管理程序中所涉及的环节中必须应用的表单，如危机记录和监控表单、危机汇报表单等。

(3) 内部联络表，内容主要包括危机管理人员的姓名、职位、联系方式及职责。

(4) 外部联络表，内容主要是危机应对过程中外部相关组织(如政府、行业协会、银行、保险公司、供应商、经销商等)的联络方式。

◎ 任务剖析

公共关系危机专指危机中的公共关系，是公共关系在危机中的开发和应用，即用公共关系手段减少危机给组织与社会公众带来的影响，进而寻求社会公众对组织的谅解，以重新树立和维持组织形象。

南昌肯德基餐厅缺乏危机公共关系意识，组织形象受到影响。

面对出现的问题，要制订相应的危机公共关系计划方案，包括确立公共关系危机管理的宗旨，确立危机管理小组，沟通计划，物资准备等。

模拟训练

情境设定一

某商场是一家老国有企业，由于缺乏服务意识，近年来公共关系纠纷频繁，甚至还出现过重大危机事件，导致各种社会关系严重失衡，经营管理等日常活动也受到了影响。为了摆脱不利境地，商场负责人下决心要重新整顿企业形象，公共关系部门对公共关系工作做了重新规划，并制订出了危机计划，但请来的公共关系专家审阅后认为该管理计划不够完善。

问题分析：

一个完整的危机管理计划的主要内容和项目有哪些？

训练要求：

(1) 明确实训目的：通过危机计划书的制订，明确危机计划书的内容，学会理论联系实际，提高学生的实战水平。

(2) 确定实训地点：校内实训室。

(3) 实训指导：

① 将全体同学分成几个小组，以小组的形式进行讨论，形成危机计划文案；

② 每个小组选派代表阐述方案的内容；

③ 小组之间相互评分，并对优胜的小组进行奖励。

(4) 实训要求：危机管理计划方案具有可操作性；语言通顺，逻辑性强，条理清楚。

情境设定二

请阅读下面的危机管理办法，并根据此办法回答后面的问题。

(一) 总则

为有效管理突发事件，树立、维护公司形象，特制定本办法。

(二) 危机事件界定

危机事件包括以下几点。

(1) 重大工伤事故。

(2) 天灾人祸或不可抗力事件(失火、水灾、地震、职业病)。

(3) 突发性企业危机(兼并、收购、破产)。

(4) 公司产品或信誉危机。

(5) 其他重大事件(环保、罢工)。

(三)组织保障

(1) 公司日常成立或在危机事件发生后成立一个应对危机的基本委员会，由安保、工程、人事、公共关系、行政部门经理组成。委员会要经常性地交换信息、资料，保持应对突发事件的准备状态。

(2) 以安保人员为主，组织救援队，进行经常性的、针对不同事故的演习，保持应对突发事件的就绪状态。

(四)危机管理对策

1. 危机管理原则

(1) 迅速反应，积极回应。

(2) 坦诚相待，化险为益。

2. 公共关系对策措施

(1) 搜集事件的全部情况。

(2) 确定对外宣传基调，通过发言人传播出去。只从一个渠道，用一个声音传递一种信息，做到始终如一，口径统一。

(3) 积极与新闻界沟通，为其提供报道信息；随着事态的发展，不断提供后续信息，以避免在信息堵塞的情况下，记者寻找其他新闻来源。

(4) 尽快坦诚发表不利于公司的事实真相，用诚意减少、消灭猜疑和谣言。

(5) 把危机发生的始末记录在案，留作证据，对危机管理计划定期或不定期地进行更新和改进。

3. 公共关系危机处置事项

(1) 不要用多个声音对外发布消息。

(2) 通告所有接待人员、接线员应对来访、来电询问的办法，并转告委员会。

(3) 不要做非正式声明或表态。

(4) 不要大事化小、小事化了或以沉默来回避问题。

(5) 不要在内部做无谓的争论，把责任推来推去，应以解决危机为主要目标。

(6) 危机发生后，应始终鼓励公司员工的士气。

(五)附则

本办法由公共关系部负责解释、补充，经总经理批准颁布。

问题分析：

这个计划在格式和内容方面的优点和缺点各是什么？

项目七 公共关系危机管理

训练要求：
(1) 将全体同学分成几个小组，以小组的形式进行讨论，并形成讨论文案。
(2) 每个小组选派代表阐述讨论的内容。
(3) 小组之间相互评分，并对优胜的小组进行奖励。

任务二　危机处理的对策与技巧

● 任务目的及要求

通过实训，使学生能够应对各种危机，并灵活运用各种技巧，化解危机，协调矛盾；提高学生的随机应变能力和分析问题、解决问题的能力。

● 任务描述

有人投诉某公司产品含有危害人体健康的物质，并威胁如果不给予解决将要向媒体曝光，如果你是公共关系部的经理，如何来应对这场危机？

一、危机管理过程的沟通和协调

任何企业或社会组织都处于不断变化的环境中，需要不断地调整和调适方方面面的关系。从这种意义上来讲，企业或社会组织开展危机管理，其实质就是与自己面对的各种公众进行沟通和协调。专业的公共关系人员及危机管理小组成员必须具备娴熟的沟通和协调技巧，在危机管理过程中积极地建立联系、不断地传递信息、有效地协调各种关系，并根据反馈的信息调整管理策略。

危机管理工作分为危机来临前、危机处理中和危机后期三个时段。在不同的时段，沟通和协调工作的要点不同，技巧有别。

(一)危机来临前

(1) 注重平时的预防工作。企业或社会组织要注重日常的预防和准备工作，为危机发生后的应急性处理做好准备。国外危机管理专家指出，在危机发生时，组织要与政府部门和各种消费者组织打交道。如果你不认识政府有关部门中的任何人，或者从来也没有与公众进行过交谈的话，组织进行应急时就会面临相当大的困难。因此，企业或社会组织必须与那些将来在危机时需要进行沟通的关键集团、组织、政府部门事先建立沟通网络或桥梁。

(2) 为"战时"做好相应准备。例如，对方的单位地址、电话、传真、电子邮件地址、重要人物的家庭住址等资料要准备好；要确认在特殊情况下具体与谁联络。

(3) 切忌仅仅与个别人联系。平时的沟通和协调要以组织为重点,切忌只与个别人保持联系。多数情况下,发生危机的组织最希望得到的是其他组织的帮助而不是个人的帮助。通常,组织的力量大于个人的力量。

(二)危机处理中

国外危机管理专家曾总结出五项适用于各种危机的沟通原则。这些原则也适用于我国的企业或社会组织。这五项沟通原则如下。

(1) 控制事态。危机发生时,必须尽早在物质上和精神上控制住问题的进一步扩展,物质上的控制通常是头等重要的事情。

(2) 开诚布公。处理危机的公共关系人员要做到坦率、忠实,要告诉人们事实真相。

(3) 勇于承担责任。在危机处理过程中,要勇于承担责任,不要企图回避问题、推卸责任或闪烁其词。

(4) 表示同情与关心。组织要利用简短而有效的、持积极态度的声明来对受害人表示出真诚的关心和同情。

(5) 采取积极行动。组织对发生危机作出的反应是采取一系列积极的补救行动。

我国公关专家也总结出危机处理的 5 项原则,称为 5S 原则,即承担责任原则(Shouldering the Matter)、真诚沟通原则(Sincerity)、速度第一原则(Speed)、系统运行原则(System)、权威证实原则(Standard)。

(三)危机后期

当把采取的一系列行动告诉公众之后,人们关注的往往是效果如何。因此,在危机后期要注意以下五点。

(1) 迅速通过适当的方式和渠道传递采取行动之后的效果,尤其是好的效果。

(2) 通过具体的行动,继续表示对受害人及其亲属的关心、同情、慰问和帮助。

(3) 危机管理小组成员总结、交流对危机的处理情况。

(4) 与专业人员、专家交流,评估危机处理的得失。

(5) 搜集所有反馈信息,为调整协调和沟通措施提供依据。

作为公共关系专业人员,在危机的沟通和协调工作中,应该尽可能借助现代化的通信工具来达到自己的目的。为此,危机管理小组的成员或公共关系专业人员,应当随时携带一些必要的装备。这些装备包括移动电话、同事和记者的通信录、手提电脑、录音机(笔)等。

拓展案例

1995 年,苏丹红被确认为致癌物,欧盟和其他一些国家已开始禁止其用于食品;2004

年6月14日，英国食品标准管理局在食品中发现含有苏丹红色素，随即发出警示；2005年2月23日，中国质检总局开始通知全国彻查。

2005年3月15日，肯德基旗下的新奥尔良烤翅和新奥尔良烤鸡腿堡被检测出含有"苏丹红1号"。16日上午，肯德基要求所有门店停止销售新奥尔良烤翅和新奥尔良烤鸡腿堡。当天17:00，肯德基连锁店的管理公司百胜餐饮集团向消费者公开道歉，集团总裁苏敬轼明确表示，将会追查相关供应商的责任。

3月17日，《南方都市报》《广州日报》等媒体在头版头条大篇幅刊登了关于肯德基致歉的相关报道。其他许多媒体也对肯德基勇于认错的态度表示赞赏。19日，肯德基连续向媒体发布了4篇声明，介绍"涉红"产品的检查及处理情况。百胜餐饮集团总裁苏敬轼发布了调查苏丹红的路径图：肯德基产品调料中发现苏丹红成分——调查这两款产品的配料来源——发现该配料来自中山基快富公司——追查所有中山基快富公司进料——锁定来自中山基快富的9批辣椒粉——9批辣椒粉中有2批发现苏丹红成分——查实中山基快富是从宏芳香料(昆山)有限公司采购的原料，根据线索重新追查使用过含"苏丹红"调料的其他连锁店的产品——北京市朝阳区肯德基万惠店抽查发现香辣鸡翅、香辣鸡腿汉堡、劲爆鸡米花三种产品含苏丹红——北京的这三种产品停售。

3月23日，肯德基在全国恢复了被停产品的销售。苏敬轼说，"中国百胜餐饮集团现在负责任地向全国消费者保证，肯德基所有产品现已都不含苏丹红成分，完全可以安心使用"。28日，百胜餐饮集团召开新闻发布会，苏敬轼现场品尝肯德基食品。百胜集团表示决定采取中国餐饮行业史无前例的措施确保食品安全。

4月2日，肯德基开始对四款"涉红"产品进行促销活动，最高降价幅度达到3折，肯德基销售逐渐恢复元气。6日，肯德基主动配合中央电视台《新闻调查》和《每周质量报告》等栏目的采访，记者的关注焦点已由肯德基"涉红"转变为对原料和生产链的全方位追踪。至此，肯德基顺利度过"苏丹红"危机。

(资料来源：王秀方. 实用公共关系教程[M]. 武汉：武汉大学出版社，2011.)

二、危机对策与基本技巧

不同的危机有不同的对象。公共关系危机处理没有固定的答案。这里所谓的对策，从某种意义上来说，仍然是一种原则性的提示，一种日常性的思路。

(一)组织内部对策

(1) 迅速成立处理危机事件的专门机构。假如企业已成立危机管理小组，可在该小组的基础上增加部分人员，如果事先没有设置危机管理小组或与之相似的专门机构，则需要立即成立。这个专门机构的领导应由企业负责人担任。公共关系部的成员必须参加这一机构，并会同各有关职能部门的人员组成一个有权威性、有效率的工作班子。

(2) 了解情况，进行诊断。专门机构应迅速而准确地把握事态的发展，判明情况，确定危机事件的类型、特点，并确认有关的公众对象。

(3) 制定处理危机事件的基本原则、方针、具体的程序与对策。

(4) 迅速通知有关部门，共同参加急救。

(5) 将制定的基本原则、方针、程序和对策向全体职工通告，以统一口径、统一思想认识，协同行动。

(6) 向传媒人士、社区意见领袖等公布真相，表明企业对该事件的态度和通报将要采取的措施。

(7) 危机事件若造成伤亡，一方面应立即进行救护工作或进行善后处理；另一方面应立即通知其家属，并尽可能提供一切条件，满足其家属的探视要求。

(8) 如果是由不合格产品引起的危机事件，应不惜代价立即收回不合格产品，或者立即组织检修队伍，对不合格产品逐个进行检验，此外，还应通知有关部门立即停止出售这类产品。

(9) 调查引发危机事件的原因，并对处理工作进行评估。

(10) 奖励处理危机事件的有功人士、处罚事件的责任者，并通告有关各方。

(二)受害者对策

(1) 认真了解情况后，诚恳地向受害者及其家属道歉，并实事求是地承担相应的责任。

(2) 耐心而冷静地听取受害者的意见，如要求赔偿损失的意见等。

(3) 了解、确认和制定有关赔偿损失的规定与处理原则。

(4) 避免与受害者及其家属发生争辩或纠纷。即使受害者有一定责任，也不要在现场追究。

(5) 企业应避免出现为自己辩护的言辞。

(6) 向受害者及其家属公布补偿方法与标准，并尽快实施。

(7) 应由专人负责与受害者及其亲属慎之又慎地进行接触。

(8) 给受害者安慰与同情，并尽可能提供其所需的服务，尽最大努力做好善后处理工作。

(9) 在处理危机事件的过程中，如果没有特殊情况，不可随便更换负责处理工作的人员。

(三)新闻界对策

(1) 如何向新闻界公布危机事故,公布时如何措辞,采用什么样的形式,有关信息如何有计划地披露等,应事先达成共识,统一口径。

(2) 成立临时记者接待机构,专人负责发布消息,集中处理与事件有关的新闻采访,向记者提供权威的资料。

(3) 为了避免报道失实,向记者提供的资料应尽可能采用书面的形式。介绍危机事件的资料应简明扼要,避免使用术语或难懂的词汇。

(4) 主动向新闻界提供真实、准确的消息,公开表明企业的立场和态度,以减少新闻界的猜测,使新闻界作出正确的判断。

(5) 必须谨慎传播。在事情未完全明了之前,不要对事故的原因、损失及其他方面的任何可能性进行推测并公开,不轻易地表示赞成或反对的态度。

(6) 对新闻界表示出合作、主动和自信的态度,不可采取隐瞒、搪塞、对抗的态度,对确实不便发布的消息,亦不要简单地说"无可奉告",而应说明理由,求得新闻界的认同和理解。

(7) 不要一边向记者发布敏感言论,一边又强调不要记录。

(8) 注意以公众的立场和观点来进行报道,不断向公众提供他们所关心的消息,如补偿方法、善后措施等。

(9) 除新闻报道外,可在刊登有关事件消息的报刊上发布歉意语言,向公众说明事实真相,并向公众表示道歉及表明愿意承担责任。

(10) 当记者发表了不符合事实真相的报道时,应尽快向该记者所属刊物提出更正要求,并指明失实的地方。向该刊物提供全部与事实有关的资料,委派重要发言人接受采访,表明立场,要求公平处理。特别应注意避免与对方产生敌意。

(四)上级领导部门对策

(1) 危机事件发生后,应以最快的速度向企业的直属上级部门实事求是地报告,争取其援助、支持与关注。

(2) 在危机事件的处理过程中,应定期汇报事态发展的状况,求得上级领导部门的指导。

(3) 危机事件处理完毕后,应向上级领导部门详细地报告处理的经过、解决方法、事件发生的原因等情况,并提出今后的预防计划和措施。

(五)有业务往来的单位对策

(1) 危机事件发生后,应尽快如实地向有业务往来的单位传达事故发生的消息,并表明企业对该事件的坦诚态度。

(2) 以书面的形式通报正在或将要采取的各种对策和措施。

(3) 如有必要,还可派人直接到各个单位去面对面地沟通、解释。

(4) 在事故处理的过程中,定期向各界公众传达处理经过。

(5) 事故处理完毕后,应用书面的形式表示歉意,并向理解和援助的单位表示诚挚的谢意。

(六)消费者对策

(1) 迅速查明和判断消费者的类型、特征、数量、分布等。

(2) 通过不同的传播渠道向消费者发放用于说明事故梗概的书面材料。

(3) 听取受到不同程度影响的消费者对事故处理的意见和愿望。

(4) 通过不同的渠道公布事故的经过、处理方法和今后的预防措施。

(七)消费者团体对策

(1) 所有的对策、措施,都应以尊重消费者权益为前提。

(2) 热情地接待消费者团体的代表,回答他们的询问、质询。

(3) 不隐瞒事故的真相。

(4) 及时与消费者团体中的领导及意见领袖进行沟通、磋商。

(5) 通过新闻媒介向外界公布与消费者团体达成的一致意见或处理办法。

(八)社区居民对策

(1) 社区是企业生存和发展的基地,如果危机事件给社区居民带来了损失,企业应组织人员专门向他们致歉。

(2) 根据危机事件的性质,可派人到每一户家中分别道歉。

(3) 在全国性的大报和有影响的地方报刊上刊发致歉广告,明确而鲜明地表示企业敢于承担社会责任、知错必改的态度。

(4) 必要时,应向社区居民赔偿经济损失或提供其他补偿。

除上述关系对象外,还应根据具体情况,分别对事件有关的交通、公安、市政、友邻单位等公众采取适当的传播对策,通报情况,回答咨询,巡回解释,调动各方面的力量,协助企业尽快度过危机,使企业形象的损害控制在最低限度内。

三、公共关系危机处理程序

(一)要迅速掌握危机事件的全面情况

组织的公共关系部门首先要搞清楚是在何时、何地、如何发生的,目前的状况怎么样,损失程度如何,其发展趋势如何,等等。迅速查明危机事件的基本情况,及时启动危机处理方案,有助于社会组织制定对策,迅速地开展工作,减缓危机的进一步扩大;也有助于社会组织统一口径,对外发布消息,获得员工、媒体、客户的关心、支持与帮助。

(二)成立危机管理小组

危机发生后,组织要以最快的速度成立危机处理小组,这是危机管理的组织保证。这个危机小组不是专职的,是在危机发生时才投入工作的,平时的任务是保持联系、沟通信息、预测局势变化趋势、调整应急措施。有了这个危机处理小组可以迅速传递信息,可以使组织统一指挥、协调行动,利用各种有效的人力资源把损害控制在最小的范围内,保证组织具有危机处理能力。

(三)召开新闻发布会

危机一旦发生,会带来一定程度的混乱,引起公众心理上的紧张和恐慌,这时各种谣言最容易流传,社会组织要充分利用舆论,掌握对外报道的主动权,巧妙地用现代传播媒体,召开新闻发布会,以恰当的方式公布各种信息,阻止谣言传播,使公众通过正确的途径了解事实真相,理智地作出分析和判断,正确引导舆论。

(四)处理危机事件真诚、积极、主动

这是危机处理的中心环节之一。公众和媒体不仅要听企业在新闻发布会上的宣言,更要看组织在处理危机中的行动表现。公共关系人员在处理危机事件中要做到坦率、真诚、积极、主动,勇于承担责任,不回避问题。因此,需要组织领导亲临第一线,亲自组织和协调,并诚恳回答记者提问,用行动证明社会组织的态度。

(五)认真处理善后工作

对客户和消费者来说,善后工作包括赔偿、安慰和关怀,尤其对受到伤害的社会群体或个人要表示同情和关心,体现人道主义精神。

(六)总结检查，汲取教训

危机管理小组应对危机处理情况作出全面检查、评估，并将检查结果向董事会和股东报告，向公众和报界公布。有些重大事故也可采取刊登广告的形式检讨自己。通过总结检查，改进组织在危机管理方面存在的薄弱环节，并将经验教训写成书面教材，教育员工。修正危机管理计划，唤起组织全体人员对危机的重视。

● 任务剖析

(1) 具备危机防范意识，态度认真、积极。
(2) 与消费者沟通，及时查找问题，避免事态扩大。
(3) 反馈信息，总结经验教训。

● 模拟训练

情境设定一

2001年9月即中国传统节日中秋节前后，南京著名的冠生园食品厂用回收的陈旧月饼馅做月饼一事被中央电视台"新闻30分"栏目曝光，继而全国多家媒体纷纷报道此事，一时舆论哗然。我们且来看以下几个有代表性的媒体的报道的标题。

"南京冠生园株连九族，各地冠生园绝地反击"——华西都市报，2001年9月10日。
"冠生园再演公地悲剧"——中国青年报，2001年9月11日。
"百货大楼悬赏万元，众商家苦撑月饼残局"——北京晚报，2001年9月11日。
"上千万订单成废纸，众'冠生园'月饼被退货"——华西都市报，2001年9月11日。
"市场销售跌入冰点，月饼遭遇信任危机"——新华网，2001年9月11日。

从这些报道中不难看出，这一件事对南京冠生园公司，对全国各地的冠生园公司，甚至对整个月饼行业都产生了极为严重的影响。事件的直接肇事者南京冠生园公司更是一蹶不振。据中国新闻网2002年3月6日报道，南京冠生园公司以经营不善，管理混乱，长期亏本为由正式向南京市中级人民法院申请破产。

(资料来源：沈瑞山. 实用公共关系[M]. 大连：大连理工大学出版社，2005.)

问题分析：
(1) 南京冠生园公司所面临的是否是公共关系危机？为什么？
(2) 如果你是公司负责人，该怎样处理这种公共关系危机？

训练要求：
(1) 将全体同学分成几个小组，以小组的形式进行讨论，并形成讨论文案。

(2) 每个小组选派代表阐述讨论的内容。
(3) 小组之间相互评分，并对优胜的小组进行奖励。

情境设定二

某律师在消费当地一家颇有影响力的食品企业所生产的食品时，发现产品存在严重的质量问题。于是，他与企业进行了交涉。企业接待人员告诉他，研究后给其一个答复，但此后便没了下文。无奈，律师将有质量问题的食品拿到当地一家颇有影响力的报社，将情况反映给记者。该报社遂派记者到企业进行现场采访。记者们在企业拍摄到了多处违反国家食品生产规定的现场画面。该企业领导发现后强行索要记者所拍资料，不成后，将记者扣留。在当地公安人员的解救下，记者们在被困1个多小时后得以安全返回。事后，该报以系列报道的形式将消费者反映的有关该企业的问题，以及记者在企业中所拍摄的材料、经历公布于众，企业经营一时陷入困境。

问题分析：
(1) 该企业经营陷入困境的原因是什么？
(2) 如果你是该企业的负责人，如何与相关公众进行沟通？

情境设定三

1982年9月29日，有媒介报道，美国芝加哥地区有人因服用"泰诺"止痛胶囊而死于氰中毒。

"泰诺"是美国强生公司生产的一种家庭用药，主治头痛，该药销量很广。在此之前，随着新闻媒介的广泛报道，消息不断扩散，传说各地有250人因氰中毒死亡或致病。实际死亡人数只有7人的事件，后来突然增至2000人。不断扩散的消息引起了1亿位服用"泰诺"胶囊的消费者的极大恐慌。民意测验表明：94%的服药者表示今后不再服用此药，强生面临着生死存亡的巨大危机。

事件发生后，在首席执行官吉姆·博克(Jim Burke)的领导下，强生公司迅速采取了一系列有效措施。首先，强生公司立即抽调大批人马对所有胶囊进行检验。经过公司各部门的联合调查，在全部的800万个胶囊的检验中，发现所有受污染的胶囊只源于一批药，总计不超过75个，并且全部在芝加哥地区，不会对全美其他地区有丝毫影响，而最终的死亡人数也确定为7人。但强生公司仍然按照公司最高危机方案原则，即"在遇到危机时，公司应首先考虑公众和消费者利益"，不惜花巨资在最短时间内向各大药店收回了所有的数百万瓶这种药，并花50万美元向有关的医生、医院和经销商发出警报。

对此，《华尔街日报》报道说："强生公司选择了一种自己承担巨大损失而使他人免受伤害的做法。如果昧着良心干，强生将会遇到很大的麻烦。"泰诺案例成功的关键是因为强生公司有一个"做最坏打算的危机管理方案"，该方案的重点是首先考虑公众和消费者的利益，这一信条最终拯救了强生公司的信誉。

事故发生前，泰诺在美国成人止痛药市场中占有 35% 的份额，年销售额高达 4.5 亿美元，占强生公司总利润的 15%。事故发生后，泰诺的市场份额曾一度下降。当强生公司得知事态已稳定，并且向药片投毒的疯子已被拘留时，并没有将产品马上投入市场。当时美国政府和芝加哥地区的地方政府正在制定新的药品安全法，要求药品生产企业采用无污染包装。强生公司看准了这一机会，立即率先响应新规定，结果在价值 12 亿美元的止痛片市场上挤走了它的竞争对手，仅用 5 个月的时间就夺回了原市场份额的 70%。

强生公司处理这一危机的做法成功地向公众传达了企业的社会责任感，受到了消费者的认可和欢迎，强生公司还因此获得了美国公共关系协会颁发的银钻奖。原本一场"灭顶之灾"竟然奇迹般地为强生公司迎来了更高的声誉，这归功于强生公司在危机管理中高超的技巧。

(资料来源：郭惠民. 公关员[M]. 上海：复旦大学出版社，1999.)

问题分析：

(1) 决定强生公司成功处理"泰诺"事件的因素有哪些？

(2) 强生公司在处理"泰诺"事件中，是如何化被动为主动、化不利为有利的？

(3) 你如何理解强生公司最高危机方案原则？在危机处理过程中，什么是关键要素？

训练要求：

(1) 明确实训目的。

学会理论联系实际，掌握危机处理的技巧和程序，提高学生的实践水平。

(2) 确定实训地点。

校内实训室。

(3) 实训指导。

① 将全体同学分成几个小组，以小组的形式进行讨论，并形成讨论文案。

② 每个小组选派代表阐述讨论的内容。

③ 小组之间相互评分，并对优胜的小组进行奖励。

(4) 实训要求。

结合理论，采取的措施手段有效、可操作。

语言通顺，逻辑性强，条理清楚。

拓展阅读

2000年11月15日，国家药监局下发通知：禁止PPA！康泰克被醒目地绑上媒体的"审判台"。在很多媒体上都可以看到PPA等于康泰克或将两者相提并论的现象。人们相互转告，将康泰克纷纷扔进了垃圾箱。危机降临了！

11月16日，中美史克接到天津市卫生局的暂停通知后，立即组织了以下危机管理小组。①危机管理领导小组，制定应对危机的立场基调，统一口径，并协调各小组工作。②沟通小组负责信息发布和内外部的信息沟通，是所有信息的发布者。③市场小组，负责与客户联系，回收客户手中的"康泰克"药品。④生产小组，负责组织调整生产并处理正在生产线上的产品，负责加快新产品的研发。由10位公司经理和主要部门主管组成危机管理小组，10余名工作人员负责协调、跟进。

16日上午。危机管理小组发布了危机公共关系纲领：执行政府暂停令，向政府部门表态，坚决执行政府法令，暂停生产和销售；通知经销商和客户立即停止康泰克的销售，取消相关合同；停止广告宣传和市场推广活动。

17日中午，召开全体员工大会。总经理向员工通报了事情的来龙去脉，表示了公司不会裁员的决心，赢得了员工空前一致的团结精神。同日，全国各地50多位销售经理被迅速召回天津总部，危机管理小组深入其中做思想工作，以保障企业危机应对措施的有效进行。18日，他们带着中美史克《给医院的信》《给客户的信》回归本部，应急行动纲领在全国各地按部就班地展开。公司专门培训了数十名专职接线员，负责接听来自客户、消费者的问讯电话，做出准确的专业回答，以打消其疑虑。21日，15条消费者热线全面开通。

20日，中美史克公司在北京召开了新闻媒介恳谈会，宣布不停止投资，坚持"无论怎样，维护广大群众的健康是中美史克公司自始至终坚持的原则，表明在国家药品监督部门得出关于PPA的研究论证结果后为广大消费者提供一个满意的解决办法"的立场和决心。面对新闻媒体的不公正宣传，中美史克并没有做过多追究，只是尽力争取媒体的正面宣传以维系企业形象，其总经理频频接受国内知名媒体的专访，争取为中美史克公司说话的机会。

面对暂停令公布后同行的大肆炒作和攻击行为，中美史克保持了应有的冷静，既未反驳也没有说一句竞争对手的坏话，表现了一个正确对待竞争对手的最起码的态度与风度。

一番努力后，终于取得了不凡的效果，用《天津日报》记者的话说："面对危机，管理正常，生产正常，销售正常，一切都正常。"

(资料来源：国英. 公共关系与现代礼仪案例[M]. 北京：机械工业出版社，2005.)

效果评价

根据公共关系危机管理工作的实际需要,设计了若干个仿真工作任务,指导学生模拟训练,故制订模拟训练评价表,对模拟训练的过程和结果进行检验,如表 7-1 所示。

表 7-1　模拟训练评价表

姓名				学号			
班级				专业			
评价项目	自我评价				小组评价			
	优	良	中	及格	优	良	中	及格
1. 应对及时,迅速制定危机对策,控制事态发展								
2. 态度诚恳,以社会利益为重								
3. 处理灵活,有主见、有创意								
4. 实训过程中协调沟通能力强								
5. 在模拟实训中认真负责,积极配合								
综合评价								
教师评价								

项目八　公共关系礼仪

【能力目标】了解在人际交往中的各种礼仪规范，具备良好的举止和风度。
【知识目标】全面理解并掌握日常交往、商务交往的各种礼仪知识。
【素质目标】培养公共关系人员的礼仪素养、展示职业修养和形象。

任务一　形象礼仪

● 任务目的及要求

通过实训，使学生掌握化妆技法、西装穿着的规范、领带的系法及服装色彩的搭配；通过仪态的练习，纠正学生不正确的仪态，使其掌握正确、高雅的仪态。

● 任务描述

杨娟是刚毕业的大学生，即将参加一场招聘面试。她应聘的岗位是公共关系部的职员，为了展现良好的形象，需要从仪表修饰、服装搭配、仪态举止几个方面进行适当的准备。假如你是杨娟，该如何做？

公共关系人员是公共关系活动的主体，其自身形象即仪容、仪表、仪态和得体的语言、良好的心理素质，对于树立良好的个人形象和组织形象，协调与公众的关系都会产生积极的影响，因此必须加强形象礼仪的训练。良好的礼仪是公共关系人员的基本职业要求。

一、仪容礼仪

仪容，简单来讲是指人体不需要着装的部位，主要是面部，广义上还包括头发、手部及因穿着某些服装而暴露出的腿部。在任何情况下，一个正常人如果不注意对本人的仪容进行合乎常规的修饰与维护，往往在他人的心目中难有良好的个人形象可言。

(一)个人卫生

1. 坚持洗澡、洗头、洗脸

洗澡可以除去身上的尘土、油垢和汗味，并且使人精神焕发。对于公共关系人员来说就需要经常洗澡，至少也要坚持每星期洗两三次。头发是仪容的重要组成部分，是首先被关注的部位，应经常洗头发，保持头发清爽，不油腻，无头屑。通常情况下，每周至少洗两三次。保持面部清洁卫生，给人一种整洁干净的印象是非常必要的，所以人们在早上起床后，晚上睡觉前要洗脸，一方面清除一些残留物，给人留下美好的印象；另一方面，有利于皮肤血液循环，新陈代谢。

2. 注意口腔卫生

坚持每天刷牙，消除口腔异味，维护口腔卫生，是非常必要的。有可能的话，在吃完每顿饭后都要刷一次牙，切勿用以水漱口和咀嚼口香糖一类无效的方法来替代刷牙。还要养成工作时间不吃蒜、生葱和韭菜等带刺激性气味的食物的良好习惯，免得在工作中担心自己说话"带味道"或是使接近自己的人感到不快。

3. 注意手、脚卫生

保持手、脚部位卫生，勤洗手，勤剪手指甲，注意脚部通气，这是公共关系人员必备的礼仪常识。

(二)化妆礼仪

在职业活动中，正确化妆不仅是职业工作的需要，同时也是对他人尊重的一种表现。化妆要遵循以下原则。

1. 美化原则

通过化妆达到美的效果，这是化妆的基本原则。要使化妆达到美的效果，必须了解自己的脸部特点，扬长避短，使容貌更迷人、更有气质。化妆的目的是要突出自己最美的部分，使其显得更加美丽动人，并巧妙地弥补不足之处。

2. 自然原则

自然的化妆要掌握化妆的技巧，运用适合的化妆品，与年龄、职业、环境相符合，做到生动真实，浓淡适宜。

3. 协调原则

协调原则主要强调整体效果，注重和谐一致，包括化妆部位的色彩搭配、浓淡协调、层次感强、风格情调一致等。同时，还要考虑发型、服装、服饰与化妆的关系，从而获得整体协调的效果。

化妆大体上应分为打粉底、画眼线、施眼影、描眉形、上腮红、涂唇彩、喷香水等步骤。每个步骤均有一定之法，必须认真遵守。

二、仪表礼仪

美好的长相、匀称挺拔的身材、美观大方的服饰能增添人的仪表魅力，给人以舒服、美好的感觉。如果说人的长相是天生的，身材高矮也难以改变，但服饰确实是可以变化的。整洁美观的服饰是人们能用以改变自我或烘托自我的最好"武器"，可以频繁地使用。应学会运用这一"武器"来增加自己的魅力。

(一)服装的类别

不同的社交场合，对服装的要求是不同的。例如，参加宴会、晚会等重要社交活动的服装与参加郊游、运动或居家休息的服装，就有很大的区别。为了着装得体，就要了解特定场合下的着装要求。

1. 正式服装

正式服装用于参加婚葬仪式、会客、拜访等社交场合。这类服装的样式一般是根据穿用的目的、时间、地点而定。通常情况下，男士服装为西服套装，女士服装为西服套裙或套装，体现其美感和庄重感。在穿着正式服装时，要注意与自身条件相配合，并慎重选择款式和面料，才能给人以雅致的印象。

2. 便装

便装是指平常穿的服装。由于便装是处于闲暇和轻松的状态时穿着的服装，故服装应当舒适、轻松、愉快。男士和女士都可采用宽松的款式，包括夹克衫、T恤衫、棉质休闲裤等。

3. 职业装

职业装即工作服装，其特点是符合职业特点和工作环境，实用又便于活动，给人以整齐划一、美观整洁之感，能振奋人心，增强职业自豪感。如果是旅游接待人员的工作服，应便于活动，自然、得体、大方。作为教师，其职业装应凸显严谨、端庄并富于亲和力的特征。

(二)着装的原则

着装时，应遵循人们公认的三原则，即时间、环境、目的原则。

1. 时间原则

在不同的时间里，着装的类别、式样、造型应有所变化。日装要求轻便、舒适、便于活动，但不应使身体过多暴露。晚装则要求艳丽、华贵，可适当暴露。日装、晚装不能颠倒。

2. 环境原则

着装还要根据环境场合的不同而变化，置身在室内或室外，驻足于闹市或乡村，身处于单位或家中，在这些变化不同的地点，着装的款式应有所不同。上班时应选择端庄大方的西装、衬衫、套裙等；上街时不可穿居家服、睡衣睡裤；探亲访友时，着装应沉稳；去医院看望病人时，着装应亲切大方。

3. 目的原则

从目的上讲，人们的着装往往体现着其一定的意愿，即自己对着装留给他人的印象如何，是有一定预期的。着装应适合自己扮演的社会角色。例如，一个人身着款式庄重的服装前去应聘新职、洽谈生意，说明他郑重其事、渴望成功。因此，服装的款式、色彩在表现服装的目的性方面发挥着一定的作用。

(三)着装的注意事项

1. 注意协调

所谓穿着的协调，是指一个人的穿着要与其年龄、体形、职业和所处的场合相吻合，体现出和谐的美感。具体来说，首先，穿着要和年龄相协调；其次，穿着要与体形相协调；再次，穿着要和职业相协调；最后，穿着要与环境相协调。

2. 注意色彩

色彩是服装留给人们记忆最深的印象之一，而且在很大程度上也是服装穿着成败的关键所在。色彩对他人的刺激最快速、最强烈、最深刻，所以色彩被称为"服装之第一可视物"。

一般来讲，不同色彩的服饰在不同的场合所产生的效果是不同的，为此，我们需要对色彩的象征性有一定的了解。对一般人而言，在服装色彩的选择上要想获得成功，最重要的是掌握色彩的特性、色彩的搭配及正装色彩的选择这三个方面。

3. 注意场合

所谓穿着要注意场合，是说要根据不同场合来进行着装。社交中，不同场合有不同的着装要求。这里主要介绍喜庆欢乐的场合、隆重庄严的场合、华丽高雅的场合和悲伤肃穆的场合的穿着要求。

(1) 喜庆欢乐的场合，如庆祝会、欢乐会、生日会、结婚纪念日纪念活动、婚礼聚会等。喜庆欢乐场合的穿着应与人们快乐、兴奋的情绪相协调。女士着装的色彩可以鲜艳、丰富一些，款式也可以新颖一些，以烘托欢乐的气氛；男士可以穿白色或其他浅色西装，系漂亮醒目的领带，以体现男士轻松愉快的心情。

(2) 隆重庄严的场合，如开(闭)幕式、签字仪式、重要会议、重要的会见活动、新闻发布会等。这种场合比较正式，要特别注意个人仪表和公众形象，注意着装要吻合隆重庄严的气氛，所以不能穿得随便。

(3) 华丽高雅的场合，多半为晚上举办的正式社交活动，如正式宴会、酒会、招待会、舞会、音乐会等。在这种场合下，女士要把自己打扮得漂亮一点，着装应较为华丽、高贵，显示出美好的气质和修养，可以穿连衣裙、套裙，面料要华丽，质地要好，色彩应单纯。

(4) 悲伤肃穆的场合，如吊唁活动。这种场合下，服装色彩不能太刺眼，款式不能太引人注目。

拓展案例

> 赵华是一家国有企业的总经理。有一次，他获悉有一家著名的法国企业的董事长正在本市进行访问，并有寻求合作伙伴的意向。于是他想尽办法，请有关部门为双方牵线搭桥。
>
> 让赵总经理欣喜若狂的是，对方也有兴趣同他的企业进行合作，而且希望尽快与他见面。到了双方会面的那一天，赵总经理对自己的形象刻意地进行了一番修饰，他根据自己对时尚的理解，上穿西装，下穿牛仔裤，头戴鸭舌帽，足蹬旅游鞋。无疑，他希望自己能给对方留下精明能干、时尚新潮的印象。
>
> 然而事与愿违，这一身时髦的"行头"，却偏偏坏了他的大事。

三、仪态礼仪

在人际交往中，优雅的仪态会显露出自己良好的礼仪修养，增加印象分，容易被人接受，进而可以赢得更多的合作机会。

仪态是在外观上可以明显地察觉到的活动、动作，以及在动作、活动之中身体各部位呈现出的姿态。

(一)站姿

1. 标准的站姿

标准的站姿：全身笔直，精神饱满，两眼正视，两肩平齐，两臂自然下垂，两脚跟并拢，两脚尖张开60°，身体中心落于两腿正中。其基本要求如下。

头平正：两眼平视前方，嘴微闭，收颔梗颈，表情自然，稍带微笑。

双肩平：肩部微微放松，稍向后下沉。

臂垂直：两肩平整，两臂自然下垂，中指对准裤缝。

腰挺直：挺胸收腹，臀部向内向上收紧。

腿并直：两腿立直，贴紧，脚跟靠拢，两脚夹角成60°。

2. 其他站姿

叉手站姿：两手在腹前交叉，右手搭在左手上，直立。男子可以两脚分开，距离不超过20厘米。女子可以用小丁字步，即一只脚稍微向前，脚跟靠在另一只脚的内侧。这种站姿端正中略有自由，郑重中略有放松，站立较久时身体重心还可以在两脚间转换，以减轻疲劳，是一种常用的接待站姿。

背手站姿：双手在背后交叉，右手贴在左手外面，贴在两臀中间。两脚可分可并，分开时，不超过肩宽，脚尖展开，两脚夹角成60°，挺胸立腰，收颌收腹，双目平视。这种站姿优美中略带威严，易产生距离感，如果两脚改为并立，则突出了尊重的意味。

背垂手站姿：一手背在后面，贴在臀部，另一手自然下垂，中指对准裤缝，两脚既可以并拢也可以分开，也可以成小丁字步。这种站姿，男士多用，显得大方、自然、洒脱。

以上几种站姿与工作岗位密切相关，而在日常生活中适当地运用，同样会给人以挺拔俊美、庄重大方、舒展优雅、精力充沛的感觉。

拓展案例

"总统"的仪态

曾任美国总统的老布什，能够登上总统的宝座，成为美国"第一公民"，与他的仪态表现分不开。在1988年的总统选举中，布什的对手杜卡基斯猛烈抨击布什是里根的影子，没有独立的政见。而布什在选民眼中的形象也的确不佳，在民意测验中一度落后于杜卡基斯10多个百分点。未料两个月以后，布什以光彩照人的形象扭转了劣势，反而领先对手10多个百分点，创造了奇迹。原来，布什有个毛病，他的演讲不太好，嗓音又尖又细，手势及手臂动作总显出死板的感觉，身体动作不美。后来，布什接受了专家的指导，纠正了尖细的嗓音、生硬的手势和不够灵活的摆动手臂的动作，结果就有了新颖独特的魅力。在以后的竞选中，布什竭力表现出强烈的自我意识，改变了原来人们对他的评价，并配以卡其布蓝色条子厚衬衫，以显示平民化，终于获得了最后的胜利。

(二)行姿

标准的行姿：上身基本保持站立的标准姿势，双目平视，收颌，自然平和；挺胸收腹，腰背笔直；两臂以身体为中心，前后自然舞动；脚尖向前方伸出，行走时双脚踩在一条线上。

女子的行姿应步履匀称、自如、轻盈，显示出端庄文静、含蓄典雅的女性窈窕美，每分钟118~120步为宜。男子的行姿要利索，有鲜明的节奏感，显示刚强雄健、英武豪迈的阳刚美。行走的速度标准为每分钟108~110步。

警惕不良姿态。行走时要防止八字步，低头驼背，不要摇晃肩膀、扭腰摆臀、左顾右盼，脚不要擦地面。

拓展案例

> 小许是一名应届毕业生，在大学生活的三年中，学习刻苦，多次获得奖学金，而且他还积极参加学校的社团活动及社会实践活动，通过锻炼，提升了自己的能力及沟通协调能力。在毕业之际，小许在大学中的努力获得了回报，他得到了自己中意的一家大型企业的青睐，通过层层选拔，成为少数几名进入最终面试考察的成员之一。这一天，从仪容仪表到对岗位的认识，小许都做了精心的准备。面试当天，开始都进行得很顺利。无论是谈吐、精神面貌，还是对自己面试这一职位的理解，对未来的思考，都得到了面试官的肯定，谈话气氛越来越融洽，小许的心情也轻松起来。在侃侃而谈的同时，小许将上身倚靠在椅背上，小腿开始不时地抖动。突然，小许发现坐在对面的人事部经理的脸色发生了变化，面试的气氛也发生了变化。之后，小许没有再等到这家单位录用他的消息。

(三)坐姿

坐姿是人际交往中人们采用最多的一种姿势，它是一种静态姿势。优雅的坐姿给人一种端庄、稳重、威严之美。

坐立时，上身正直而稍向前倾，头、肩平正，腰部内收，目视前方，通常只坐椅子的1/2或2/3处，两臂贴身下垂，两手可以搭放在椅子的扶手上。

1. 女士坐姿

(1) 标准式。轻缓地走到座位前，转身后两脚成小丁字步，左前右后，两膝并拢的同时，上身前倾，向下落座。如果穿的是裙装，在落座时要用双手在后边从上往下把裙子拢一拢，以防坐出皱纹或腿部裸露过多。坐下后，上身挺直，双肩平正，双臂自然弯曲，两手交叉叠放在两腿中部，并靠近小腹。两膝并拢，小腿垂直于地面，两脚保持小丁字步。

(2) 前伸式。在标准坐姿的基础上，两条小腿向前伸出一脚的长度，两脚并排，脚尖不要翘起。

(3) 前交叉式。在前伸式坐姿的基础上，右脚后缩，与左脚交叉，两踝关节重叠，两脚尖着地。

(4) 屈直式。右脚前伸，左小腿屈回，大腿靠紧，两脚前脚掌着地，并在一直线上。

(5) 后点式。两小腿向后屈，脚尖着地，双膝并拢。

(6) 侧点式。两小腿向左斜出，两膝并拢，右脚跟靠拢左脚内侧，右脚掌着地，左脚尖着地，头和身躯向左斜。注意大腿和小腿要成 90°的直角，小腿要充分伸直，尽量显示小腿长度。

2. 男士坐姿

(1) 标准式。上身正直上挺，双肩正平，两手放在两腿或椅子的扶手上，双膝并拢，小腿垂直落于地面，两脚自然分开成45°。

(2) 前伸式。在标准式的基础上，两条小腿前伸一脚的长度，左脚向前半脚，脚尖不要翘起。

(3) 前交叉式。小腿前伸，两脚踝部交叉。

(4) 屈直式。左小腿回屈，前脚掌着地，右脚前伸，双膝并拢。

(5) 斜身交叉式：两条小腿交叉向左斜出，上体向右倾，右肘放在椅子的扶手上，左手扶把手。

3. 纠正不良坐姿

与人交谈时，不可双腿不停地抖动，不能将双腿搭在椅子、沙发或桌子上；女士叠腿要慎重、规范，不可呈"4"字形，男士也不能出现这种不雅的坐姿，坐下后不可双腿拉开成"八"字形，也不可将脚伸得很远。

任务剖析

(1) 在仪表修饰、服装搭配、仪态举止几个方面进行适当的准备。

(2) 举止有度：站得标准、坐得端庄、行得优雅，使用文明用语。

(3) 职场面试以着套装和正装为主，强调朴素、整洁、明快、合体，配高跟黑皮鞋。

(4) 职场面试要化淡妆，切忌夸张和过浓。

模拟训练

情境设定一

阿美和阿娟是一所美容学校的学生，初学化妆，对此非常感兴趣，走在大街上，总爱观察别人的妆容，因此发现了一道道奇特的风景线。

一位中年妇女没有做其他化妆，仅涂了嘴唇，而且用的是那种很红很艳的唇膏，只突出了一张嘴。一位女士的妆看起来真的很漂亮，只可惜脸上精彩纷呈，脖子的妆却很马虎，在脸和脖子的交界处有明显的分界线，像戴了面具一样。还有一位女士用很粗的黑色眼线将眼睛包围起来，像两对"大括号"，看上去非常生硬、不自然。一位很漂亮的女士，身着蓝色时装，却画着橘红色的唇膏……

(资料来源：国英. 公共关系与现代礼仪案例[M]. 北京：机械工业出版社，2005.)

问题分析：

请帮助阿美和阿娟分析一下，针对以上几种情形，自己化妆时应注意哪些问题？

训练要求：

(1) 将全体同学分成几个小组，以小组的形式进行讨论，并形成讨论文案。

(2) 每个小组选派代表阐述讨论的内容。

(3) 小组之间相互评分，并对优胜的小组进行奖励。

情境设定二

小张是一位刚毕业的女大学生，在一家公司担任秘书工作。这一天，公司让她去接待外商。

问题分析：

为了给对方留下一个良好的印象，请你告诉她应该如何着装？

训练要求：

(1) 将全体同学分成几个小组，以小组的形式进行讨论，并形成讨论文案。

(2) 每个小组选派代表阐述讨论的内容。

(3) 小组之间相互评分，并对优胜的小组进行奖励。

情境设定三

运用仪态礼仪的理论，分析下面两段话。

(1) 本来飞机已经晚点了，好不容易到了某市又要转机。下了飞机，首先迎接我们的是边防警察。他们有的倚门而立，有的挥袖抄手，还有的干脆坐着休息，眼神里没有丝毫亲切、热情之意。我和几个乘客来到登记处，负责登记的姑娘头都没抬，催促着："快点儿，填表！"我小心翼翼地说："我的行李找不到了，怎么办？"她眼一翻，手一指："你问我？我还要问你呢！"她的神态令我瞠目结舌。

(2) 有一次，我乘电梯，见一位老兄紧挨着一位漂亮姑娘，从头到脚死盯着看个没完，看得姑娘脸面通红。当电梯停下时，姑娘第一个冲出去，回头骂了一句："八辈子没见过女人，什么东西！"这位老兄一怔："她凭什么骂人？谁招惹她了？"

任务二　日常礼节礼貌

任务目的及要求

通过教学实训，纠正不正确的见面礼节，掌握正确、优雅的日常礼节礼貌和交际礼仪。

任务描述

小张是某公司的公共关系人员，单位领导派他去参加一个行业研讨会，在研讨会上小张在与人的交往中应该具备怎样的礼仪才能给大家留下一个好印象并结交更多的朋友呢？

一个人在社会中生存、发展，都必须以各种形式与其他人进行交往，没有交往就没有合作；没有合作就难以生存和发展。对于社会交际，不但要积极参与，更要重视基本礼节礼貌的学习，并在实践中正确地加以应用，不断总结经验、汲取教训，这样才能享受到成功交际带来的快乐。

一、称呼

在社会交往中，交际双方见面时如何称呼对方，这直接关系到双方之间的亲疏程度、了解程度、尊重与否及个人修养等。一个得体的称呼，可能会令对方如沐春风，为以后的交往打下良好的基础；相反，不恰当或错误的称呼，可能会令对方心里不悦，影响到彼此的关系乃至交际的成功。

(一)通常的称呼

1. 称呼姓名

一般的同事、同学、平辈的朋友、熟人，彼此之间均可以姓名相称。

2. 称呼职务

在工作中，以交往对象的职务相称，以示身份有别、敬意有加，这是一种最常见的称呼方法。

3. 称呼职称

对于有职称者，尤其是有高级、中级职称者，可以在工作中直接以其职称相称。

4. 称呼学衔

在工作中，以学衔作为称呼，可增加被称呼者的权威性，有助于增强现场的学术氛围。

5. 称呼职业

称呼职业，即直接以被称呼者的职业作为称呼。

(二)几种称呼的正确使用

1. 同志

志同道合者才称同志，如政治信仰、理想、爱好等相同者，可称为同志。"同志"这个称呼流行于新中国成立后，这一词已成为我国大陆公民彼此之间最普通、常用的称呼。这一称呼不分男女、长幼、地位高低，除了亲属之外，所有人都可以称为同志。

2. 老师

目前，老师这一称谓在社会上也比较流行，有时人们出于对交际对象的学识、经验或某一方面的敬佩、尊重，常常以"姓+老师"来称呼对方，尤其在文艺界比较常见。使用这种称谓，交际的对方一般会感到受到了尊重，心情比较舒畅。

3. 先生

先生这一称谓大方得体，既显示了彼此的尊重，又有彼此平等之意，有利于提高交际效果。

4. 师傅

师傅这一词在社会中比较流行，有虚心请教、尊重对方之意。

(三)称呼的技巧

1. 初次见面时更要注意称呼

初次与人见面或谈业务时，要称呼姓+职务，要一字一字地说得特别清楚。例如，"王总经理，您说得真对……"如果对方是个副总经理，可删去那个"副"字；但若对方是总经理，不要为了方便把"总"字去掉。

2. 称呼对方时不要一带而过

在交谈过程中称呼对方时，要加重语气，称呼完了停顿一会儿，然后再谈要说的事，这样能引起对方的注意，对方才会认真地听下去。

3. 关系越熟越要注意称呼

与对方十分熟悉之后，千万不要因此而忽略了对对方的称呼，一定要坚持称呼对方的姓+职务(职称)，尤其是有其他人在场的情况下。人人都需要被别人尊重，越是朋友，越是要彼此尊重，如果认为关系熟了就变得随随便便，用"老王""老李"甚至用一声"唉""喂"来称呼对方，这样极不礼貌，是令对方难以接受的。

二、介绍

介绍是社交活动中最常见，也是最重要的礼节之一。它是初次见面时陌生的双方开始交往的起点。介绍在人与人之间起着沟通时的桥梁作用，几句话就可以缩短人与人之间的距离，为进一步交往开个好头。

(一)介绍的基本规则

为他人做介绍时必须遵守"尊者优先了解情况"的规则，在为他人做介绍前，先要确定双方地位的尊卑，然后先介绍位卑者，后介绍尊者。具体如下：先将男士介绍给女士；先将年轻者介绍给年长者；先将未婚女子介绍给已婚女子；先将职位低的介绍给职位高的；先将家庭成员介绍给对方。

集体介绍时的顺序如下。

在被介绍者双方地位、身份大致相似或难以确定时，应当使人数较少的一方礼让人数较多的一方，一个人礼让多数人，先介绍人数较少的一方或个人，后介绍人数多的一方或多数人。

若被介绍者的地位、身份之间存在明显差异，特别是当这些差异表现为年龄、性别、婚否、师生及职务有别时，则地位、身份为尊的一方即使人数较少，甚至仅为一人，仍然应被置于尊贵的位置，最后加以介绍，而先介绍另一方人员。

若需要介绍的一方人数不止一人，可采取笼统的方法进行介绍。例如，"这是我的家人""他们都是我的同事"，等等。

若被介绍双方皆不止一人，则可依照礼规，先介绍位卑的一方，后介绍位尊的一方。在介绍各方人员时，均需由尊到卑，依次进行。

(二)自我介绍

在不同场合，遇到对方不认识自己，而自己又有意与其认识，当场没有他人从中介绍时，往往需要自我介绍。

1. 自我介绍的时机

因业务关系需要相互认识，进行接洽时可自我介绍。当遇到一位你知晓或久仰的人士，而他不认识你，你可自我介绍。第一次登门拜访，事先打电话约见时，在电话里应自我介绍。参加一个较多人的聚会，主人不可能一一介绍，与会者可以与同席或身边的人互相自我介绍。在出差、旅行途中，与他人不期而遇，并且有必要与之建立临时接触时，可适当自我介绍。初次前往他人住所、办公室，进行登门拜访时要自我介绍。应聘求职时需要首先做自我介绍。

2. 自我介绍的要求

自我介绍时，要及时、清楚地报出自己的姓名和身份。进行自我介绍，态度务必自然、友善、亲切、随和。介绍时语气要自然，语速要正常，语音要清晰。进行自我介绍时所表达的各项内容，一定要实事求是，真实可信。

(三)他人介绍

1. 他人介绍的时机

他人介绍即社交中的第三者介绍。在他人介绍中，为他人做介绍的人一般是社交活动中的东道主、社交场合中的长者、家庭聚会中的女主人、公务交往活动中的公共关系人员(礼宾人员、文秘人员、接待人员)等。他人介绍的时机包括：在家中，接待彼此不相识的客人；在办公地点，接待彼此不相识的来访者；与家人外出，路遇家人不相识的同事或朋友；陪同亲友，前去拜会亲友不相识者；本人的接待对象遇见了其不相识的人士，而对方又跟自己打了招呼；在陪同上司、长者、来宾时，遇见了其不相识者，而对方又跟自己打了招呼；打算推介某人加入某一交际圈；受到为他人作介绍的邀请等。

2. 他人介绍的注意事项

在为他人作介绍时，介绍者对介绍的内容应当字斟句酌，慎之又慎。在正式场合，内容以双方的姓名、单位、职务等为主。在一般的社交场合，其内容往往只有双方姓名一项，甚至可以只提到双方姓氏。在比较正规的场合，介绍者有备而来，有意将某人举荐给某人，因此在内容方面，通常会对前者的优点加以重点介绍。在进行他人介绍时，介绍者与被介绍者都要注意自己的表达、态度与反应。介绍时要注意实事求是、掌握分寸，不能胡吹乱捧。介绍姓名时，一定要口齿清楚，发音准确。

三、握手

相传在刀耕火种的年代，人们经常持有石头或棍棒等武器，陌生者相遇，双方为了表示没有敌意，便放下手中的武器，并伸出手掌，让对方抚摸掌心，久而久之，这种习惯便逐渐演变为今日的握手礼节。当今，握手已成为世界上最为普遍的一种礼节，其应用的范围远远超过了鞠躬、拥抱、接吻等。在日常交际中，我们必须注意握手的基本礼节。

(一)握手的次序

根据礼仪规范，握手时双方伸手的先后次序，一般应当遵守"尊者先伸手"的原则，应由尊者首先伸出手来，位卑者只能在此后予以响应，而绝不可贸然抢先伸手，不然就是违反礼仪的举动。其基本规则如下。

(1) 男女之间握手，男士要等女士先伸出手后才握手。

(2) 宾客之间握手，主人有向客人先伸出手的义务。

(3) 长幼之间握手，年幼的一般要等年长的先伸出手。

(4) 上下级之间握手，下级要等上级先伸出手。

(5) 若是一个人需要与多人握手，则握手时亦应讲究先后次序，由尊而卑，即先年长者后年幼者，先长辈后晚辈，先老师后学生，先女士后男士，先已婚者后未婚者，先上级后下级，先职位、身份高者后职位、身份低者。

(6) 在公务场合，握手时伸手的先后次序主要取决于职位、身份；而在社交、休闲场合，则主要取决于年龄、性别、婚否。

(二)握手的方式

握手的标准方式，是行礼时行至距握手对象约一米处，双腿立正，上身略向前倾，伸出右手，四指并拢，拇指张开与对象相握。握手时应用力适度，上下稍许晃动三四次，随后松开手来，恢复原状。具体应注意如下三点。

(1) 与人握手时神态应专注、热情、友好、自然。

(2) 握手时用力应适度，不轻不重，恰到好处。

(3) 通常是握紧后打过招呼即松开。

(三)握手的禁忌

在人际交往中，握手虽然司空见惯，看似寻常，但是由于它可被用来传递多种信息，因此在行握手礼时应努力做到合乎规范，并且注意以下几个方面。

(1) 不要用左手与他人握手，尤其是在与阿拉伯人、印度人打交道时要牢记此点，因为在他们看来左手是不洁的。

(2) 不要在握手时争先恐后，而应当遵守秩序，依次而行。特别要记住，与基督教信徒交往时，要避免两人握手时与另外两手相握的手形成交叉状，这类似十字架，在基督教信徒眼中是很不吉利的。

(3) 不要戴着手套握手，在社交场合女士的晚礼服手套除外。

(4) 不要在握手时戴着墨镜，患有眼疾或眼部有缺陷者例外。

(5) 不要在握手时将另外一只手插在衣袋里。

(6) 不要在握手时另外一只手依旧拿着香烟、报刊、公文包、行李等东西而不肯放下。

(7) 不要在握手时面无表情，不置一词，好像根本无视对方的存在而纯粹是为了应付。

(8) 不要在握手时长篇大论，点头哈腰，滥用热情，显得过分客套，让对方不自在、不舒服。

(9) 不要在握手时把对方的手拉过来、推过去，或者上下左右抖个没完。

(10) 不要在与人握手之后，立即揩拭自己的手掌，好像与对方握一下手就会使自己受到"污染"似的。

四、交谈

交谈是交流思想和表达感情最直接、最快捷的途径。在人际交往中，因为不注意交谈的礼仪规范，或用错了一个词，或多说了一句话，或不注意词语的色彩，或选错话题等而导致交往失败或影响人际关系的事时有发生。因此，在交谈中必须遵从一定的礼仪规范，才能达到交流信息、沟通思想的目的。

(一)讲究语言艺术

语言作为人类的主要交际工具，是不同的个体之间沟通的桥梁。交谈的语言艺术包括以下四个方面：①准确流畅；②委婉表达；③掌握分寸；④幽默风趣。

(二)使用礼貌用语

使用礼貌用语是人类文明的标志，也是全世界共同的心声。使用礼貌用语会得到人们的尊重，提高自身的信誉和形象，而且还会对自己的事业起到良好的辅助作用。在实际社会交往中，日常礼貌用语主要可划分为如下几个大类。

(1) 问候语。人们在交际中，根据交际对象、时间等的不同，常采用不同的问候语。

(2) 欢迎语。交际双方一般在问候之后常用欢迎语。世界各国的欢迎语大都相同。

(3) 回敬语。在社会交往中，人们常常在接受对方的问候、欢迎或鼓励、祝贺之后，使用回敬语以表示感谢。

(4) 致歉语。在社会交往过程中，常常会出现由于组织的原因或是个人的失误，给交际对象带来了麻烦、损失，或是未能满足对方的要求和需要，此时应使用致歉语。

(5) 祝贺语。在交际过程中，如果想与交际对象建立并保持友好的关系，应该时刻关注着交际对象，在其工作或其他方面取得成绩时表示祝贺，并与他们保持经常性的联系。

(6) 道别语。交际双方交谈过后，在分手时，人们常常使用道别语。

(7) 请托语。在日常用语中，人们出于礼貌，常常使用请托语，以示对交际对象的尊重。

(三)有效选择话题

所谓话题,是指人们在交谈中所涉及的题目范围和谈资内容。换言之,话题是一些由相对集中的同类知识、信息构成的谈话资料及其相应的语体方式、表达语汇和语气风格的总和。在人际交往中,学会选择话题,能使谈话有一个良好的开端。

1. 宜选的话题

(1) 应选既定的话题,即交谈双方业已约定,或者一方先期准备好的话题,如征求意见、传递信息、研究工作等。

(2) 选择内容文明、格调高雅的话题,如文学、艺术、哲学、历史、地理、建筑等,这类话题适合各类交谈场合,但切忌不懂装懂。

(3) 选择轻松的话题,这类话题令人轻松愉快、身心放松,适合于非正式交谈,允许各抒己见,任意发挥。

(4) 选择时尚的话题,即以当下正在流行的事物作为谈论的中心,这类话题变化较快,不太好把握。

(5) 选择话题时要注意选择擅长的话题,尤其是交谈对象有兴趣的话题。

在交谈时要注意交谈的话题应有所忌讳。在交谈中,若双方是初交,则有关对方年龄、收入、婚恋、家庭、健康、经历这一类涉及个人隐私的话题,切勿加以谈论。

2. 扩大话题储备

由于人们的经历、职业、兴趣、学习状况不同,每个人所掌握的话题状况各不相同,都有一定的局限性,因此应尽量扩大话题储备量。

(四)学做最佳听众

有人说:"人为什么有两只耳朵却只有一张嘴?那是因为上帝造人的时候就要求我们少说多听。"此话颇有一点意思。我国古代就有"愚者善说,智者善听"之说。聆听,可以从交谈对象处获得必要的信息,领会谈话者的真实意图。如果不能认真地聆听,就无法了解和满足对方的需求,和谐的人际关系也只能是空谈。况且聆听本身也是尊重他人的表现。因此,应充分重视听的作用,讲究听的方式,追求听的艺术。

(1) 要耐心。在对方阐述自己的观点时,应该认真地听完,并真正领会其意图。

(2) 要专心。在听对方说话时,应该目视对方,以示专心。

(3) 要热心。在交谈中,为使对方感到你的确在听,可以根据情景,或微笑,或点头,这样就能够实现谈话者与聆听者不断的交流,形成心理上的某种默契,使谈话更为投机。

(五)注意发问方式

发问是交谈的一项重要内容,在交谈中要注意发问的方式,问得其所,问得所需。同时,认清对象,问得适宜,抓住关键,讲究技巧。

五、名片

名片是现代社会中必不可少的社交工具。两人初次见面时,先互通姓名,再奉上名片,单位、姓名、职务、电话等历历在目,既回答了一些对方心中想问而有时又不便贸然出口的问题,又使相互之间的距离一下子接近了许多。在交往中,熟悉和掌握名片的有关礼仪是十分重要的。

(一)名片的用途

对现代人来讲,名片是一种物有所值的实用型交际工具,其用途是多方面的,可以介绍自身,可以维持联系,可以显示个性,可以拜会他人。

此外,名片在交往中有多种用途,如馈赠附名、代替请柬、喜庆告友、祝贺升迁等。

(二)名片的交换

要使名片在人际交往中正常地发挥作用,还须在交换名片时做得得体。遇到以下几种情况时需与对方交换名片:一是希望认识对方时;二是被介绍给对方时,三是对方提议交换名片时;四是对方向自己索要名片时;五是初次登门拜访对方时;六是通知对方自己的情况有所变更时;七是打算获得对方的名片时。

1. 递交名片

名片的持有者在递交名片时动作要洒脱、大方,态度要从容、自然,表情要亲切、谦恭;应当事先将名片放在身上易于掏出的位置,取出名片便先郑重地握在手里,然后在适当的时机得体地交给对方。

递交名片的姿势是,要双手递过去,以示尊重对方。将名片放置手掌中,用拇指夹名片,其余四指托住名片反面,名片的文字要正向对方,以便对方观看。若对方是外宾,则最好将名片上印有外语的那一面面对对方,同时讲些"请多联系""请多关照""我们认识一下吧""有事可以找我"之类友好客气的话。

递交名片的时间,应当根据具体情况而定。如果名片持有者与人事先有约,一般可在告辞时再递上名片。如果双方只是偶然相遇,则可在相互问候,得知对方有与你交往的意向时,再递交名片。

与多人交换名片时，要注意讲究先后次序，或由近而远，或由尊而卑。一定要依次进行，切勿采取"跳跃式"，当然也没有必要像散发传单似的，站在人流拥挤处随意滥发名片。

2. 接受名片

接受他人名片时，应恭恭敬敬，双手捧接，并道感谢。接受名片者应当首先认真地观看名片上所显示的内容，如有可能最好从上到下，从正面到反面重复看一遍，必要时可把名片上的姓名、职务(较重要或较高的职务)读出声来，如"您就是张总啊"，以表示对赠送名片者的尊重，同时也加深了对名片的印象，然后把名片细心地放进名片夹或笔记本、工作证里夹好。

在别人给了名片后，如有不认识或认不准的字要虚心请教。请教他人的姓名，丝毫不会降低你的身份，反而会使人觉得你是一个对待事情很认真的人，可增加别人对你的信任。

接受名片时应避免以下行为：马马虎虎地用眼睛瞄一下，然后顺手不经意地塞进衣袋；随意往裤子口袋一塞、往桌子上一扔；名片上压东西、滴到菜汤或油渍；离开时把名片忘在桌子上。名片是一个人人格的象征，这些行为是对其人格的不尊重，都会使人感到不快。

当然在收到了别人的名片后，也要记住给别人自己的名片，因为只收别人的名片，而不拿出自己的名片，是无礼拒绝的意思。

3. 索取名片

如果没有必要，最好不要强索他人名片，若索取他人名片，则不宜直言相告，而应委婉表达此层意思。可向对方提议交换名片或主动递上本人的名片。可询问对方："今后如何向您指教？"(向尊长者索要名片时多用此法)可询问对方："以后怎么与您联系？"(向平辈或晚辈索要名片时多用此法)

反过来，当他人向自己索取名片而自己不想给对方时，不宜直截了当回绝，应委婉地表达此意，可以说："对不起，忘带名片了。"或"抱歉，我的名片用完了。"

六、电话

电话是人们开展社交活动不可缺少的工具，在日常生活和工作交往中，都要利用电话与别人取得联系。

(一)电话语言要求

电话语言应注意：态度礼貌友善；传递信息简洁；控制语速语调；使用礼貌用语。

(二)接电话

接电话时应注意：迅速接听；积极反馈；热情代转；做好记录。

(三)打电话

打电话时应注意：时间适宜；有所准备；注意礼节。

拓展案例

在奥运会上，中国代表团的成绩屡创新高，中国运动健儿的出色表现征服了世界各国观众。但是在体育健儿为国争光的同时，某些国人的不文明习惯却给其他国家的运动员、记者留下了不好的印象。据报道，为了不影响参赛选手的正常发挥，某些场馆在观赛礼仪中是明确要求把手机关闭或调到静音状态的，如在射击馆、马术馆等，组委会为了保证运动员发挥出自己的最佳水平，在场馆显著位置专门竖有明显标志：请勿吸烟，请关闭手机。但观赛的部分国人，不知道是没有看见，还是根本没有当回事，没有关闭手机或调至静音状态。当运动员紧张比赛的时候，鸦雀无声的场馆内，手机铃声显得特别刺耳，也会招来周围人的嘘声和众多不满的目光。

(四)使用手机的礼仪

1. 遵守秩序

使用手机时不允许有意、无意之间破坏公共秩序。具体来说，此项要求主要包括：不允许在公共场合旁若无人地使用手机；不允许在要求"保持寂静"的公共场所使用手机；不允许在聚会期间使用手机。

2. 注意安全

使用手机时必须牢记"安全至上"，否则不但害人，还会害己。具体要注意以下三点：①不要在驾驶汽车时使用手机或是查看呼叫内容，以防发生车祸；②不要在病房、油库等地使用手机，避免手机所发出的信号有碍治疗，或由于手机接通瞬间产生的微小火花引发火灾、爆炸；③不要在飞机飞行期间使用手机，否则极可能使飞机"迷失方向"，造成严重后果。

3. 置放到位

手机要放在合乎礼仪的位置上，不要在未使用时将其拿在手中或挂在上衣口袋之外，那样有招摇之嫌，一般应将手机放在随身携带的公文包里。

任务剖析

与人交谈时要面带微笑，称呼要得体，讲究语言艺术；日常礼仪包括见面介绍、握手、名片的交递等，礼仪要到位。

模拟训练

情境设定一

一天下午，某公司在一家五星级酒店的多功能会议厅召开会议。其间，该公司职员张小姐来到商务中心发传真，发完后，张小姐要求借打一个电话给总公司，询问传真稿件是否清晰。

"这里没有外线电话"，商务中心的服务员说。"没有外线电话稿件怎么传真出去的呢？"张小姐不悦地反问。服务员说："我们的外线电话不免费提供服务。""可我已经付了20元传真费了。"张小姐生气地说。服务员又说："我收的是你的传真费，并没有收你的电话费啊！更何况你的传真费也不够。"张小姐说："啊！还不够？到底要收多少钱呢？你们的传真收费、电话收费的标准是根据什么规定的呀？""这是我们酒店的规定！"服务员出口便说："我们传真收费的标准是，市内10元/页，服务费5元，3分钟通话费2元，您传真了三页应收37元。"服务员立即开具了传真和电话的收据。张小姐说："那可否请您出示一下书面规定。""这不就是价目表嘛。"服务员不耐烦地敲扣着桌面上贴着的一张纸回答说。

张小姐："你的态度怎么这样？""您的态度也不见得比我好呀。"服务员反唇相讥。张小姐气得付完钱就走了，心想：五星级服务难道就是这样的吗？

问题分析：
酒店服务员应该如何规范自己的日常礼仪？

情境设定二

某公司新建的办公大楼需要添置一系列的办公家具，价值数百万元。公司的总经理已作了决定，向A公司购买这批办公家具。

这天，A公司的销售部负责人打电话来，要上门拜访这位总经理。总经理打算等对方来了就在订单上盖章，定下这笔生意。

不料对方比预定的时间提前了2个小时到来。原来，对方听说这家公司的员工宿舍也要在近期内落成，希望员工宿舍需要的家具也能向其公司购买。为了谈这件事，A公司销售负责人还带来了一大堆的资料，摆满了台面。总经理没料到对方会提前到访，刚好手边又有事，便让秘书让对方等一会儿。这位销售员等了不到半小时，就开始不耐烦了，一边收拾起资料一边说："我还是改天再来拜访吧。"

这时，总经理发现，对方在收拾资料准备离开的过程中，将自己刚才递上的名片不小心掉在了地上却并没发觉，离开时还无意地从名片上踩了过去。这个小小的失误，令总经理改变了初衷。A公司不仅没有机会与对方商谈员工宿舍家具购买事宜，连本应到手的数百万元的家具生意也告吹了。

(资料来源：张岩松. 现代交际礼仪[M]. 北京：清华大学出版社，2008.)

问题分析：
(1) A 公司销售负责人有哪些方面的礼仪失误？
(2) 正确的做法是什么？

训练要求：
(1) 将全体同学分成几个小组，以小组的形式进行讨论，并形成讨论文案。
(2) 每个小组选派代表阐述讨论的内容。
(3) 小组之间相互评分，并对优胜的小组进行奖励。

任务三　公关接待礼仪

● 任务目的及要求

通过实训，使学生能够制订接待计划，并熟练掌握各种接待礼仪，能够按照规范的礼仪要求承担各种接待活动。

● 任务描述

李燕刚刚来到英国留学，这一天，她接到一位同学的邀请，去参加她的生日宴会。李燕非常高兴，准备了礼物和鲜花，前去赴宴。考虑到外国人的时间观念都很强，李燕提前15分钟就来到了同学的家门口，她觉得提前一点儿到，可以表示对主人的尊敬。但是，按了门铃好久，也没有人给她开门。她以为同学没有听到，就又一次按了门铃。又过了一会儿，门打开了，同学出现在门口，但是接过李燕送上的礼物的同学显得不太高兴，她对李燕说："你这么早就到了？我还没有化好妆呢！"

一、接待筹划

一旦有重要客人来做客或洽谈业务，公共关系人员要把好接待关，做好充分的准备工作，使客人高兴而来，满意而去。为了确保接待工作的顺利进行，公共关系人员应提前制订并审订接待计划。

(一)制订接待计划

(1) 明确接待的对象、人数、任务及目的和要求。
(2) 确定接待规格。不论是个人还是团体，均应事先确定接待规格。

(3) 拟订接待期间的程序和日程表。程序可包括确定主持人、介绍重要客人、组织领导人或重要客人致辞,有的还安排重要来宾留言题字等。

(4) 确定接待人员及分工。分工包括:重要来宾的接待应由组织负责人来完成;接送、剪彩、留言、题字等活动要预先安排专人负责。

(5) 接待场地的准备。准备内容包括:接待室、休息室、活动室、音像、照明设备、录音机、花篮等。

(6) 食宿安排。客人食宿的宾馆、饭店应在客人到达之前安排好。根据客人的风俗习惯和接待规格确定住宿和用餐标准。为帮助客人尽快熟悉当地环境,可准备一些有关资料供客人查阅,如城市简介、交通图、比较有名的游览胜地简介等。

(7) 迎送安排。迎送规格一般按照国际礼宾惯例的"对等原则",即迎送人通常应与客人的身份相当。由于各种原因不可能完全对等时,可灵活变通,由副职或具有一定职位的人士出面,同时应从礼貌出发,向对方作合理的解释,求得对方谅解。

(8) 经费预算。接待客人需要一定的人力和财力。经费预算包括:招待费、食宿费、交通费、材料费、纪念费等。

(二)审定接待计划

(1) 接待规格的审定。重要客人的身份、职业、性别、名气等一定要搞清楚,不能马虎从事。

(2) 接待程序和日程的审定。接待程序是否合乎礼仪要求,日程的安排是否充分合理并具有可行性,都要认真地进行一一审定。

(3) 接待地点、场地的审定。地点、场地确定后,应进行实地考察,认真布置。

(4) 陪同及服务人员的审定。应对陪同人员的身份是否相当,服务人员是否经过专门培训等情况加以审定。

(5) 接待礼仪程序的审定。不同民族、不同地区接待礼仪不同,要根据接待对象的风俗习惯、民族文化层次等施以不同的礼仪。

(6) 食宿规格条件的审定。食宿地点确定后,审定规格条件是否合乎要求、是否达到标准。

(7) 送别时的审定。送别环节要考虑周全、善始善终。送别重要客人,一般要依照迎接的规格来确定送别的规格,主要迎候人应参加送别活动。

(8) 落实情况的审定。对接待计划要全盘审定,逐项落实,并要专人专项负责,确保接待工作完满成功。

二、往来接待礼仪

(一)迎接礼仪

迎来送往，是社会交往接待活动中最基本的形式和重要环节，是表达主人情谊、体现礼貌素养的重要方面。尤其是迎接，是给客人良好第一印象的最重要工作。给对方留下好的第一印象，就为下一步深入接触打下了基础。迎接客人应有周密的部署，并要注意以下事项。

(1) 对前来访问、洽谈业务、参加会议的外国或外地客人，应首先了解对方到达的车次、航班，安排与客人身份、职务相当的人员前去迎接。若由于某种原因，相应身份的人员不能前往，前去迎接的人应向客人作出礼貌的解释。

(2) 主人到车站、机场去迎接客人，应提前到达，恭候客人的到来，绝不能迟到，让客人久等。客人看到有人来迎接，内心必定感到非常高兴，若迎接来迟，必定会给客人心里留下不好的印象，事后无论怎样解释，都无法消除这种失职和不守信的印象。

(3) 接到客人后，应首先问候"一路辛苦了""欢迎您来到我们这个美丽的城市""欢迎您来到我们公司"，等等，然后向对方做自我介绍，如果有名片，可送予对方。

(4) 主人应提前为客人准备好交通工具，不要等到客人到了才匆匆忙忙准备交通工具，那样会因让客人久等而误事。

(5) 主人应提前为客人准备好住宿，帮客人办理好一切手续并将客人领进房间，同时向客人介绍住处的服务、设施，将活动的计划、日程安排交给客人，并把准备好的地图或旅游图、名胜古迹简介等介绍材料送给客人。

(6) 将客人送到住处后，主人不要立即离去，应陪客人稍作停留，热情交谈，谈话内容要让客人感到满意，如客人参与活动的背景材料、当地风土人情、有特点的自然景观、特产、物价等。考虑到客人一路旅途劳累，主人不宜久留，让客人早些休息。分手时将下次联系的时间、地点、方式等告诉客人。

拓展案例

周霞是朝阳公司总经理办公室新来的工作人员。一天，办公室主任安排周霞去机场迎接公司的一名重要客户。接到这位客户后，她非常热情地首先伸手与对方握手，然后自我介绍是朝阳公司的工作人员，代表公司来迎接对方。走出机场，周霞引领客户乘车，她打开轿车前门，以手示意，请客户坐在副驾驶的位置。然后，自己坐在后排位置。回到公司，周霞向办公室主任汇报了接待过程，却被办公室主任狠狠地批评了一顿。

(二)接待礼仪

接待客人要注意以下四点。

(1) 客人要找的负责人不在时,要明确告诉对方负责人到何处去了以及何时回本单位;请客人留下电话、地址,明确是由客人再次来单位还是我方负责人到对方单位去。

(2) 客人到来时,我方负责人由于种种原因不能马上接见,要向客人说明等待理由与等待时间,若客人愿意等待,应该向客人提供饮料、杂志,如果可能应该时常为客人换饮料。

(3) 接待人员带领客人到达目的地,应该有正确的引导方法和引导姿势。

在走廊的引导方法是:接待人员在客人两三步之前,配合步调,让客人走在内侧。

上下楼梯的引导方法是:若是引导客人上楼,应该让客人走在前面,接待人员走在后面;若是下楼时,应该由接待人员走在前面,客人在后面;上下楼梯时,接待人员应该注意客人的安全。

乘电梯的引导方法是:引导客人乘坐电梯时,接待人员先进入电梯,等客人进入后关闭电梯门;到达时,接待人员按"开"按钮,让客人先走出电梯。

客厅里的引导方法是:当客人走入客厅时,接待人员用手指示,请客人坐下,看到客人坐下后,才能行点头礼后离开;如客人误坐在下座,应请客人改坐上座(一般靠近门的一方为下座)。

(4) 诚心诚意地奉茶。我国人民习惯以茶水招待客人,在招待尊贵客人时,茶具要特别讲究。倒茶有许多规矩,递茶也有许多讲究,均应充分注意。

拓展案例

在一个秋高气爽的日子里,迎宾员小贺着一身剪裁得体的新制衣,第一次独立地走上了迎宾员的岗位。一辆白色高级轿车向饭店驶来,司机熟练而准确地将车停靠在饭店豪华大转门的雨篷下。小贺看到后排坐着两位男士、前排副驾驶座上坐着一位身材较高的外国女宾。小贺一步上前,以优雅的姿态和标准的职业动作,先为后排客人打开车门,做好护顶关好车门后,小贺迅速走向前门,准备以同样的礼仪迎接那位女宾下车,但那位女宾满脸不悦,使小贺茫然不知所措。通常后排座为上座,一般凡有身份者皆在此就座。优先为重要客人提供服务是饭店服务程序的常规,这位女宾为什么不悦?

(资料来源:张岩松. 现代交际礼仪[M]. 北京:清华大学出版社,2008.)

(三)会见与会谈

1. 会见座位的安排

会见通常安排在会客室或办公室,宾主各坐一边。某些会见还有其独特的礼仪和程序,如双方简短致辞、赠礼、合影等。我国习惯在会客室会见,客人坐在主人的右边,译员、记录员安排坐在主人和主宾的后面。其他客人按礼宾顺序在主宾一侧就座,主方陪见人在主人一侧就座。座位不够可在后排加座。

2. 会谈座位的安排

双边会谈通常用长方形、椭圆形或圆形桌子,宾主相对而坐,以正门为准,主人占北门一侧,客人面向正门,主谈人居中。我国习惯把译员安排在主谈人右侧,但有的国家亦让译员坐在后面,一般应尊重主人的安排。其他人按礼宾顺序左右排列。记录员可安排在后面,如参加会谈人数少,也可安排在会谈桌就座。

小范围的会谈,有时也不用长桌,只设沙发,沙发座位按会见座位安排。

3. 会见和会谈中的注意事项

(1) 提出会见要求,应将要求会见人的姓名、职务及会见什么人、会见的目的告知对方。接见一方应尽早给予回复,约妥时间,如因故不能接见,应婉言解释。

(2) 作为接见一方的安排者,应主动将会见(会谈)时间、地点,主方出席人,具体安排及有关注意事项通知对方;作为前往会见一方的安排者,则应主动了解上述情况,并通知有关的出席人员。

(3) 准确掌握会见、会谈的时间、地点和双方参加人员的名单,及早通知有关人员和有关单位做好必要安排。

(4) 会见、会谈场所应安排足够的座位。如双方人数较多,厅室面积大,主谈人说话声音低,宜安装扩音器。会谈如用长桌,事先排好座位图,桌上应放置中外文座位卡,卡片上的字应工整、清晰。

(5) 如要合影,应事先排好合影图,人数众多时应准备架子。合影图一般由主人居中,按礼宾次序,以主人右手为上,主客双方间隔排列。第一排人员既要考虑人员身份,也要考虑场地大小,即能否都摄入镜头。一般来说,两端均由主方人员把边。

(6) 客人到达时,主人在门口迎候,可以在大楼正门迎候,也可以在会客厅门口迎候。如果主人不到大楼正门口迎候,则应由工作人员在大楼正门口迎接,引入会客厅。如有合影,宜安排在宾主握手之后,合影后再入座。会见结束时,主人应送至车前或门口道别,目送客人离去后再回室内。

(7) 领导人之间的会见或会谈,除陪同人和必要的译员、记录员外,其他工作人员安排就绪后均应退出。如果允许记者采访，也只是在正式谈话开始前采访几分钟，然后统统离开。谈话过程中，旁人不要随意进出。

(8) 会见时招待用的饮料，各国不一。我国一般只备茶水，夏天加冷饮。若会谈时间过长，可酌情上咖啡或红茶。

(四)签字仪式

安排签字仪式，首先应做好文本的准备工作，有关单位应及早做好文本的定稿、翻译、校对、印刷、装订、盖火漆印等各项工作。同时准备好签字用的文具、国旗等物品，与对方商定助签人员，并安排双方助签人员洽谈有关细节。

参加签字仪式的，基本上是双方参加会谈的全体人员。如一方要求让某些未参加会谈的人员出席，另一方应予同意，但双方人数最好大体相等。不少国家为了对签订的协议表示重视，往往由更高或更多的领导人出席签字仪式。

我国举行的签字仪式，一般在签字厅内设置长方桌一张，作为签字桌。桌面覆盖深绿色台布，桌后放两把椅子，为双方签字人员的座位，主左客右。座前摆的是各自保存的文本，上端分别放置签字文具，中间摆一旗架，悬挂签字双方的国旗。

随后，双方参加人员进入签字厅。签字人员入座时，其他人员分主客方按身份顺序排列于各自的签字人员座位之后。双方的助签人员分别站立在各自签字人员的外侧，协助翻揭文本，指明签字处。在文本上签毕后，由助签人员相互传递文本，签字人员相互握手。有时签字后，备有香槟酒，共同举杯庆贺。

(五)宴请

宴请指的是设宴招待来宾。在公共关系交往中，它经常用于一些特殊的公众沟通。

1. 宴请的形式

宴请的形式包括宴会、工作进餐、招待会等。

(1) 宴会。这是较为隆重的设宴请客的聚会。宴会为正式就餐，由招待员按顺序上菜。宴会包括国宴、正式宴会、便宴、家宴等。

(2) 工作进餐。工作进餐包括工作早餐、工作午餐、工作晚餐。这是利用进餐时间边吃边谈问题的一种非正式宴请形式，只请与工作有关的人员参加，规格较低，菜的道数较少，往往安排席位，尤以用长桌为多，便于谈话。

(3) 招待会。这是较为灵活的不备正餐的宴请形式，备有食品、饮料，通常不排席位，可以自由活动。招待会通常有酒会和冷餐会两种形式。

2. 宴请程序

主人一般在门口迎接客人，视宴会重要程度，还可以有少数其他主要人员陪同主人排列成行迎宾。迎接到客人，相互握手互致问候语后，由工作人员将客人引至休息厅室。如无休息厅室，则直接进宴会厅，但不入座。休息厅要有相应身份的人员照顾客人，并由招待员送饮料。主宾到达后，由主人陪同进入休息厅与其他客人见面。主人陪同主宾进入宴会厅，全体人员落座，宴会即开始。如休息厅较小或宴会规模较大，也可请主桌以外的客人先入座，主桌人员最后入座。如有正式讲话，我国习惯一般在热菜之后、甜食之前进行。一般是主人先讲，然后主宾讲，也有一入席即讲话的。冷餐会和酒会的讲话时间较灵活。吃完水果，主人和主宾起座，宴会即告结束。

3. 宴请席位安排

较为正式的宴会都要按宾主顺序入座。在我国，座次高低一般以进门方向为准，面门方为上位，背门方为下位。不论桌子形状如何，均是如此。如果客人是成双成对的(夫妻)，就成对地安排座次，或男女相互交错安排。主人坐下位。

但是，西方的习惯却不同。排席位一般不考虑进门方向，而是以主人位置为准，桌次以主桌位置为准。基本原则是：右高左低，近高远低，也就是说，桌次高低以离主桌位置远近和左右而定。

● 任务剖析

英国人的时间观念非常强，而且照章办事。若到英国人家里赴宴，不能早到，以防主人还未准备好，导致失礼。

● 模拟训练

情境设定一

经过长期洽谈之后，南方某市的一家公司终于同美国的一家跨国公司谈妥了一笔大生意。双方在达成合约之后，决定为此举行一次正式签字仪式。中方的工作人员在签字桌上摆放中美两国国旗时，误以中国的传统做法"以左为上"代替了目前所通行的国际惯例"以右为上"，将中方国旗摆到了签字桌的右侧，而将美方国旗摆到了签字桌的左侧。结果让美方人员恼火不已，他们因此而拒绝进入签字厅。

问题分析：

(1) 签字仪式礼仪有哪些？

(2) 这个案例给我们的教训是什么？

情境设定二

某公司要接待一批来公司接洽业务并进行参观访问的外国朋友,公共关系人员小马负责这次接待工作。请告诉小马从接待、会见、会谈、签字到宴请,各个环节应该注意的各种礼仪要求。

情境设定三

作为公共关系人员,在会见与会谈中的主要内容是联系和组织工作,尤其是一些具体的事务性安排。

问题分析:

根据现有资料模拟会见与会谈的具体工作程序。

训练要求:

(1) 将全体同学进行角色分配,并熟悉会谈与会见程序。
(2) 拟写会谈与会见的内容、会场布置。
(3) 现场模拟。
(4) 对本次实训进行总结,指导教师进行点评,并对表现优秀的学生进行表扬。

拓展阅读

一家公司准备聘用一名公共关系部部长,经笔试筛选后,只剩八名应试者等待面试。面试限定他们每人在两分钟内对主考官的提问作出回答。当每位应试者进入考场时,主考官说的是同一句话:"请您把大衣放好,在我面前坐下。"

然而,在进行面试的房间中,除了主考官使用的一张桌子和一把椅子外,什么东西也没有。

有两名应试者听到主考官的话以后,不知所措;另两名应试者急得直掉眼泪;还有一名应试者听到提问后,脱下自己的大衣,搁在主考官的桌子上,然后说了句:"还有什么问题?"结果,这五名应试者全部被淘汰了。

剩下的三名应试者,一名听到主考官发问后,先是一愣,旋即脱下大衣,往右手上一搭,躬身致礼,轻轻地说道:"这里没有椅子,我可以站着回答您的问话吗?"公司对这个人的评语是:"有一定的应变能力,但创新开拓不足。彬彬有礼,能适应严格的管理制度,可用于财务和秘书部门。"另一名应试者听到问题后,马上回答道:"既然没有椅子,就不用坐了。谢谢您的关心,我愿听候下一个问题。"公司对此人的评语是:"守中略有攻,可先培养用于对内,然后再对外。"最后一名应该者听到主考官的发问后,眼睛一眨,随即出门去，把候考时坐过的椅子搬进来，放在离主考官侧前约一米处，然后脱下自己的大衣，折好后放在椅子背后，自己就在椅子上端坐着。当"时间到"的铃声一响，他马上站起来，欠身一礼，说了声"谢谢"，便退出考试房间，把门轻轻地关上，公司对此人的评语是："不着一词而巧妙地回答了问题，性格富有开拓精神，加上笔试成绩佳，可以录用为公共关系部部长。"

(资料来源：周安华. 公共关系理论、实务与技巧[M]. 北京：中国人民大学出版社，2010.)

效果评价

从公共关系职业岗位出发，设计了若干个礼仪模拟训练项目，通过角色扮演等进行实际训练，故需要对具体模拟训练任务完成的过程和结果进行检验与考核，特制订模拟训练评价表，如表 8-1 所示。

表 8-1 模拟训练评价表

姓名		学号						
班级		专业						
评价项目	自我评价				小组评价			
	优	良	中	及格	优	良	中	及格
1. 能够在不同的场合正确地使用称呼								
2. 能够掌握介绍的基本规则并作恰当的介绍								
3. 掌握正确的递、接名片的方式								
4. 能够进行正确的交谈								
5. 掌握正确的握手姿势及握手的顺序								
6. 掌握在不同场合中正确使用电话								
7. 在模拟实训中认真负责，积极配合								
综合评价								
教师评价								

参 考 文 献

[1] 李兴国. 公共关系实用教程[M]. 3版. 北京：高等教育出版社，2015.
[2] 王银平. 现代公共关系[M]. 北京：高等教育出版社，2007.
[3] 蔺洪杰. 公共关系原理与实务[M]. 北京：中国人民大学出版社，2009.
[4] 张玲莉. 公共关系原理与实务[M]. 北京：高等教育出版社，2003.
[5] 张美清. 现代公共关系原理与实务[M]. 北京：北京大学出版社，2007.
[6] 张岩松. 现代交际礼仪[M]. 北京：清华大学出版社，2008.
[7] 谢红霞. 公关实训[M]. 大连：东北财经大学出版社，2008.
[8] 国英. 公共关系与现代礼仪案例[M]. 北京：机械工业出版社，2005.
[9] 王成荣. 企业文化学教程[M]. 北京：中国人民大学出版社，2003.
[10] 沈瑞山. 实用公共关系[M]. 大连：大连理工大学出版社，2005.
[11] 熊源伟. 公共关系案例[M]. 合肥：安徽人民出版社，1993.
[12] 居延安. 公共关系学[M]. 上海：复旦大学出版社，2005.
[13] 周朝霞. 公共关系理论与实务[M]. 北京：高等教育出版社，2005.
[14] 蒋楠公. 公共关系四步工作法[M]. 北京：中国工商出版社，2004.
[15] 熊越强. 公共关系实务[M]. 北京：清华大学出版社，2006.
[16] 俞宏标. 企业公共关系实务[M]. 杭州：浙江大学出版社，2006.
[17] 陈向阳. 最佳公共关系案例[M]. 北京：清华大学出版社，2006.
[18] 司爱丽. 公共关系实用教程[M]. 北京：机械工业出版社，2010.
[19] 王乐夫. 公共关系学概论[M]. 北京：高等教育出版社，1994.
[20] [美]劳伦斯·沙皮罗. EQ之门[M]. 北京：经济日报出版社，1997.
[21] 胡锐. 现代公共关系案例评析[M]. 杭州：浙江大学出版社，1998.
[22] 郭惠民. 公关员[M]. 上海：复旦大学出版社，1999.
[23] 董明. 公共关系实务实践教程[M]. 北京：中国商业出版社，2004.
[24] 周安华. 公共关系理论、实务与技巧[M]. 北京：中国人民大学出版社，2010.
[25] 甘波. CI策划——企业形象新境界[M]. 北京：企业管理出版社，1993.
[26] 叶秉喜. 考验——危机管理定乾坤[M]. 北京：电子工业出版社，2005.